Spirit of Adventure in my Life

人生の
ロマンと挑戦

「働・学・研」協同の理念と生き方

十名直喜 著

Naoki Tona

社会評論社

人生のロマンと挑戦

「働・学・研」協同の理念と生き方

プロローグ
人生とロマンの探求

人生とは何か

・・・・・・・・・・・・・・・・・・・・・・・・・・・・・・・・・・・・・・・

　本書のタイトルを、『人生のロマンと挑戦―「働・学・研」協同の理念と生き方』としたのは、社会評論社（松田健二社長）の提案によるものである。当初、『仕事・研究・人生のロマンと挑戦―「働・学・研」協同の理念と半世紀の試み』で提出していた。見直しによって、主題はシンプルかつ明快になり、副題のインパクトも強まった感がする。

　一方、「人生」を前面に打ち出したことで、人生とは何かが、より強く問われることになる。人生とは何かは、実に大きな重いテーマで、さまざまな金言（格言）もある。

　「生きるということは考えるということである」（キケロ）。「人生はすばらしい。恐れの気持ちさえ持たなければ。何よりも大切なのは勇気だ。想像力だ」（チャップリン）。「人生において重大なのは生きることであって、生きた結果ではない」（ゲーテ）。「人生は無限に深い」（亀井勝一郎）。

　人生は、何に例えることができるか。譬えのなかに、人生とは何かも込められている。

　「人生は旅の如し…月日は百代（永遠）の過客（旅人）」（松尾芭蕉）。「人の一生は重荷を負うて遠き道を行くが如し、急ぐべからず」（徳川家康）。「人生は芝居の如し…捨て身になって何事も一心にすべし」（福沢諭吉）。「人生は学校である。そこでは幸福より不幸であるほうが良い教師である」（フリーチェ）。「人生は1冊の書物に似ている。…ただ一度しかそれを読むことができない」（ジャンポール）等々。

　時間の流れとライフサイクルの関係から、人生に迫る金言も少なくない。

　「時の歩みは三重である。未来はためらいつつ近づき、現在は矢のようにはやく飛び去り、過去は永久に静かに立っている」（シラー）

　人生の短さと学びの大切さを謳った次の漢詩は、青・壮・老にまたがる金言として興味深いものがある。少年時代に覚え、人生の折々に口ずさむ1句である。「青年老いやすく　学成り難し　一瞬の光陰　軽んずべからず　未

だ覚めず　池塘春草の夢　階前の梧葉　すでに秋声」（作者・朱熹？）

　『広辞苑』によれば、人生とは「①人がこの世で生きること（人間の生存・生活）」であり、「②人がこの世で生きている間（人の一生）」を指す。本書では、就職して定年退職するまでの半世紀を対象にしている。半世紀は、「人生50年」の時代にあっては「一生」を意味したが、「人生100年」の現代では「半生」にあたる。

人生をふり返り総括する意味

・・・

　ゲーテ［1811〜33］『詩と真実』は、アウグスティヌス、ルソーの『告白』とともに、古来、世界の3大自叙伝と呼ばれている。第1部がゲーテ61歳、第2部は63歳、第3部64歳、第4部となると82歳の作で、出版は死の1年後のことである[(2)]。

　ゲーテは自叙伝を書くことの心構え、どの時代に生きたかということの重大さを、次のようにいう。

　「伝記を書こうとする者は自己と自己の時代を知らなければならない」。「ひとは誰でも生まれるのが10年早いか遅いかによって、自分の教養や外に及ぼす影響がまったく違ったものになったかもしれないといいうるほどに、欲する者も欲しないものも、ともに押し流し、決定し、形成してゆく時代というものを知らなければならない[(3)]」。

　自叙伝は、自伝あるいは自分史ともいわれる。自分史を書く運動は、日本では1970〜80年代に大きく高揚し、いまも深く続いている。人生をふり返り総括するなかで、人生の意味を見出したいとの思いは、老年期に強まるといわれる。それは、自分史あるいは回顧録や物語としてまとめるという創造的な形で現れることもよくある。

　自分史や自叙伝は、「自己表現の最たるもの」である。それをまとめることにより、「自分の信念と過去の経験を整理して1つに統合すること」が可能になる。それによって、「人生の意義を見出すこと」になり、頭脳や精神を大いに刺激し活性化をもたらす。

　日記をつけることも、同じような効果が期待できる。日記を書くことは、「最も手軽な創作的な思考法」であり、「心理的発達に欠かせない人生をふり返る行為」でもある。1つの体験をノートにまとめておくと、折に触れて読み直すことで何回も味わい追体験できる。過去の体験を想起することで、一度

の体験の価値を高めることも可能になる。書くという行為そのものが、心理的な自我関与を高めてくれるのである。[4]

「書く」とは何か。「独自な手法によって世界を再構成する」ことであり、「内的世界による外的世界の再生産」であると、24歳のゲーテはいう。

「すべて書くということの初めにして終わりであるものは、一切をつかみ、結合し、新たに創造し、捏ねて、独自な形式と手法を用いて再構成する内的世界によって、自分の周りの世界を再生産することである。[5]」

自らの仕事や生活をふり返り総括することは、企業や自治体などに勤める社会人にとっても、大切なことである。仕事や人生の意味を見直すなかで、新たな視点やイノベーションの機会になることも少なくなかろう。

何のためにどのように働き、学び、生きるのか

・・

この短くも長い人生を通して、何のために、どのように生き、働くのかが、かつなく深く問われてきている。「賢く、楽しく、健康に生きる」ことが、その核心に位置するとみられる。社会・経済・技術などの変化が激しくなるなか、学び続ける必要性もかつてなく高まっている。どのように学び、働き、生きるのか。さらに、人生をどのように楽しむのか。

「学習社会 (learning society)」という言葉を初めて使った R.M. ハッチンスは、「賢く、楽しく、健康に生きる」ことが「人生の真の価値」につながるとし、労働から解放された未来社会を展望している。[6]

現代社会にあっては生涯学び働くことが求められるなか、学ぶこと、働くことの意味や性格も、大きく変わりつつあるとみられる。

「働く」とは何か。その意味は多岐にわたり、限りなく深いものがある。内容やスタイルが時代とともに変わるも、「働く」ことが人生の基本をなすことに変わりはない。働くことの意味やあり方が改めて問われる、内省の時代を迎えている。「働く」ことは、「学ぶ」ことであり、さらには「研究する」ことでもある。「働く」、「学ぶ」、「研究する」は、ダイナミックにつながっている。

本書は、半世紀にわたる「働・学・研」協同の仕事・研究史であり、その理論・思想・ノウハウを示したものである。40数年ともに歩んできた妻は、「ひらめきは感じられないが、粘りはある」と評する。凡庸だが「ロマン」を絶やさず、仕事と研究に全力を傾注して走り抜けた半世紀をまとめものである。

鉄鋼マンとして製鉄所21年、大学教員として大学27年、計48年になる。定年退職後の1年（特任・非常勤）を含めると49年、まさに半世紀になる。この間、「働く」ことの内容やスタイルはいろいろと変化するも、「働きつつ学び研究する」という「働・学・研」協同の生き方・働き方を貫いてきた。

　「働・学・研」協同の半世紀は、理念の発掘、理論化・定式化、実践による検証、理論と政策の深化・体系化というプロセスでもあった。

人生のロマンとは何か

・・・

　「ロマン」は、一般的には「夢や冒険への憧れを満たす事柄」（『広辞苑』）の意味で使われることが多い。人生に「夢や冒険」をもつことを、本書では「人生のロマン」と呼ぶ。ロマンを持つことの大切さはいうまでもないが、人生のロマンとは何かが問われよう。ロマンは人によりさまざまとみられるが、青春と何らかの関わりもあるとみられる。

　「青春とは心の若さである。信念と希望にあふれ、勇気にみちて日に新たな活動をつづけるかぎり、青春は永遠にその人のものである(7)。」

　青春とは、信念と希望、勇気あふれる「心の若さ」であると、松下幸之助は言う。信念と希望、勇気は、「ロマン」と言い換えることもできよう。

　わが人生のロマンとは何か。それは、もっとも情熱とエネルギー、時間を注ぎ人生を賭けたものは何かを問うことでもあろう。「働きつつ学び研究する」という「働・学・研」協同の生き方に、わが人生のロマンが深く投影されている。

　人生の節目で筆者は、仕事・研究・人生をふり返り作品として発表してきた。1回目は25歳のとき（1973年）で、最初の論文を発表した仕事・研究のスタート期にあたる。随筆で、「働きつつ学び研究する」という理念とその意義・展望を提起した。青春期の真只中の挑戦といえる。2回目は42歳のとき（1990年）で、会社の仕事と研究の壁を何とか突破し出した時期である。「「働きつつ学ぶ」経済学研究に魅せられて―わが20年の軌跡と展望」を発表している。

　3回目は49歳のとき（1997年）で、鉄鋼産業研究を体系化し・新たな研究への転換期にあたる。「働き学ぶロマン」は、それまでの四半世紀を総括したもので、壮年期の意気込みと熱い思いが込められている。そして4回目（71歳）となるのが今回の本書で、定年退職を機に仕事・研究・人生の半世紀を総括し再出発への思いを提示したものである。

　本書には、各節目の思いや意欲、すなわち青年の熱い思い、壮年の闘争心と創造意欲、熟年の反省心と再出発の決意が、語られている。青年・壮年・熟年の「対話」と共鳴が脈打っており、人生のロマンもそこに息づいていると筆者はみる。

　トーマス・マンは、晩年のゲーテを次のように評する。そのなかにこそ、人生のロマンの神髄があるといえよう。

　「晩年の老ゲーテの心が若き日の作品に立ち返り、断片のままに終わった未完成なものに、彼が心の深奥で求めつづけてきた統一を与えようとしているのをみると、私たちは心を打たれます。まことに「生涯の始まりを生涯の終わりと結び合わせることのできる者は、最も幸福な人間」なのであります[8]。」

「働・学・研」協同のライフスタイルは何をもたらすか

　「働きつつ学び研究する」という「働・学・研」協同のライフスタイルは、人生にどのような意味や色を付与するのであろうか。まず、青・壮年期の働き方・生き方により高い質をもたらし、青・壮年期の仕事を面白くし意義あるものにしてくれる。

　現役で働く者にとって、組織のしがらみは複雑で逃れ難いものがある。自らのアイデンティティも見失いがちになる。しかし、仕事を研究対象にして働きつつ学び研究するなかで、組織へのこだわりやしがらみが相対化され、自らの人生の質を大切にする基軸ができる。仕事の質を高め喜びを見出すことができるようになる。

　現役時代にそのような働き方・学び方を体得し磨いておくと、定年後の人生を創造的に楽しく生きていく道も切り拓くことにつながる。まずは、「過去の自分」との対話のなかに、そのヒントを見つけ出すことである。とくに、逆境にどう立ち向かい乗り越えてきたのか。その中に、老化に伴う肉体的・精神的な諸機能の低下という新たな逆境にどう立ち向かい、熟成という創造的な道を切り拓いていくかの知恵やノウハウ、勇気を見出すことができるであろう。

　創造的に生きる老年を、本書では熟年として捉え直している。老年は、年齢によって社会的にも規定される。一方、熟年は年齢への囚われからよりフリーで、主体的なライフスタイルすなわち働き方、学び方などに深くかかわっている。

本書は、仕事や生き方を研究対象として青・壮・老を生き抜くロマンと挑戦とは何かを明らかにする。「過去の自分」から学びつつ、先行文献を手がかりに「未来の自分」との対話を進め、青・壮年期の働き方・生き方を提示するとともに、「老年期のロマンと挑戦」そして「熟年期」へと変えていく処方箋をも提示する。

注　記

(1)　「座右の銘」研究会編［2009］『座右の銘―意義ある人生のために』里分出版。
(2)　山崎章甫［1997］「解説」ゲーテ［1811］『詩と真実　第一部』山崎章甫訳、岩波書店、1997年、386～7ページ。
(3)　山崎章甫［1997］「解説」、前掲書、15～6ページ。
(4)　T.Tパールズ/M.H.シルバー［1999］『100万人100歳の長生き上手』日野原重明監訳・大地舜訳、講談社、2002年、199ページ（Thomas T. Pers and Mergery Hutter Silver［1999］Living To 100 , Basic Books, A Subsidiary of Perseus Books L.L.C.）。岡本浩一［2002］『上達の法則―効率のよい努力を科学する』PHP研究書、135ページ。
(5)　トーマス・マン［1933］「作家としてのゲーテの生涯」『ゲーテを語る』、山崎章甫訳、岩波書店、1993年80ページ。
(6)　新井郁男［1982］『学習社会論』第一法規出版、7～8ページ。
(7)　松下幸之助［1966］『若さに送る』講談社現代新書、9ページ。
(8)　トーマス・マン［1938］「ゲーテの『ファウスト』について」『ゲーテを語る』、前掲書、163ページ。

序　章

仕事・研究・人生の意味と協同のダイナミズム

❶ はじめに

・・・

　本書は、半世紀にわたる「働・学・研」協同の仕事・研究史であり、その理論・思想・ノウハウを示したものである。40数年ともに歩んできた妻は、「ひらめきは感じられないが、粘りはある」と評する。凡庸だが「ロマン」を絶やさず、仕事と研究に全力を傾注して走り抜けた半世紀をまとめものである。

　プロローグは、本書のメインタイトル「人生のロマンと挑戦」に焦点をあて、その意味をひも解く。人生とは、生き方とは何か、人生のロマンとは何かについて、「働・学・研」協同の視点から読者とともに考える。

　序章では、人生論から仕事論へと舞台を移し、「働・学・研」協同の理論的・歴史的原点に立ち返る。労働時間と自由時間、工場空間と社会的自由空間、労働と教育、肉体労働と思考、などの深いつながりに着目し、「働きつつ学び研究する」思想とキーワードをつかみ出す。さらに、「働・学・研」の理論と「協同」の歩みにメスを入れる。働く、学ぶ、研究することの意味を深く問い直し、「協同」が促す創造のダイナミズムを浮かび上がらせる。

　第 1 部と第 2 部は、それぞれ製鉄所と大学を主な舞台にした実践編であるのに対し、序章はその理論編にあたる。

　第 1 部（働き学ぶロマン）は、鉄鋼メーカーに就職してからの 21 年間と大学に転じての 5 年余、計 26 年余（わが 20 ～ 40 歳代）を 49 歳のときにまとめたもので、壮年編といえる。「働きつつ学び研究する」思想と活動が、製鉄所や大学・研究所などを舞台にどのように生まれ発展していくかが、リアルに示されている。

　第 2 部（「働・学・研」協同の理念と半世紀の挑戦）は、20 ～ 60 歳代のわが半世紀を定年退職直後（71 歳）に、「働・学・研」協同の視点からまとめたものである。大学や地域などを舞台に、「働・学・研」協同が新たな方向に展開していく。みずからの研究の体系化に加えて学生や社会人研究者（博士人材）の育成に傾注するなど、自己実現から他者実現へと展開する道筋が描かれている。

　第 1 部と第 2 部を、どのように理論的に捉え直し、統合してまとめるか。基軸となったのが、「働・学・研」の理論と「協同」の思想である。

　「働・学・研」協同は、「働く」「学ぶ」「研究する」を主体的につなげていく活動である。それは、資本主義的な分離から人間的な再結合への道でもある。

　さらに、第 1 部と 2 部をつなぐもう 1 つ拠り所にしたのが、ライフサイク

ル論である。青年期（20歳代）の自分、30歳代の自分、長い中年期における40歳代、50歳代、60歳代の自分など、過去の自分と向き合い対話する。49歳と71歳の視点と感性は、共有する部分が思いのほか広く深いものがある。「働・学・研」協同の視点が貫かれているからであろう。

② 時間と空間の社会的・文化的創造
──古典にみる理論的・歴史的原点

・・・

2.1 「働きつつ学び研究する」原点へのアプローチ

労働時間と自由時間という捉え方は、K.マルクスが19世紀に提示したものであるが、現在においても実に斬新な視点である。

労働時間以外の時間は、一般的には生活時間あるいは余暇時間として表現される。生活時間あるいは余暇時間のあり方は、労働時間によって大きな影響を受ける。その逆も然りである。両者のダイナミックな関係とその本質を洞察するにあたって、マルクスは「生活時間あるいは余暇時間」を「自由時間」として捉え直している。

「自由時間」は、人間らしい「生活時間あるいは余暇時間」の核心に位置するとみている。労働時間と自由時間のあり方は、21世紀の今も再重要な課題である。労働時間をいかに抑制し、自由時間を拡大するか。労働時間と自由時間は、深くかかわり合う。いかにして労働時間の中身をより人間らしいものにするか、さらに自由時間をより楽しく創造的なものにするか。それが、今日ほど切実に問われている時代はなかろう。

「働きつつ学び研究する」思想は、『資本論』のなかから発掘し、「働きつつ学び研究する」という言葉で捉え直し定式化する。製鉄所で働き出して3年目、1973年のことである。

まずは、その理論的・歴史的な原点に光をあて、掘り下げて提示したい。

2.2 標準労働日の創造が促す労働時間と自由時間の区分

▶ 19世紀前半の工場労働──工場調査報告書が促した工場法

『資本論』は、難解で古臭いという指摘もみられる。しかし、工場労働とそのあり方を描いた第1巻の8～13章は、読みやすく迫力満点といえる。[1]

17

労働の本質とあり方を深く考察するだけでなく、工場労働の多様な実態が描かれるなど臨場感に富む。実に読み応えがあり、今日においても学ぶべき点が少なくない。

「第8章　労働日」から「第13章　機械と大工業」に至る『資本論』の各章には、専門調査官による様々な調査報告書が随所に引用されている。「公衆衛生」や、婦人・少年の搾取、住宅・栄養状態など工場現場の実態が、工場監督官や医務官など各専門調査委員の目を通して、臨場感をもって迫ってくる。1833年の工場法は、そうした報告を受けて生まれたものである。

▶ 標準労働日の創造とその歴史的意義

（1日の労働時間を意味する）労働日には、24時間を超えられないといった最大限度がある。また、労働力の肉体的・精神的限界などによる社会的限界があるものの、それらの限界は弾力的で、大きな変動の余地を含んでいる。

一方、労働時間以外の時間について、『資本論』では「人間的教養のための、精神的発達のための、社会的諸機能の遂行のための、社交のための、肉体的および精神的生命力の自由な営みのための時間」と捉え、「安息時間」、「食事時間」、「休息時間」などをあげている。

資本が、国家権力を動員して成人労働者に強要してきた労働日の延長は、14世紀半ばから17世紀末まで数世紀をかけ「12時間という自然日の限界まで延長した」。

しかし、18世紀後半の大工業の出現以来、「なだれのように激しい無際限な突進が起きた。風習と自然、年齢と性、昼と夜という限界は、ことごとく粉砕された」。こうした資本の無際限な行き過ぎは、工業労働者の衰退をもたらす。それが、社会的な取り締まりを呼び起こし、労働日を法律によって制限し規制し一様化するに至る。工場調査報告書の衝撃のなか誕生する工場法、とりわけ標準労働日の創造は、工場空間に新たな可能性を切り拓くのである。

繊維工業（綿、羊毛、亜麻、絹の4工場）に適用された1833年の工場法は、13〜18歳の少年は1日12時間、9〜13歳未満の児童は8時間以内に規制するというものである。成人は対象外であったが、これを契機に「標準労働日」が現れはじめたのである。

何世紀にもわたる資本家と労働者の闘争の産物である「標準労働日の創造」は、「法律によって制限された労働日という地味な大憲章」との指摘にもみられるように、画期的な歴史的意義をはらむものであった。標準労働日は、「労

働者が売り渡す時間はいつ終わるのか、また、彼自身のものである時間はいつ始まるのか、を明らかにする」。それは、労働者の多面的な発達を促す機会と条件にもなっていくのである[3]。

2.3 自由時間が生み出す享受能力と労働能力の発達

「自由時間」という表現は、K.マルクス『経済学批判要綱』第3分冊にみられる。「労働時間」に対峙するものとして提示され、積極的な意味づけがなされている。

労働時間の節約は、自由時間を増大させ、自由時間を享受するなかで人びとは享受能力を高める。そのことがまた、労働の生産力を高めることにつながる。マルクスは「自由時間」を、「余暇時間であるとともにより高度な活動にとっての時間」、「個人の完全な発展のための時間」と捉えている。さらに、自由時間と深くかかわる「享受能力」については、自由時間や人生の価値を享受する「条件」、享受の第一の「手段」であり、「個人の素質の発展、生産力」でもある、と捉えている。享受能力とその手段の発展は、まさに生産能力の発展にもつながるというのである[4]。

自由時間のみならず享受能力についてのマルクスの深い先見的な洞察は、同書の白眉をなすものである。自由時間と享受能力は相互に共鳴する関係にあり、自由空間をうみだし、さらに固有な文化空間に変えていく機会に転化する、と読み解くことができよう。

『経済学批判要綱』第3分冊はまた、人間発達のプロセスにも触れている。自由時間は、「ある別の主体」すなわち「成長しつつある人間」や「成長した人間」を生みだす、という。生産過程は、「成長しつつある人間」にとって「訓練」の場となり、（頭脳のなかに社会の蓄積された知識が存在する）「成長した人間」にとっては「実行、実験科学、物質的に創造的な、かつ自己に対象化する科学」の場となる[5]。しかし、自由時間がどのようにして「成長しつつある人間」や「成長した人間」を生みだすのか、については論じられていない。

そういった人間発達の課題に応えたのが『資本論』であり、第Ⅰ部第8～13章のなかで工場法を媒介にして論じられている。『資本論』では、「彼自身の目的のために」使える「彼自身の時間」と捉え、大工業労働と教育の結合が生み出す「全面的に発達した人間」「全体的に発達した個人」論へと具体化していく[6]。さらに、社会変革主体についても示唆している。「彼ら自

身の時間の主人公とすることによって、ある精神的なエネルギーを彼らに与え」、社会変革の主体への成長を促すとみなしている。⁽⁷⁾

2.4　工場法が促す工場空間の変容と新たな社会空間の創造

▶　専門家による工場空間の社会的変容

　（資本の専制支配下にある）工場空間の中に、工場査察官や医師などの専門家による工場の調査・監視という第三者の目が注がれ、社会的な監視と規制に基づく別の空間、すなわち「自由空間」が顔をのぞかせる。資本が専制支配する私的空間と化した工場に、（議会という）公的な委託を受けての専門的な眼差しが注がれ、公的な社会空間が入り込んでくるのである。

　さらに、都市のなかに、教会や牧師などが学校や休息所などの自由空間をつくり、児童を工場から引き離して、彼らをそこに招き入れる必要が生まれる。潜在能力と選択権を生かすには、工場とは別の空間、すなわち自由な社会空間が必要となる。しかし、それは民主主義的な闘争の中でつくられる社会的産物に他ならない。工場法は、そうした変容を加速させ、さらに自由空間をも生みだしていくのである。

▶　工場法（労働日の規制）が生み出す新たな社会空間

　工場法の導入、とくに労働日の規制は、経営、技術、労働などに巨大なインパクトを及ぼし、工場空間を大きく変えていく。

　工場法の実施（労働日の短縮）によって、製陶業などでは、「力の発揮の度合い」が高まり、「労働の規則性、均等性、秩序、連続性、エネルギーが驚くほど高められる」ことが明確になる。労働日の制限は、資本家に生産費の節約を強制し、「機械の速度の著しい増大が労働者にいっそうの注意深さと活動性を要求するという結果」をもたらした。

　10時間法案は、その適用を受ける産業部門では「労働者を完全な退廃から救い、彼らの肉体状態を保護してきた」。労働日の強制的規制は、「工場主にたいする労働者の保護手段」のみならず、「卸売商にたいする工場主自身の保護手段」とみる工場主もいた。

　労働日の規制は、労働の配分や経営の主要条件を変え、技術進歩を促す方向に作用した。すなわち、労働日の規制は、「すでに充用されている労働量を１年中にもっと均等に配分させる」ことを可能にし、「殺人的で無内容で

それ自体大工業の体制には不適当な流行の気まぐれに対する最初の合理的な制御」となり、工場経営の主要条件を「結果の正常な確実性、すなわち与えられた時間内に一定量の商品または所期の有用効果を生産すること」へシフトさせたのである。

　工場法は、資本家をも多少変えていく。「残忍性からいくらか解放して多少の教養のための時間を彼に与えた」。さらに、労働者の内面にも変化をもたらしていく。自らの時間を意識させ、計画的な対応を促すという効果をもたらし始めたのである。

　マルクスは、工場法を「イギリス議会の独創性」と評している。資本は、労働日を強制法的に規制する「一つの一般的な法律の圧力のもとでのみ」、このような変革に服した。マルクスは工場法を、「社会がその生産過程の自然発生的な姿に加えた最初の意識的な計画的な反作用」であり、「大工業の一つの必然的な産物である」と位置づけた。[8]

　1833年の工場法には、保健・教育条項も含まれていた。それらは、図表1にみるように、工場環境を改善し、人間発達空間の創造を促すうえで大きな役割を発揮していくのである。

▶ 工場法の保健条項が促す工場空間の変容

　枢密院の最高医務官は、「労働者の第一の衛生権…を主張することは労働者にとって、実際には不可能である」という。「いまや、無数の男女労働者の生命が、彼らの単なる就業が生み出す果てしない肉体的苦痛によって、いたずらにさいなまれ縮められる」と警鐘を鳴らしている。工場法の保健条項は、こうした労働現場の非衛生的惨状にたいする第三者の警鐘を受けて生まれたものである。

　しかしながら、工場法の保健条項といっても、まったく貧弱なものだった。工場主たちは、職工の手足を保護するためのわずかな支出を課す条項に対して、熱狂的に反抗した。最も簡単な清潔保健設備でさえも、国家の側から強制法によって押しつけられなければならなかったのである。

　保健関係当局だけでなく、もろもろの産業調査委員会や工場監督官たちも一様に、「労働者の肺結核やその他の肺病が資本の一つの生活条件であることを宣言している」にもかかわらず、資本は「その本質上ある一定の点を越えてはどんな合理的改良をも許さない」からである。

　工場法の保健条項は、以上にみるような様々な障害や制約を抱えながらも、

21

図表 1　人間発達空間の社会的創造

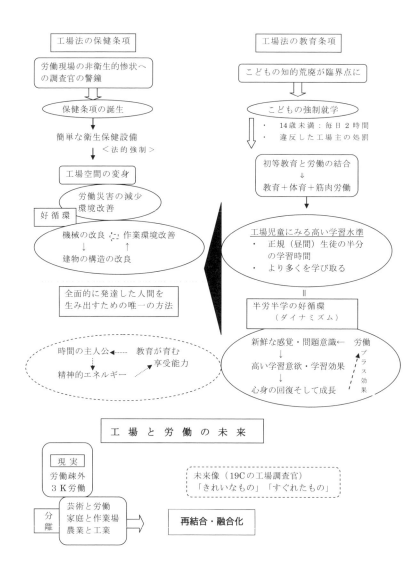

注：十名直喜 [2012]『ひと・まち・ものづくりの経済学』（図9-3：247ページ）を一部見直す。

次第に作業環境を改善させ工場空間を変えていく力に転化していく。

　危険な機械に対する保護のための法律は、労働災害を減らすことにつながった。工場空間の環境改善効果もみられ、1864年の工場法は「製陶業で200以上の作業場を白く塗らせ清潔にさせ」、「換気装置を非常に増加させた」。機械そのものの改良が、「工場の建物の構造の改良」を促し、それらが危険かつ有害な作業環境の改善につながる、といった好循環もみられるようになったのである。

2.5　労働と教育の結合の歴史的意義
——子ども教育が切り拓く人間発達空間の創造

▶ 工場法の教育条項がはらむ画期的な意義

　1833年の工場法は、過度労働によって心身の衰退・荒廃に瀕する子どもたちを資本の無際限な搾取から如何に守ってやるか、を焦眉の課題にしていた。工場法には、標準労働日の条項のみならず教育条項も含まれていて、子どもの教育にも道を切り開いた。子どもの知的荒廃のすさまじさは、人為的な極致すなわち臨界点に達し、社会的な反作用を呼びこしたのである。

　14歳未満のすべての子どもに対して、毎日2時間の強制就学が実施された。工場主は、工場医の年齢証明書あるいは教師の通学証明書をもたない子どもを雇用した時は、処罰されることになった[9]。

　工場法の教育条項といっても、その書き方はお粗末なもので漏れも少なくなくなかった。反対する工場主たちは姦計術策を弄して回避を図り、監視役の行政機関も貧弱なために、大部分は幻想と化したのである。

　しかし、工場法の教育条項がはらむ歴史的意義とインパクトの大きさは、それで損なわれるものではなかった。教育条項の画期的な意義について、『資本論』第1巻は次のように洞察している。

　「工場法の教育条項は、全体として貧弱に見えるとはいえ、初等教育を労働の強制条件として宣言した。その成果は、教育および体育を筋肉労働と結びつけることの、したがってまた筋肉労働を教育および体育と結びつけることの、可能性をはじめて実証した。…それは単に社会的生産を増大するための一方法であるだけではなく、全面的に発達した人間を生みだすための唯一の方法でもある[10]」。

▶ 児童教育にみる半労半学の驚異的成果

　知的退廃の淵に瀕していた工場児童への教育は、やがて高い学習水準となって現れ、学校教師のみならず工場監督官たちを驚かせる。

　工場監督官たちはやがて学校教師の証人尋問から、工場児童は正規の昼間生徒の半分しか授業を受けていないのに、それと同じかまたはしばしばそれよりも多くを学んでいるということを発見する。

　それはまさに、半労半学が生み出す学習意欲と学習効率の相乗効果のなせる技であった。資本の専制支配下にある過酷な工場空間から抜け出し、学校という自由空間すなわち社会空間に身をゆだね、知的な刺激に揺られながら、学習にいそしむようになる。厳しい労働すら、彼らの問題意識と学習意欲の触媒となるのである。彼らには、酷な工場空間さえ変わった意味を持ち始めてくる。労働と教育の有機的な結合、工場空間の社会的変容がはじまるといえよう。工場監督官報告書が生き生きと描くそうした好循環、まさに「働きつつ学ぶ」ダイナミズムは、筆者自身の21年間にわたる製鉄所での働きつつ学んだ体験からも推察できる。

　「半日しか学校にいない生徒は、いつでも新鮮で、ほとんどいつでも授業を受け入れる能力があり、またはそうする気がある。半労半学の制度は、この二つの仕事のそれぞれ一方を他方にとっての気晴らしとするものであり、したがって児童のためにはどちらか一方を中断なしに続けるよりもずっと適当である。朝早くから学校に行っている少年は、しかもこんなに暑いときには、自分の労働をすませて生き生きと元気よくやってくる少年と競争することは、とうていできないのである。」⁽¹¹⁾

▶ 労働と教育・体育の結合が拓く人間の全面発達

　少年・児童教育における半労半学の教育実践が示す高い効果をふまえて、マルクスは労働と教育、そして体育を適切に結びつけた教育システムを提起し、「全面的に発達した人間を生みだすための唯一の方法」と主張する。大工業の章で開示される「全面的に発達した人間」像は、まさに大工業労働と結びついた理想的な教育制度を介して展望されたものといえる。

　一方、大工業が（技術的に準備し顕在化を）「死活の問題」として求める労働者像は、「全体的に発達した個人」、すなわち「社会的機能を自分のいろいろな活動様式としてかわるがわる行う」ことができ、「変転する労働要求」に自在に応えうる人間である。全面的に発達した人間像は、大工業労働と教育

との適切な結合、さらには多様な労働体験による潜在能力の開発と育成のなかで陶冶されるとしている。

2.6 「働きつつ学び研究する」思想とダイナミズム

▶ 肉体労働と思考の好循環と「働きつつ学び研究する」思想

「半労半学」児童と「全学」児童の学習状況にみる対照的構図は、働きつつ学ぶというキャリア教育のシステムが子どものみならず青年や成人にとっても重要な意味を持つことを明瞭に示しており、労働と学習のあり方も含めて現代教育に深い示唆を与えている。

マルクスが「経済学史上の真の奇才」と評したジョン・ベラーズは、「社会の両極に肥大と萎縮とを生み出す今日の教育と分業の必然的廃止」を、すでに 17 世紀末に提起していた。ベラーズの次の名句は、労働（とくに肉体労働）と思考を適切に結びつけることの大切さを深くえぐりだしたものである。

「肉体労働、それは初めから神の掟である。…労働が身体の健康にかなっているのは、食事がその生存に必要なのと同じことである。…労働は生命のランプに油を注ぎ、思考はそれに火を点ずる。[12]」

それは、筆者にとっても記念碑的な出会いとなる。その名句から、「働きつつ学び研究する」という思想を見出し、独自のキーワードとして捉え直す。

「労働は生命のランプに油を注ぎ」は、生産現場で働くこと、とくに肉体労働の意義に光をあてたものである。さらに、「思考はそれに火を点ずる」は、精神労働としての意義、「労働」と「思考」が刺激し合い高め合うダイナミックな関係を洞察したものである。「思考」は、「学び研究する」ことを意味する。そこから、「働きつつ学び研究する」という思想をつかみ出す。

▶ 自分の仕事を研究対象にする

それは、大学を卒業して鉄鋼メーカーに就職し製鉄所で働き始めて 3 年目、1973 年のことである。その思想とキーワードは、その後のわが仕事と研究に、まさに「火を点ずる」ことになるのである。

そこを原点とする第 1 部は、自分の仕事を研究対象にすることの意義と実践モデルを提示したものである。

現実の仕事は、忙しくて余裕もなく、組織の制約などに縛られて面白くないことも多々ある。そうした現象、いわば疎外された仕事の形態だけにとら

25

われることなく、そのより深いところを見つめ、仕事の意味や課題を見出していく。仕事を研究対象にするとは、そのようなアプローチのことである。

　仕事を研究対象にし、研究するとは何か。人文・社会科学的な研究対象として、仕事を捉え直すということである。仕事とは何か、自分にとってその仕事はどのような意味があり、社会にとってどのような意義があるのか。

❸　「働・学・研」の理論と「協同」の社会実践
・・

3.1　「働・学・研」協同の理念とロマン

▶　人生百年時代の生き方、働き方、学び方

　人生百年の時代を迎え、長い人生を通してどのように生き、どのように働くのかが、かつてなく深く問われてきている。社会・経済・技術などの変化が激しくなるなか、学び続ける必要性もかつてなく高まっている。何のために、どのように学び、働き、生きるのか。

　生涯学び働くことが求められるなか、学ぶこと、働くことの意味や性格も、大きく変わりつつあるとみられる。

　「働く」とは何か。その意味は多岐にわたり、限りなく深いものがある。内容やスタイルが時代とともに変わるも、「働く」ことが人生の基本をなすことに変わりはない。働くことの意味やあり方が改めて問われる、内省の時代を迎えている。「働く」ことは、「学ぶ」ことであり、さらには「研究する」ことでもある。「働く」、「学ぶ」、「研究する」は、ダイナミックにつながっている。

　本書は、「働く」、「学ぶ」、「研究する」とは何か、じっくりと考察する。さらに3つのキーワー）を軸に、半世紀にわたる「自ら」の仕事・研究・人生をふり返り、その意味を考え理論的に問い直す。

▶　「働く」「学ぶ」「研究する」のダイナミックなつながりと可能性

　「働く」「学ぶ」「研究する」は、働くということに潜在的に備わっているとみられる。「働きつつ学び研究する」ことは、この3つの要素をつなげようと、工夫し努力していくことである。そうした過程の中で、3要素が相互につながるようになり、お互いに良い影響を及ぼし合う。「学ぶ」ことは、仕事のなかだけではない。仕事を離れても、仕事から得たヒントや問題意識

などを手がかりに関係した本や資料などを読みこなし深めていくといった、より深い学びもある。仕事そのものが、研究対象になるのである。そこにテーマを見出し、意識的に追及することが、「研究する」ことであり、原点でもある。「研究する」姿勢や努力は、仕事を見つめ直し職場や産業を捉え直す契機となり、イノベーションにつながる可能性を秘めている。仕事と人生を主体的・創造的に捉え直すロマンを内包している。

▶「融合」から「協同」へ──「働・学・研」協同として再提示

それを、「働・学・研」融合として捉え直して10年になる。「融合」とは何か、「わかりにくい」との声もあり、あらためて問われている。

「融合」概念は、産業融合論を起点にしている。一方では、多様な産業に共通する情報制御技術を媒介にして産業間の垣根が低くなり産業融合が進む。他方では、技術と芸術の融合、機能性と芸術性の再結合に伴い、創造性をコアとする創造産業を軸に再結合・融合が進むという。それらをふまえ、わが現代産業論では、産業の流れを「分離・分化から再結合・融合化へ」と巨視的に捉えている。「融合」を、「分離・分化」の対抗概念として、さらに「再結合」の進化した段階として位置づけている。

「働・学・研」融合の「融合」は、現代産業論の文脈をふまえ、提示したものである。

『広辞苑』によると、「融合」とは、「とけて1つになること」とある。「「働・学・研」融合」の「融合」に込めた意味には、本来的な姿として「1つになる」意味も確かに含まれている。しかし現実社会では、その実現に向けての「再結合」の営みがより重要な意味をもつ。

「働・学・研」すなわち「働く」「学ぶ」「研究する」は本来、深くつながっており、相互に助け合い共鳴し合うダイナミックな関係にある。資本主義の下で分離・分化が進行して機能不全が顕在化し、現代社会のニーズに深く応えられなくなっている。その課題に深く応えようとするのが、「働きつつ学び研究する」という活動、ライフスタイルである。「働きつつ」の「つつ」には、「働・学・研」を意識的につなげていこうとする主体の思いと努力が込められている。

働・学・研の3要素がつながり有機的に作用しあうダイナミズムを示す言葉は何か。連携、協働、共同、協同、一体なども探ってみた。

そうした中から浮かび上がってきたのが、「協同」である。「協同」とは、「と

もに心と力をあわせて助け合って仕事をすること」(『広辞苑』)であり、「働・学・研」の趣旨にぴったりはまる。「共同」や「連携」という言葉もあるが、「共同」は「2人以上のものが力を合わせること」、「連携」は「つながって次に及ぶこと」とある。両者には、力を合わせること、つながることは示されているが、「協同」にはさらに「心」、「ともに助け合って」、「仕事をすること」が加味されている。

「協同」には、働・学・研の3要素が「共同」・「連携」しながら生み出されるダイナミズムが含まれうるとみられる。それゆえ、「働きつつ学び研究する」活動をコンパクトに示す表現としては、「働・学・研」協同がよりふさわしいと考える。そこで、「働・学・研」融合というこれまでの表現を見直し、「働・学・研」協同として再提示する。

「働・学・研」協同は、「働く」「学ぶ」「研究する」を主体的につなげていく活動である。それは、資本主義的な分離から人間的な再結合への道でもある。

なお、「協同」といえば、「産学協同」という言葉が、想起される。1960〜70年代に大学と産業界の関係、大学のあり方をめぐって大きな論点となったテーマでもある。「産学協同」とは、「産業界と学校が協同すること」で、大学の研究教育の自由や自主性などをどのように確保していくかが問われたのである。近年、「産学連携」という言葉がより多く使われるようになっている。その背景には、「企業連携」の広がりと多様化があるとみられる。「企業連携」は、「企業統合」と対置されるが、企業間の多様な協力関係を表す言葉として存在感を増している。「企業連携」の「連携」には、単なる「つながり」にとどまらず「協同」さらには「統合」に近い領域にまたがる広い意味合いが含まれているとみられる。

本書では、「連携」、「協同」などの本来的な意味をふまえ、「働・学・研」協同として提示する。「働・学・研」協同は、産学協同や産学連携の本来的なあり方、その本質をもより適切に示すものといえる。

3.2　働く・労働・仕事とは何か──それぞれの意味と境界域

▶「働きつつ学ぶ」スタイル

「働きつつ学ぶ」という言葉は、筆者にとっても万感の響きがある。それを初めて綴ったのは、1973年の随筆(「働きつつ学び研究することの意義と展望」)においてである。[16] 製鉄所勤務3年目、25歳のときのことであった。製鉄所

体験の強烈なインパクトと『資本論』をふまえた大工業論の研究が熱く交差する中で生まれたものである。「働きつつ学び研究する」というスタイルは、その後、「働きつつ学ぶ権利を担う」という基礎研の理念に生かされる。「働きつつ学ぶ」という標語は、わが苦境時のみならず、思いを同じくする人たちの心の灯台になってきたのではと感じている。

「働きつつ学ぶ」活動は、限定した枠内ではあるが、日本企業において広く見られた。M.L. ダートウゾス他［1990］『Made in America』（依田直也訳、195 ページ）では、「働きつつ学ぶ」という見出しで、日本と西ドイツでは企業内訓練、工場訓練が仕事の中で行われていると紹介されている。「職場で各種の職責を与えたり、頻繁な配置転換の経験を通じて…技能を習得することが通常業務の一部となり、再訓練が職場の日常業務の一部となる[17]」。それは、OJT（On the Job Training）と呼ばれてきたものである。定期人事異動という職務ローテーションによって、企業内のさまざまな職務を経験し、OJTという実務訓練を通して技能や知識を習得し、人脈を広げていく。職務の専門家というよりも、企業内ジェネラリストとして育成されてきた。

「働きつつ学ぶ」という生活スタイルは、特別のものではない。実は、働くことの中に内在しているといえる。しかし、疎外された厳しい労働のもとでは、働くことの意味や面白みが見いだせず、学ぶ意欲や姿勢が減退することも少なくない。むしろ、そうした状況の中でこそ、働くとは何か、働きつつ学ぶことの意味やダイナミズムに目を向け問い直す必要が高まっているといえよう。

▶ 「働く」とは何か

「働く」と「学ぶ」は、（「遊ぶ」とともに）人生の根幹をなす要素である。「働く」とは何か、「学ぶ」とは何かが、問われている。

「働く」は、『広辞苑』によると、「動く」「精神が活動する」「精出して仕事をする」「他人のために奔走する」「効果をあらわす。作用する」などとされ、（「徐々に努力して」が含意されている）work の意味合いが多分に含まれる。

「働く」は、人間の「労働」や「作業」、「仕事」など関連する言葉を貫通するキーワードである。また、「自然の働き」や「引力が働く」など法則や原材料、設備などが「効果をあらわす、作用する」といった意味でも広く使われるなど、包括的な響きと意味合い、膨らみをもっている。

一方、「労働」は「ほねおり働く」の意で、(「苦しい仕事」が原義の) labor に照応するとされる。自然のリズムのなか、社交と労働の混合する伝統的な農作業に比べて、近代のはたらき方を表す「労働」は、「組織のなかでの労働」としての性格をもち、ある種の不自由さがある。そのことが、「働く」ことの意味を捉えにくくしている[18]。

「労働」は、「労」と「働」に分けて、その由来をみることができる。「ろう」は、『源氏物語』にひらがな表記の用例があり、「骨折り」「経験」「功績」などの意味があったようである。「労」は、「勞」が正確な表記で、災禍などの非常時に「力を出すこと」とされ、転じて「つとめる」「つかれる、ねぎらう」の意味に用いられる。一方、「はたらく」は、『日本国語大辞典』によると、元来ひらがな表記で『宇津保』や『方丈記』などにもみられ、「人が動く」ことを表す。転じて、その結果としての効果も含んだ言葉になったとみられる。

「働」は、『大漢和辞典』によると、「つとめる」「せいだす」などの意味を表し、国字である。「労働」は、『養生訓』や『西国立志編』にもみられるように、近世期まで主に使われていた。

labor は、明治初期～中期にかけて「力作」「労動」などと訳され、「力作」には「はたらき」という振り仮名もみられた。「労働」の訳語が広がるのは、19世紀末のことである。「労働」は、近代化の進んだ時代の産物で、翻訳語として定着したものである。

漢語では、「労動」は「身体を動かす」「はたらく」、日本語の「労働」は「骨折ってはたらく」ということで、意味が区別されている。両者の意味の違いが意識されないまま、後者の意味の「労働」が labor の訳語として生まれ、今や「はたらくこと」の普遍的な意味ともみなされるようになっている[19]。

▶ 「仕事」とは何か──「仕事」と「遊び」、「労働」と「余暇」の境界域

「働く」には、「仕事をする」という意味が含まれている。「仕事」も「働く」と同様、日常生活でよく使われる言葉である。「労働」が翻訳語であるのに対して、「「働く」、「仕事」は和語である。

それでは、「仕事」とは何か。一般的には、「する事。しなくてはならない事」(『広辞苑』) である。物理学では物体が移動するときに働く力を仕事 (単位はジュール) と呼ぶが、一般的・社会的につかわれる「仕事」は、「人の仕事」であり、「他人のためにすること」、「自分と集団との関係を創造的なものと

する個人の持続的な活動のこと」である。[20]

仕事には、「何かを生み出す、何かをつくりだす」という加算のポジティブな意味が含まれているが、「遊び」には、「何かを使う、あるいは消費する」というネガティブな意味が付加されていて、対照が際立つ。仕事＝労苦、遊び＝安楽といった一般的なイメージに寄りかかった見方が、そこにみられる。[21]

仕事が労苦と受けとめられているとき、仕事と仕事でないものは、それぞれ「労働」と「余暇」とみなされてきた。「仕事」と「遊び」、「労働」と「余暇」が対照的に捉えられてきたのである。しかし現在では、そうした二分法が現実のそぐわない状況も出てきている。会社での労働よりも無償のボランティアの方が、かつての仕事、他者のために身体を動かすこととして、「働く」ことの原型イメージにより近くなっている。[22]

「労働」という言葉は、経済的な意味合いが強い。労働は、生産のための資源の１つであり、労働者は労働力の担い手である。労働者にとっても、労働は生活のための手段、快のための苦という経済的行為とみなされる。「労働」には苦痛と労苦をともなう活動という意味合いがつきまとう。

一方、「働く」ことは、経済的資源や生活の手段、手段としての苦痛という以上の意味を持っている。生きることとも深く関わり、生活や人生の全体とつながっている。「仕事」という言葉は、「働く」ことの意味合いをより強く帯びている。「良い仕事」という言葉が、望ましい働き方を考えるキーワードとして提起されている。[23]日本社会の今日的課題として大きな関心を集めている働き方改革も、あるべき方向に「良い仕事」が位置するとみられる。

実社会で「働く」場合、むしろ「労働」の側面が強いが、そこに「働く」（「はたらく」）ことの本来的な意味合いをいかに織り込んでいくかが、各位に求められている。そこで重要な役割を担うのが、「働きつつ学ぶ」さらには「働きつつ学び研究する」である。

3.3 学ぶ・研究・創造のダイナミズム

▶ 「学ぶ」とは何か

「学ぶ」という言葉には、実に奥の深い響きがある。『広辞苑』には、「①まねをする。ならって行う。②教えを受ける。習う。③学問をする。」という３点が示されている。「学ぶ」ことの核には、他の人間から何かを教えて

もらうこと（①②）がある。また「習う」は、「学ぶ」の一部として位置づけられる。「習う」には、「①くり返して修め行う。②教えられて自分の身につける。」の意味が込められている。

　たしかに、「学ぶ」（learn, study）という言葉には、「経験に学ぶ」や「自然に学ぶ」といった表現にもみられるように、「まねぶ」「習う」「勉強する」「研究する」などの意味合いを包括した含みと柔らかさ、謙虚さがある。「学ぶ」は、「学び研究する」を包括したものとみることもできる。

▶ 「学ぶ」「習う」「思う」の区別と統合的追求──『論語』に学ぶ

　一方、『論語』では、「学ぶ」「習う」「思う」などを区別してみることの大切さも説かれている。

　『論語』の冒頭の一節に、「学んで時に之を習う、赤説（またよろこ）ばしからずや」の句がある。大切なことを先人から学び、これを幾度も復習して本当に自分の身につける、なんと喜ばしいことではないか。「学ぶ」と「習う」は別次元のことで、その両方が必要である。「学ぶ」には知る楽しさがあり、「習う」には体得する喜びがあるという。自分なりに噛み砕き、工夫することによって、体得する。（24）

　『論語』には、「学びて思わざれば即ちくらく　思いて学ばざれば即ち殆（あやう）し」の警句もある。人から学んだことを、ただ覚えるだけで、その意味や応用について思索をめぐらさなければ、バラバラの知識にとどまり、視野は開けず知恵も出てこない。他方、自力で思いをめぐらすばかりで、広く体系的に学ぶこと（すなわち情報や知識を収集し蓄積すること）を怠ると、空想的・独善的になりやすく脆く危険でもある。「学ぶ」ことと「思う」こと、すなわち知識を収集・蓄積することと思索をめぐらすことは、いずれも大切であるという。両者のバランスのとれた営みを何よりも重んじている。

　「思う」こと、とは何か。学んだことが、社会の出来事や体験とどのようにつながっているのかなど、思索をめぐらすことである。それは、論理的に思考することでもあり、その過程で、ひらめき、インスピレーションとも呼ばれる「科学的直観」もしばし訪れる。創造的活動へ、研究へとつながっていくのである。

▶ 「研究する」とは何か──「学び」を究める

　「研究する」は、「学ぶ」と「思う」の良循環、いわば弁証法的な発展、と

みることができる。

　それでは、「研究する」とは何か。一般的には、「良く調べ考えて真理をきわめること」(『広辞苑』)である。まさに課題と向き合い「学び」を究めることが、「研究する」ことに通じるのである。「研究する」ことは、自然および社会における未解決の課題にアプローチし、新たな知見を示すことである。まず課題の設定から始まる。そして課題解決のために必要なデータ・情報を獲得し、それらを解析して結論を得ることである。調査および観測、測定などは、データ・情報を得るための方法であり、研究の横の広がりを示すものである。一方、得られたデータ・情報を解析し結論を得る活動は、研究の縦の拡がりを示すものである。

　「研究する」は、「研ぐ」と「究める」の合成語でもある。『広辞苑』によると、「研ぐ」は「磨く」「擦る」「練磨する」こと、「究める」は「深く追及して物事の本質や真相をつかむ」こととある。それをふまえると、「究める」は本質や目的に、「研ぐ」はその手段により近い位置にある。「究める」は、「研究する」の要に位置する。

　「働く」、「学ぶ」、「究める」は、「労働」、「学習」、「研究」に照応する和語といえよう。「究める」は、「研究する」よりも包括的な響きがあり、多様な意味が込められているとみられる。「究める」は、「真理を究める」という学問の場だけでなく、「技を究める」「仕事を究める」など生産や生活の場でも広く使われている。「道を究める」は、いずれの場にも通ずる句である。耳にすると襟を正される思いがするのは、筆者だけではあるまい。

▶ **創造に至る人生３段階説**

　「学ぶ」ことの奥義ともいえる「③学問する」は、「創造」と深く関わり、「研究する」の核心に位置する。両者に共通するのは、「挑戦する」ことである。

　梅原猛は、「学問する」とは「ものを知ること」、「自ら考えること」、「ものを創造すること」にあるとし、その楽しさ、とりわけ「ものを創造することこそ最高の楽しみである」という。[25] 人生は、自ら創っていくものであるが、創造するには、長い修練の時が必要である。ニーチェ(『ツァラトゥストラはかく語りき』)は、「人間精神の三様の変貌」を語る。人類の膨大な知識を習得するラクダの人生、既成の知識と格闘するライオンの人生、小児にみる遊びの精神と無心の人生である。それはまさに、忍耐の人生、勇気の人生、そして創造の人生という、「創造に至る人生３段階」説に他ならない。

創造の過程で、ライオンは小児に変身する。それは、伝統的価値との壮絶な戦いの中で、起こる。突如として、ライオンは小児に変貌する。それは、決して求めて得られるものではない。向こうからやってくるものであり、それこそ本当のものであると、梅原はいう。

「創造に至る人生3段階」説は、「守・破・離」の思想とも重なり合うものがあるとみられる。「守・破・離」とは、物事を習得するプロセスと心得を3段階に分けて示したものである。「守」とは、師の教えを正確かつ忠実に守り、基本を身につける段階であり、「ラクダの人生」に相当する。「破」は、身に付けた技や形をさらに磨き、独自に工夫して新たに試す段階であり、「ライオンの人生」へと変貌を遂げる段階といえる。「離」は、自らの新しい独自の道を確立する段階であり、幼児のような遊びと無心の息づく「創造」の段階である。

▶ 「読む」「学ぶ」から「書く」「創造」へ

広中平祐［2002］は、「創造には、学びの段階では味わえない、大きな喜びがある」が、創造の原型は赤ん坊のようなもので、創造とはそのベイビーをいかに育てていくかに他ならないという。また、蓄積だけを続けていては、創造することなく生涯の幕を閉じることになると警鐘を鳴らす。[26]

外山滋比古［1986］も、まとめるというのは面倒な作業で敬遠しがちである。ただ、読むことばかりでは、知識と材料が増えるも、まとめはいっそうやっかいになる。その処方箋は、「とにかく書き出す」ことで、「書いているうちに、筋道が立ってくる」という。[27]

書き出すには、勇気もいるし、書いていくうちに没入することも少なくなかろう。ラクダからライオンへ、さらには幼児へと、知らず知らずのうちに変身するのかもしれない。

「読む」から「書く」へのシフトは、「まねぶ」「習う」から「研究する」へ、（狭義の）「学び」から「創造」への脱皮を意味する。そして、「ラクダ」から「ライオン」へ、さらには「幼児」へと変身するプロセスでもある。

▶ 「働きつつ学ぶ」から「働きつつ学び研究する」への文化的発展

それらの示唆には、「働きつつ学び研究する」活動、その核心に位置する「研究する」ことの意味と極意が凝縮して示されている。

「働きつつ学ぶ」を理念に掲げる基礎研において、筆者は「働きつつ学び

研究する」ことの意義を何度も提起してきた。それに対して、次のような反論がみられる。「働きつつ学ぶ」だけで十分ではないか。「学ぶ」には「研究する」も含まれているので、わざわざ区別して掲げる必要もなかろう。

そうした異論は、今後とも絶えないであろう。「学ぶ」という言葉の包括性、その広さ・深さのゆえとみられる。「学ぶ」にとどめず「研究する」を明確にして打ち出すことの今日的意味は何かが、あらためて問われているのである。

「学ぶ」には、「まねぶ」「習う」「勉強する」などの初歩的、受動的、半強制的な意味合いも含まれ、それらと同一視する見方も少なくない。『論語』は、そうしたことに警鐘を鳴らしている。「学ぶ」と「習う」「思う」などを区別し、さらにバランスよく統合的に実践することの大切さを説いているのである。

他方、「研究する」には学術的、高踏的な側面もあり、庶民には近寄りにくいものと見なされがちである。そうしたこともあって、「学ぶ」と「研究する」は別次元のものと見る傾向も少なくない。

しかし研究そして研究活動は、学者や研究者と呼ばれる人たちの専売特許ではない。今や、日々の仕事や生活における創意的な工夫や改善など、庶民の営みの中にも広く見られるものである。ものづくり、まちづくりなど企業や地域の経営において、創意工夫を凝らし発展させていくことが求められている。

企業や地域の諸課題と向き合う創造的な活動は、研究過程と重なる特徴も随所に見られ、広く研究活動とみなすことができる。

それらを「小研究」とみれば、科学や技術における画期的な発見や発明、それに学術的な研究活動などは「大研究」と呼ぶこともできよう。

この視点は、ウイリアム・モリス［1877］の「小芸術論」[28]にヒントを得たものである。モリスは、「日常生活の身のまわりのものを美しくする」芸術の総体（すなわち「装飾芸術」）を「小芸術」とし、大画家など専業の絵描きの「大芸術」と対置して捉えた。小芸術は、労働を楽しくし、休息を実り豊かにするもので、美における人間の喜びの表現である。小芸術と大芸術の分離によって、生産活動における小芸術は貧弱になり、生産・販売・消費における喜びも失われるとして、「小芸術の回復」を基盤とする「諸芸術の融合」を提起した。

▶ 学びを極める「働・学・研」協同──「小研究」と「大研究」の統合

　「働・学・研」協同（「働きつつ学び研究する」）の「研究」は、「小研究」をベースにしているが、それにとどまらない。幅広い裾野からなる「小研究」群は、産業活動の活性化とイノベーションを促し、「大研究」を生み出す基盤ともなる。

　「学びを極める⁽²⁹⁾」という表現に注目したい。その過程での「学び」とは、「学び研究する」ことでもある。「学び」と「熟達」は表裏一体で、学ぶ過程は熟達の過程でもある。熟達化の源泉は、想像力にあるといわれる。熟達するということは、その分野の知識のシステムをつくり上げていくことである。持っている知識を使って想像することは、創造力の源泉となる。熟達化のプロセスは、想像と創造のプロセスでもあり、「小研究」が息づいている。

3.4 「働・学・研」協同の主体とシステムづくり

▶ 「働く」「学ぶ」「研究する」の分離から再結合へ

　「働く」「学ぶ」「研究する」は、深くつながっているが、日本社会では近代化の進行に伴い分割・分離して捉える傾向が見られた。「学ぶ」は学校、「働く」は企業や自治体、「研究する」は大学や研究所など学術・研究機関にて行われる。あるいはものづくりは企業、ひとづくりは学校、まちづくりは地域や自治体にて行われる、というように。

　「働きつつ学び研究する」活動、すなわち「働・学・研」協同による仕事の進め方は、「働く」「学ぶ」「研究する」を主体的につなげていく活動といえる。それは、資本主義的な分離から人間的な再結合への道であり、「手づくり」による等身大の産業・地域システムづくりに他ならない。わが産業研究のプロセスも、等身大のアプローチとして位置づけることができる。

▶ 1次的現実の思考と創造性

　外山滋比古［1986］は、大学人（などの知識人）と社会人との比較視点から、働くものの思考とその成果に光をあてたものとして、注目される⁽³⁰⁾。

　これまでは、「見るもの」「読むもの」など知的活動による頭の中の世界（第2次的現実）の思想が尊重されてきた。「働くもの」「感じるもの」（第1次的現実）の思想は、価値がないと決めつけられてきたのである。

　むしろ、第1次的現実は、複雑に絡み合う多様な課題と価値の坩堝でもあ

り、「額に汗して働くものもまた独自の思考を生み出す」。

　第2次的現実が第1次的現実を圧倒している現代においては、人々の考えることが抽象的になり、言葉の意味する実態があいまいになる。映像などによって具体的であるかのような外見をしていても、現実性は著しく希薄である。

　それゆえ、「1次的現実に着目する必要がそれだけ大きい」。社会人の思考は、第1次的現実に根を下ろしていることが多い。「汗のにおいのする思考がどんどん生まれてこなくてはいけない」という。それは、まさに社会人研究者に対するエールにほかならない。

　しかし、第1次的現実から生まれる思考は、既存の枠組みの中におとなしくおさまっていない。「真に創造的な思考」は、そうした「第1次的現実に根ざしたところから生まれうる」。それを単なる着想、思いつきに終わらせないためには、システム化を考える必要がある。

▶ 「働・学・研」協同の循環型産業システムづくり

　それは、「等身大のシステム」つくりにも深くつながる。わが産業システム・アプローチ、ものづくり・ひとづくり・まちづくり、山・平野・海を三位一体的なシステムとして捉えるという理論的・政策的な提起は、そうした課題に応えるものといえよう。

　それらの課題を担う創造的な主体、いわば現代の知的職人にあたるのが、社会人研究者とみることができる。

　これまでにない創造性が各職場・地域に求められるなか、その手がかりは、自らの仕事をより深い視点から見つめ直すことにある。それを通して、産業、経営、地域の諸課題を掘り下げ、創造的に捉え直し、政策的な提起につなげていく。まさに、「働きつつ学び研究する」（「働・学・研」協同）活動にほかならない。

　「働く」「学ぶ」「研究する」は、産業と地域の現場を支える基本的な要素である。それら3要素は、深くつながっており、創造的な現場では共鳴し合い循環している。それを描いたのが、「図表2　「働・学・研」協同の循環型産業システム」である。

　循環型産業システムを機能させるポイントは、2つあるとみられる。1つは、適切な見取り図と道標である。大局的かつ中長期的な視点を織り込んだ深い理論と政策が、それにあたる。

2つは、それを担いリードする主体である。それらの課題を担う創造的な主体が「知的職人」であり、経営や地域の現場で「働きつつ学び研究する」社会人研究者はその重要な一翼を担う。自らの仕事や人生をより深く捉え直そうとする活動は、まさに研究にほかならない。

　働く現場は、情報と経験知の宝庫でもある。生きた現場情報の膨大な渦の中にあって、五感を通して体験・入手できる。それを自覚し、明瞭な問題意識や視点と結びつけることにより、種々のハンディキャップを乗り越え、創意的な研究も可能になる。社会人研究者の可能性と役割もそこにあるといえよう。

　近年では、定年などで退職された方も増えているが、長年働いた仕事と職場のアイデンティティは朽ちるわけではない。むしろ、その経験知（その多くは暗黙知）を引き出し、研究としてまとめていく可能性を秘めた人材といえよう。

図表2　「働・学・研」協同の循環型産業システム

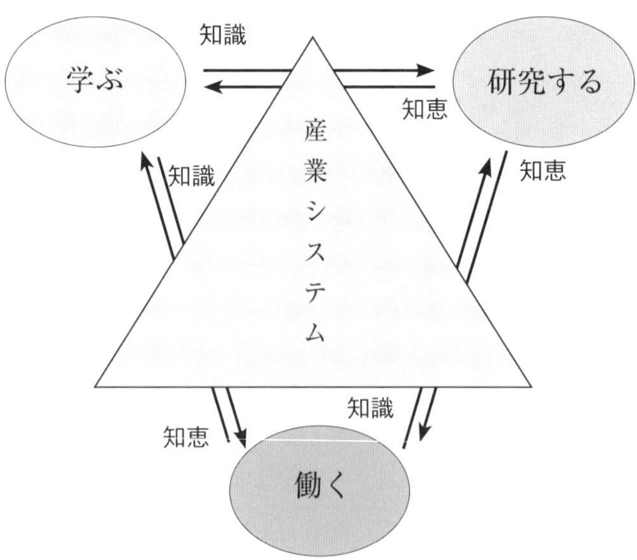

注：十名［2017］『現代産業論—ものづくりを活かす企業・社会・地域』水曜社、171ページ。

❹ 仕事・研究・人生への「働・学・研」協同アプローチ

・・

4.1 D.J. レビンソン［1978］『ライフサイクルの心理学』との出会い

　人生において、10 歳代後半から 40 歳代後半は、最も活力とストレス、変化に満ちた濃密な時期である。そこに焦点をあてて調査・分析を進め、中年期を中心にライフサイクルの構造と特徴を浮かび上がらせた大作が、D.J. レビンソン［1978］『ライフサイクルの心理学』⁽³¹⁾である。同書に示された知見は、「働・学・研」協同のライフサイクルを分析する上でも示唆に富む。

　その日本語版が出版された 1992 年は、わが人生転換の節目となった年でもある。中年期に入ってすぐの筆者（当時、43 歳）は、21 年間勤めた鉄鋼メーカーを退職し大学教員に転じる。それから 27 年が過ぎ、2019 年 3 月に大学を定年（70 歳）退職した。大学論集での退職記念号「特集」を機に、半世紀にわたる仕事・研究・人生を総括する機会を得る。実は、49 歳のときにも四半世紀にわたるそれまでの仕事・研究・人生をまとめていた。幻と化していた作品が、定年退職に伴う引っ越し作業のなかで見つかったのである。奇跡の再会といえる。

　40 代末と 70 代初めの両作品（仕事・研究・人生の総括）は、時代の状況や人生の立ち位置も大きく異なるが、それぞれ臨場感があり、その時でないと書けないことも少なくない。

　この両作品を統合できないか。そう考えたときに、理論的な架け橋となり、編集の方向性を示唆してくれたのが、D.J. レビンソン［1978］である。1992 年の日本語版を初めて読んだとき、大きな感銘を覚えるも、それがいつだったのか、十名［1997］の以前なのかどうかも定かではない。

　同書の魅力は、その理論的な深さと体系性、斬新な視点にある。さらに、多様な職業分野 40 人の個人史が示されていることが、特筆される。4 つの職業グループ（工場労働者、会社の管理職、大学の生物学者、小説家）から各 10 人、計 40 人が取り上げられている。心理学者、社会学者ら 4 人の協力を得て、精密な面接調査と生活史の資料に基づいてまとめられものである。「成人期に入る時期から 40 歳代後半までの成人の発達」（上、45 ページ）に焦点があてられている。工場労働者、会社の管理職はわが鉄鋼メーカー時代を、大学の生物学者、小説家はわが大学教員時代を考察する上で興味深いものがある。

4.2 青・壮・老（熟）視点からみる「働・学・研」協同の半世紀

▶ ライフサイクルと人生区分

　人生を、どう表現し、定義し、区分するか。ライフスパン（一生）、ライフコース（生涯）といった表現もみられるが、ライフサイクルという表現に注目したい。ライフサイクルという概念を編み出し、人生の後半に光をあて、「人生半ばの過渡期」という概念を明示したのは、C.G. ユングである。ライフサイクルの視点には、「過程または旅」という考え方が含まれ、さらに「季節」という考え方も注目される。ライフサイクルは、質的に異なる季節からなり、各季節は独自な性格とイメージをもつという。

　D.J. レビンソンはライフサイクルを、児童期・青年期（0～22歳）、成人前期（17～45歳）、中年期（40～65歳）、老年期（60歳以降）という、4つの発達期に区分する（上、46～7ページ）。発達期は、さらに発達段階に細分される。各発達期には重なりがあり、移行に伴う数年の重なり合い（「過渡期」）が含まれる。

　ライフサイクルにおける「世代」については、標準的な定義はない。スペインの哲学者 J.O.Y ガセットは世代を、児童（0～15歳）、青年（15～30歳）、成人（30～45歳）、壮年（45～60歳）、老年（60歳以上）の5つに区分している（上、63～4ページ）。

▶ 青・壮・老（熟）視点からわが半世紀にアプローチ

　これらの視点は、一生をみる上で示唆に富む。わが人生については、その半生をとりあげ、独自な視点からのアプローチを試みる。すなわち、大学を出て社会人として出発する22歳から定年退職（70）までの、半世紀に焦点をあてる。20歳代（青年期）、30歳代（成人前期）、40～60歳代（中年期）の3つの時期（世代）に区分する。

　第1部は、49歳の自分（壮年）が20代・30代・40代の自分と対話しながらまとめた「四半世紀」論で、いわば壮年編にあたる。第2部は、71歳の自分（老年というより熟年）が20～60代の自分と対話しながらまとめた「半世紀」論である。

　一方、青年・壮年・老年に大別し、「壮年期は青年期と老年期の中間」[32]とする見方もある。古くは、「幼にして謙遜なれ、若にして温和なれ、壮にして公正なれ、老いては慎重なれ」（ソクラテス[33]）も、それに準ずるとみられる。老年には、衰えと熟成の両面が見られるが、後者の側面からみると「熟年」

とみなすことができる。

　第1部は、20 ～ 40 歳代を対象に青年期・成人前期・中年期に3区分して、壮年（49歳）の視点からまとめている。第2部では、20 ～ 60歳代へと広がり老年（熟年）期にも関わるので、熟年（71歳）の視点からまとめている。

　第1部は22 ～ 49歳を対象としており、4職業分野40人の調査事例とも深くかかわるものとなっている。第2部は、50代から70代初めまでも織り込んでいる点で、さらに20代初めからの半世紀に及んでいる点で、レビンソンの作品とは一線を画し独自性を付加するものとなっている。

　第1部と2部は、「働・学・研」協同の生き方が貫かれ、深くつながっている。一方、四半世紀近い隔たりがあり、対象とする時期もその分拡がるなどの違いもみられる。

　その両作品を統合して、1冊の本にできないか。そのような思いで、D.J.レビンソン［1978］を読み返し、参照した。49歳の自分と71歳の自分をつなぐ視点も、そこにちりばめられているように感じられる。

　以上をふまえ、青年・成人前期・中年という世代区分、青・壮・老さらには青・壮・熟の人生区分を意識しながら、過去の自分さらに未来の自分との対話を通して、わが半世紀（22 ～ 71歳）の仕事・研究・人生にアプローチする。

4.3 「第1部　働き学ぶロマン」（壮年編）

　「成人前期の申し分ない発達とは、望みをもち、自らの人生設計にしたがって、ある程度の熱意と規律をもって、価値ある目標に向かって努力すること」（下、13ページ）だと、レビンソンはいう。わが成人前期も、悩み深く転びながらそのようなプロセスを走り抜けてきたと感じている。

　「働き学ぶロマン」は、49歳のときにまとめた「働・学・研」協同の歩みである。わが仕事史かつ研究史であり、仕事と研究を通した人生史でもある。22歳から49歳までの27年間（四半世紀）をふり返り、青・壮年期の自分と対話しつつ、生き直したものといえる。製鉄所での仕事と研究のロマン溢れる20代、人生最大の苦境と格闘した30代、逆境を乗り越え鉄鋼産業研究の体系化・教育との融合を図った40代に焦点をあて、総括したものである。

　四季に例えれば、春の20代、梅雨の30代、夏の40代といえよう。「梅雨の30代」としたのはなぜか。1つは、春の20代、夏の40代の間に位置するからである。2つは、30代の危機はさながら頭上を覆う分厚い暗雲、降

41

りやまぬ長雨の如き様相を呈していたからである。

　20〜30代は、「成人前期」にあたり、「矛盾やストレスがもっとも大きい時期」とみられる。とくに「30歳の過渡期」は、ほとんどの者にとって「もっともストレスに満ちた形、すなわち30歳代の危機という形をとって訪れる」（上、114ページ）という。わが人生においても然りで、30歳代は人生最大の苦境に遭遇し必死に格闘した時期である。

　成人前期を終え中年期に入る30代終盤から40代前半は、重大な変化が生じる。「人生半ばの過渡期」とされ、「人生の転換期を迎える」（67ページ）という。わが人生においても、然りである。社会人大学院（39〜43歳）で学び直し、大学へ転職し、最初の本を出版するのも、まさにこの時期である。自らの人生について、自問するという。「これまで何をしてきたのだろう。…自分の人生は…どんな価値をもっているのだろう」（上、67ページ）と。42歳の拙稿「「働きつつ学ぶ」経済学研究に魅せられて―わが20年の軌跡と展望」（第4回ジェック「ま・な・び・す・と大賞」入賞）も、そうした流れの中に位置づけることができよう。

4.4 「第2部 「働・学・研」協同の理念と半世紀の挑戦」（熟年編）

　第2部における22年余も、それまでの第1部とは異趣の起伏に富む道程であった。

　「働きつつ学ぶ」は、実践と思索を経ながら、新たな展開をたどる。「働きつつ学び研究する」というわが原点へ立ち返り、さらに「働・学・研」協同へと理論化・定式化するに至る。第2部では、「働・学・研」協同を軸に青・壮・熟年の3世代にまたがる対話を通して半世紀にまたがる仕事・研究・人生のドラマが描かれるのである。

　鉄鋼から地場産業へと研究シフトを図った50代、現代産業論・ものづくり経済学の体系化を図った60代、まさに壮年期をフルスピードで駆け抜ける。70歳定年前後という老年期の視点からの総括と展望につながる。それは、壮年期（49歳）の自分には思いもよらぬものであったに違いない。

　「第1部　働き学ぶロマン」を青・壮年期の自分史とすれば、「第2部 「働・学・研」協同の理念と半世紀の挑戦」は青・壮・老年期にまたがる自分史である。71歳という熟年の眼を通して捉え直し、総括したものである。第1部があるからこそ、第2部をまとめることができたといっても過言ではなか

ろう。

　今となっては、20 代、30 代の大半は思い出すのが簡単ではなく、臨場感をもって詳細を語ることはできない。定年退職による大整理や引っ越しに伴い、研究室や自宅書庫に埋もれていた資料類の多くは処分した。百冊を超える日誌ノート類の大半は残しているが、そこから掘り起こすのは今や至難となっている。

　それゆえ、幻の作品と化していた第 1 部の発掘（2019 年 1 月）は、第 2 部をまとめる勇気と知恵をもたらしてくれたのである。

　当時でしか書けないことがあり、70 代の今だからこそ書けること、書きたいことも少なくない。40 代と 70 代の対話とハーモニーとして、両作品を統合し 1 冊の本にたい。その思いが叶ったのが本書である。

　第 1 部は、製鉄所を主要な舞台とする壮年と青年の対話である。熟年の自分は、そのとき知る由もなかったが、第 2 部ではキーマンとなり青年・壮年の自分と語り合う。自分史を通して、「働・学・研」協同論として、さらに現代産業論として捉え直している。

5　本書の特徴と独自性

・・

　本書の特徴と独自性として、次の 7 点をあげることができる。

　第 1 は、企業や自治体などで働くビジネスパーソンに働くことの意味、学びや研究の大切さ、ノウハウを伝えようとしていることである。青・壮年へのメッセージ（第 1 部）が、その核心をなしている。

　第 2 は、企業人だけでなく大学人に対しても、働き学び研究することの意味と大切さ、そのノウハウを提示していることである。とくに、社会人研究者および大学教員への、青・壮・老を貫くメッセージ（第 2 部）は、現役世代へのわが遺言状といえる。

　第 3 は、そうした思いを、「働・学・研」協同の理論とノウハウとして、実証をふまえ体系的に提示していることである。

　「働・学・研」協同の理論を初めて公刊したのは、1973 年のことである。その後、実践を通して検証し深めてきたが、それらをふまえ体系的・実証的に総括したのが本書である。働く、学ぶ、研究することの意味は何か、それら 3 者を融合することのダイナミズムと歴史的意義を、自らの半世紀にわたる検証を通して提示している。筆者にとっての決定版といえよう。

第4は、社会人が博士論文に挑戦することの意味を、社会人研究者および指導教員など多面的な視点から深く考察し、実践的なノウハウを提示していることである。

　日本人のノーベル賞受賞が続いているが、博士人材は諸外国に比べて少なく、博士人材の層の薄さに先行きへの懸念が強まっている。日本企業におけるブレークスルーの少なさの一因ともみられる。近年の博士過程離れは深刻で、優秀な人材が研究職をめざさなくなっている。

　博士論文への挑戦については、「働・学・研」協同のコアに位置づけている。「特集　「働・学・研」協同の仕事・研究・人生」（「十名直喜教授退職記念号」）は、17人の社会人研究者が、仕事・研究・人生について「働・学・研」協同の視点から深く考察したものである。日本社会における近年の博士課程離れに対する処方箋とそのヒントが、「特集」および本書にちりばめられている。

　第5は、半世紀にわたる「働・学・研」協同の歩み（いわば社会実験）を、ライフサイクル論・人間発達論をふまえて複眼的な視点から考察していることである。

　第1部は49歳の視点から捉え、第2部は71歳の視点から捉え直しており、壮年期と准老年期のそれぞれの視点から比較しまとめている。第1部と第2部をつなぐ理論的な架け橋となったのが、ライフサイクル論である。ライフサイクル論の視点から、20歳代から70歳代初めまでの半世紀の仕事・研究・人生を総括した作品は、ほとんど前例をみないのではと推察される。

　第6は、定年退職を機に訪れた2つの機会を結びつけ、半世紀の思いを込め奇跡的な邂逅を力にして、一気に仕上げたことである。その結果、臨場感あふれる作品にできたのではと感じている。

　長らく幻と化していた49歳の作品（第1部）が、定年退職（引っ越し作業）を機に、研究室と自宅書庫の奥深くから出てきた。宝物の思いがけない発掘となり、まさにセランディピティといえる。作品は、黄色くなったコピー紙でファイルもない。ワード入力には30数時間を要したが、その臨場感と迫力を思い知ることになった。本書は、わが壮年期の力に与るところが少なくない。

　さらに、70歳定年退職に伴う人生の棚卸し、退職記念号の発刊を機に「特集」の1作品としてまとめたのが第2部の中心をなしている。定年退職という風が後押ししてくれたといえよう。

　第7は、仕事・研究・人生というボール（球）が、タマネギ状に3つの層

をなしていることである。最上層から順にむいていただくと、理解が進みより深まるとみられる。

　まず、中心核にあるのが第1部であり、第2部がそれに続く。第1部と2部は、1つ目のコア層をなしている。

　序章と終章は、第1部と2部をどうつなぎ、足らざるを補うかという視点からまとめたものであり、2つ目の層をなしている。1つ目のコア層の上層に位置する。働・学・研を理論的につなぐのが序章であり、老年期を入れライフサイクルとして総括・展望するのが終章である。

　3つ目の最上層に位置するのが、プロローグとエピローグであり、対をなしている。本書のコンパクトなメッセージであり、そこからひも解いてほしい。入口と出口をまず読むことで、より大局的な視点から本書が俯瞰でき、意味とポイントがより深くつかめる一助になると推察する。本書の作成プロセスそのものを反映したものであるが、巧まざる天の配剤といえるかもしれない。

6　本書の構成とねらい

　本書は2部構成を柱としており、プロローグ、序章、第1部、第2部、終章、エピローグから成る。

　　プロローグ　人生とロマンの探求
　　序章　仕事・研究・人生の意味と「協同」のダイナミズム
　　第1部　働き学ぶロマン
　　　　　　―製鉄所と基礎研で育まれた仕事・研究の夢とスタイル―
　　第2部　「働・学・研」協同の理念と半世紀の挑戦
　　　　　　―仕事・研究・人生への創造的アプローチ―
　　終章　青・壮・老を生き抜く「働・学・研」協同―生きがい創造と熟年への視座―
　　エピローグ　「自己」の探求と邂逅

　第1部は、鉄鋼メーカーに就職してから退職するまでの21年間、大学に転じての5年余、計26年余にわたる仕事・研究人生の歩みを、「49歳の自分」がまとめたものである。

　第2部は、定年退職を機に半世紀にわたる仕事・研究・教育の歩みを、「71歳の自分」が第1部とも対話しながらまとめたものである。

　鉄鋼マンとしての仕事・研究史を軸に自分史として編集したのが、第1部

である。それに対して第2部は、その後の研究・教育実践を織り込み「働・学・研」協同として理論化し、半世紀の歩みを「働・学・研」協同論、さらに現代産業論・研究教育論として捉え直したものである。

　第1部と第2部には、23年に近い隔たりがある。49歳と71歳の感性と洞察には、違いも少なくないが、共通し共有する側面に注目したい。「働・学・研」協同のロマンであり挑戦である。それが四半世紀近い時空を超えて共鳴し合う。

　両者のつながりを、先行研究をふまえつつ理論的・思想的に明示したのが、序章と終章であり、原点に立ち返って問い直し俯瞰するのが、プロローグとエピローグである。プロローグは、人生とは何か、ロマンとは何かという本書の原点への視座を提示する。

　序章は、働く、学ぶ、研究することの意味を深く問い直し、「働・学・研」協同の理論的・歴史的原点に立ち返り、「協同」が促す創造のダイナミズムとその歩みを浮かび上がらせる。さらに、ライフサイクル論をふまえて、20〜60歳代の各エポックでの自らの「働・学・研」協同体験がもつ意味を理論的に示す。第1・2部での歩み、各時期の発達や危機、それらがもつ特徴や本質が、ライフサイクルの視点から解きほぐされる。

　終章では、「働・学・研」協同を軸とする老年期の創造的な生き方に光をあてる。青・壮・老を生き抜く仕事を研究対象としたロマンと挑戦とは何かを明らかにする。「過去の自分」から学びつつ、先行文献を手がかりに「未来の自分」との対話を進め、「老年期のロマンと挑戦」そして老年期を「熟年期」へと変えていく処方箋を提示する。

　エピローグは、「自己」の探求という原点に返り、青春のロマンと決意の大切さ、青年期と老年期の深い絆に注目し、生き方、働き方への示唆を提示する。

注　記

(1) K. マルクス［1867］『資本論』第1巻、大内兵衛・細川嘉六監訳、大月書店、1968年。
(2) 工場法は、1833年、44年、47年のいずれも、「朝の5時半から晩の8時半までの15時間が法定の「日」」であり、「18歳以上の男子労働者の労働日を制限していない」というものであった（K. マルクス［1867］、前掲書、375ページ）。
(3) K. マルクス［1867］、前掲書、397ページ。
(4) K. マルクス［1857〜8］『経済学批判要綱』第3分冊、高木幸二郎監訳、大月書店、1961年、

660 〜 1 ページ。

(5) K.マルクス［1857 〜 8］、前掲書、661 ページ。
(6) K.マルクス［1867］、前掲書、629 〜 30 ページ。
(7) K.マルクス［1867］、前掲書、398 ページ。
(8) K.マルクス［1867］、前掲書、625 〜 6 ページ。
(9) F.エンゲルス［1845］『イギリスにおける労働者階級の状態』武田隆夫訳、新潮社、1960 年、183 ページ。
(10) K.マルクス［1867］、前掲書、629 〜 30 ページ。
(11) K.マルクス［1867］、前掲書、629 ページ。
(12) K.マルクス［1867］、前掲書、636 ページ。
(13) 植草益［2000］『産業融合―産業組織の新たな方向』岩波書店。
(14) 池上惇［2003］『文化と固有価値の経済学』岩波書店。
(15) 十名直喜［2012］『ひと・まち・ものづくりの経済学―現代産業論への視座』法律文化社。

(16) 十名直喜[1973]「働きつつ学び研究することの意義と展望」『経済科学通信』第 7 号。
(17) M.L.ダートウゾス他［1989］『Made in America ― アメリカ再生のための日米欧産業比較』依田直也訳、草思社、1990 年（Michael L.Dertouzos et al［1989］Made in America, Massachusetts Institute of Technology）
(18) 武田晴人［2008］『仕事と日本人』ちくま新書。
(19) 武田晴人［2008］、前掲書。
(20) 福田定良［1978］『仕事の哲学』平凡社。
(21) 鷲田清一［1996］『だれのための仕事』岩波書店。
(22) 鷲田清一［1996］、前掲書。
(23) 杉村芳美［1997］『「良い仕事」の思想』中公新書。
(24) 長山靖生［2009］『『論語』でまともな親になる―世渡りよりも人の道』光文社新書。
(25) 梅原猛［2002］『学問のすすめ（改定）』竢成出版会。
(26) 広中平祐［2002］『学問の発見（改定版）』竢成出版会。
(27) 外山滋比古［1986］『思考の整理学』ちくま新書。
(28) W.モリス［1877］"The Decorative Arts"（「装飾芸術」内藤史郎訳『民衆のための芸術教育』明治図書出版、1971 年）。
(29) 今井むつみ［2016］『学びとは何か―＜探求人＞となるために』岩波新書。
(30) 外山滋比古［1986］、前掲書。
(31) D.レビンソン［1978］『ライフサイクルの心理学（上）（下）』南博訳、講談社、1992 年。（Daniel J. Levinson [1978] The Seasons of a Man's Life, The Sterling Lord Agency, Inc., New York）。以降、（）内の上・下、ページ数の表示は、同書に基づくものである。
(32) 詫摩武俊［1991］『これからの老い―老化の心理学』講談社新書、77 ページ。
(33) 「座右の銘」研究会編［2009］『座右の銘―意義ある人生のために』里文出版、4 ページ。

第1部

働き学ぶロマン

製鉄所と基礎研で育まれた
仕事・研究の夢とスタイル

1 はじめに

・・

1.1 製鉄所で温めた仕事と研究のロマン――逆境を乗り越えて

　20代前半から40代前半にかけての、人生で最も多感かつ精力的な時代を、製鉄所の生産部門で過ごした。1971年に大学を卒業して神戸製鋼所に入社し、加古川製鉄所に配属される。新鋭製鉄所として、ちょうど稼働し始めた時期でもあった。爾来、1992年に退職するまでの21年間、製鉄所の製造部門で原料管理の仕事に携わる。

　これは、事務系の大学卒鉄鋼マンとしては、異例のキャリア・ライフであった。そのきっかけは、働きながら日本鉄鋼業の現状と未来に関心を持ち、雑誌に論文を公表したことであったらしい。自分の個性を活かして仕事をしながら学び研究してゆこうとする努力に対して、これは大きな壁であった。

　そこでの苦しみと、それでも自分の信念を生かそうとする理想とのギャップは、あまりにも大きい。この苦しみの中で考えたこと、それは、自分の仕事や産業そのものを理論化して知的な資産としてつくり上げるとはどういうことかを、人生を賭けて考えることでもあった。さらに、製鉄所での技術や人との出会い、交流を通して芽生えた「働きつつ学ぶ」わが研究ロマンを、温め、育み、深めていく契機ともなる。

　「仕事と研究」の両面で大きな壁にぶつかり、苦闘するなかで、心身のスランプに陥ったのは、30代の初めのことである。そのどん底の中で、森田理論に出会う。改めて、自らの生き方や考え方を深く見つめ直す。それにもかかわらず、「仕事と研究」での現実の壁は、歳とともに一層の重みを増して迫ってきた。

　30代末に大きな変化が起こる。京都大学大学院経済学研究科に新設されたばかりの社会人大学院に入学。それが契機になって、それまでの10年近くに及ぶ壁との闘いから、壁を乗り越える手がかりが見えてくる。仕事をフルにこなしながらの大学院生活ではあったが、大学院制度に支えられて研究ロマンを膨らまし、その実現に向けて歩み始める。

　研究成果が実名で公表され研究者として認められはじめて、漸く、企業の態度も変わってくる。5年間の大学院生活が修了するとともに、大学への転出も認められる。その1年後に最初の単著書を出版し、博士（経済学）を取得する。そして、昨年（1996年）、念願の日本鉄鋼産業論を2冊の単著書にまとめ、

やっと研究ロマンを目に見える形で残すことになり、1つの大きな坂を乗り越えた。

これは、勇み足、研究ロマンと企業の現実、苦しみとスランプとの格闘を通して芽生えた、いわば中年の自分史である。また、わが人生に中に、日本のサラリーマン、日本の企業で生きるサラリーパーソンの姿を重ねていただければ、これほど嬉しいことはない。それを実現する機会が、北九州市・森鴎外記念事業『自分史文学賞』によって与えられたことに感謝したい。

1.2 八幡と加古川に花開いた製鉄所文化との奇跡的な邂逅―71歳の眼差し

北九州ではかつて、「職場雑誌」（文芸欄をもつ社員向け発行の紙誌）が盛んで、豊かな文芸の土壌と多くの「職場作家」を生み出した。その中心的役割を担ったのが、八幡製鉄所である⁽¹⁾。

職場雑誌としては最古の部類に位置するのが、1919年に創刊された八幡製鉄所の所内報「くろがね」である。総務部庶務課発行の「製鉄文化」、組合誌の「熱風」などもあった。鉄鋼労働者の文化的関心が職場雑誌を支えた。職場雑誌は、佐木隆三という直木賞作家も出した。「自分史文学賞」の審査委員に、彼の名前もみられる。

職場雑誌は、国鉄や旭硝子（現 AGC）、黒崎窯業（現黒崎播磨）、TOTO、八川電機など、小倉や八幡に拠点をもつ企業でも、幅広く見られた。戦後から70年頃が最盛期で、150を超える種類が確認されている。当時、北九州で働くことと書くことが当たり前のように結びついていた。北九州市は、森鴎外のゆかりの地でもある。「自分史文学賞」には、そうした地域文化が反映しているとみられる。

「働き学ぶロマン」も、製鉄所の仕事を通して育まれた文化である。「自分史文学賞」への応募が導きの糸となり、八幡製鉄所で花開いた製鉄所文化、さらには北九州市で育まれた労働雑誌文化と邂逅するに至る。時空を超えた製鉄文化の深い縁に感じ入る次第である。

1.3 「49歳の自分」と「71歳の自分」との対話――熟年の眼差し

「働き学ぶロマン」は、49歳のときにまとめた「働・学・研」協同の自分史である⁽²⁾。わが仕事史かつ研究史であり、仕事と研究を通した人生史で

もある。22歳から49歳までの26年余（四半世紀）をふり返り、過去の自分と対話しつつ、生き直したものといえる。製鉄所での仕事と研究のロマン溢れる20代、人生最大の苦境と格闘した30代、逆境を乗り越え鉄鋼産業研究の体系化・教育との融合を図った40代に焦点をあて、総括したものである。四季に例えれば、春の20代、梅雨の30代、夏の40代といえよう。

　その後、現在に至る22年間も、それまでとは異趣の起伏に富む道程であった。鉄鋼から地場産業へと研究シフトを図った50代、現代産業論・ものづくり経済学の体系化を図った60代、70歳定年前後の総括と展望へとつながる。それは、49歳の自分には思いもよらぬものであったに違いない。

　「働き学ぶロマン」は、84千字（90ページ：30字×40行／ページ）からなり、1997年の「自分史文学賞」に応募するも、あえなく落選となった作品である。渾身の力をふりしぼり、四半世紀にわたる仕事と研究の歩みと思いを描いたものである。それなりの手応えを感じていたので、落選のショックも大きく、その弾みで本棚の奥深くにしまい込んでしまっていた。その後、折に触れて探すも、見つからなかった作品である。

　22年間も、行方不明あるいは音信不通となっていた。定年退職に伴い、ハプニングが起こる。大学の研究室と自宅の書庫を大整理していた際に、この作品が本棚の奥深くからひょっこりと顔を見せたのである。22年ぶりにかつての恋人あるいは息子と、ばったり再会したような感動を覚える。

　当時のワープロで編集したもので、そのファイルは残っておらず、残っていても使えない。印刷した原紙も、日光で変色し、ほとんど読めない。今や資料として使えるのは、コピーした分のみである。少し茶色じみているが、十分に読める。22年前のわが分身との思いがけない再会に、心躍る気持ちが抑えきれない。

　40代末に、四半世紀にわたる仕事・研究史を、自分史としてまとめていたのである。しかも、定年退職直前にそれを発掘し、再会に至る。そのいずれも奇跡のように映るが、じっくり振り返れば、必然のようにも感じられる。

　「働き学ぶロマン」（第1部）を青壮年期の自分史とすれば、「「働・学・研」協同の理念と半世紀の挑戦」⁽³⁾（第2部）は熟年視点からみた半世紀の自分史といえる。青・壮・熟年にまたがる自分史であるが、71歳という熟年の

眼を通して捉え直し、総括したものである。

　第1部は、製鉄所を主要な舞台とする壮年と青年の対話である。その時は知る由もない熟年の自分が、第2部ではキーマンとなり青年・壮年の自分と語り合う。自分史にとどまらず、「働・学・研」協同論として、さらに現代産業論として捉え直している。

　なお第1部は、1997年（49歳）執筆時の臨場感を大切にすべく、できるだけそのままにしている。ただし、罫部と脚注は、今回編集したものである。罫部は、71歳の目線でコメントしたものである。また、文中にあった本や論文の多くは、脚注をつけ文末にシフトしている。

❷　「働き学ぶ」わが研究ロマンを生き直す

・・・

2.1　製鉄所での21年間の体験と思い──風化への危機感

　製鉄所での生産現場を離れて、はや5年半が過ぎてしまった。何かずいぶんと昔のような気がするし、つい昨日のことのようにも感じる。

　1971年に大学を卒業して神戸製鋼所に入社し加古川製鉄所に配属された。ちょうど加古川製鉄所が稼働し始めた時期である。1992年に退職するまでの21年間、製鉄所の製銑部門で原料管理の仕事にずっと携わる。製鉄所の生産技術や生産管理体制、労使関係などが形成されていくプロセスを、1つの部署の小窓からであるが生身で体験することができた。そして、それがまた、石油危機や円高などを契機に再編されていく。それらを目の当たりに見、また仕事などを通してぶつかってきた。

　製鉄所の生産現場を離れ、大学という教育・研究の世界、いわばそれまでとは対照的な別世界のなかで、5年余の月日が流れ、鉄鋼マン時代の生々しい体験が月日とともに風化していくような気がしてならない。思えば、この5年余は、日本鉄鋼業という、これまでのわが仕事の舞台を見据えながら、理論的・実証的な研究を通して振り返り考察するという作業に傾注してきた。いわば、研究を通して、もう一度生き直していたといえよう。

　しかし、これまでの鉄鋼産業だけの世界に没頭することは、すでに難しくなっている。大学での講義などに加えて、地域の地場産業の調査研究、さらに2年後に予定している海外留学など、これまでとは違った世界に足を踏み入れてきている。鉄鋼マン時代の体験や思いの痕跡は、今後、風化が加速し

ていかざるを得ない。いま、まとめておかないと書けなくなるかもしれない。

2.2　わが研究成果と方法論への反省と「働きつつ学ぶ」

　他方では、自分の研究についても、その限界を痛切に感じた5年間であった。この間に、これまで考え感じてきたこと理論化し体系化して3冊の単著書にまとめている。その過程では、さながら急峻な山に登っている思いがあった。しかし、上ってみると、果たしてどれほどの山であったか量りかねている。

　また、冷静な第三者に徹して調査分析するという点での不十分さ、もどかしさを痛感する。主体者として自己の直接体験や生のデータを提示・分析して勝負するという点でも、いろんな思惑などが交錯し避けた点が少なくない。このように、自らの研究手法についても、限界ともどかしさを感じている。

　こうした課題意識や危機感、反省などが、自分史に駆り立てた直接の契機といえよう。

　「働きつつ学ぶ」。これは、私にとって深い特別の響きを持つ言葉である。製鉄所の生産現場に働き始めて3年目（25歳）の頃、この言葉を初めて使った。ちょうど、働きながら経済学の研究活動を初めて数か月が経ち、初めて論文を経済雑誌に発表した直後の、精神的にも高揚していた時期である。

　わが青春の頃に自ら発し掲げたこの言葉は、20年近くにわたって、折に触れ私を励まし支え、また時には厳しく鞭打ってきた。わが生き様の原点ともいえる。このキーワードを手がかりにしながら、自らの体験を掘り起こし、鉄鋼マンとして生産現場で働きながら、自分で掴んだ知的目標を探求して来た。その歴史的プロセスにメスを入れる。このなかで、サラリーマンの知的生きがいと探求の意味について考えてみたい。

2.3　「働きつつ学ぶ」から「働き学ぶ」へ

　これまで日々の生活においては、製鉄所での原料管理の仕事がメインで、経済学や鉄鋼産業の研究は退社後や休日にたしなむ趣味の1つであった。しかし、わが生きがいというか、生きる価値観の重みづけは、学び研究する方にあったといえる。

　とはいえ、けっして日々の仕事を軽んじていたわけではない。会社での仕事が、職場そのものが、学び研究する活動の源泉、大地であった。そこで得

た様々な体験や知見に学びつつ、それを手がかりにしバネにしながら、研究を進めてきたといえる。いわば、「働きつつ学ぶ」活動が、わがライフスタイルにぴったり合っていたのである。

しかし、大学に転じてからは、教育と研究そのものが名実ともにメインの仕事になる。教育という仕事を通して多くのことを学び、研究にも活かすことができる。しかし、研究もまた本業である。その研究は、私の場合、鉄鋼産業分析をベースにしたものであり、これまでのいろいろな直接間接の体験や交流などに多くを負っている。学ぶことと働くことが同じ線上に来た、同一化してきたといえる。

そうした環境変化は、わがライフスタイルを「働きつつ学ぶ」から「働き学ぶ」式へとシフトさせている。それでは、「働き学ぶ」とは何であろうか。それは、これまで働いてきたという社会体験をふまえ、そこから得た問題意識や関心・興味などを手がかりにして、もういちど学ぶ、あるいは研究や創作などに取り組むといった活動である。定年退職後であっても、あるいは一時的に職を離れて学び直す場合もあろう。主婦の場合だって同じようなものである。

こう考えると、「働き学ぶ」といった方が、より広い社会階層の人たちを含み、また現代性をはらんでいるように思われる。「働きつつ学ぶ」スタイルを包括するものといえよう。

71歳の眼

「働きつつ学ぶ」は、その後、実践と思索を経ながら、新たな展開をたどる。「働きつつ学び研究する」というわが原点へ立ち返り、さらに「働・学・研」協同へと理論化・定式化するに至る。第2部では、「働・学・研」協同を軸に青・壮・熟年の3世代にまたがる対話を通して、半世紀にまたがる仕事・研究・人生のドラマが描かれるのである。

2.4 生きがい研究と日誌

神谷美恵子『生きがいについて⁽⁴⁾』や神経症に関する森田理論の著書など生き方や生きがいに関する名著には、精神医学の現場で実際に携わってきた人たちによるものが多い。また、自らも精神的に悩み、またそれを糧にして深い洞察へと発展させた人たちが少なくない。私の場合も、生きがい論や生き

55

方、精神医学への関心は、自らが深く悩むなかで切実に求めるようになったものである。

　そして、自らの心の遍歴をつづった日誌を書くようになったのも、30歳前後の精神的な葛藤が契機になっている。

　日誌を書き始めて、十数年以上になる。働きつつ学び研究するという二足のわらじ生活において、いろいろな問題に直面し精神的にも深く悩むなかでスタートしたものであった。以来、毎日とはいかなかったが、折に触れて人生のそれぞれの転機において感じたこと、わが心との対話を書き綴っている。日誌ノートは、鉄鋼マン時代のものだけで20数冊が手元に残っている。日誌のなかには走り書きした手紙の草稿もみられる。また、多くの方々からいただいた手紙類についても一部残っている。

　そうしたものを手がかりにしながら、働きつつ学び研究してきた自らのロマン、生き様とはどのようなものであったかを、掘り起こしてみたい。

2.5　職場社会での生き様を照らし出す

　企業や官庁などの第一線に立つサラリーマンの主張や思いが、ストレートに社会に表出されることは少ない。新聞の投稿欄などをみても、若い人や高齢者、主婦などがほとんどである。日本の社会経済システムが揺れ動き、その根本的な変革が迫られている今日、第一線を担うサラリーマンの多くもいろいろと考え悩むことが少なくないであろう。しかし、サラリーマンの生の声、自立した個人としての自由な主張や生き方を出しにくい企業社会の風潮は、なお根強いものがある。彼らの思いや体験は、さぞかし多様で重いものがあるであろう。社会的にみても貴重なノウハウや知的資産の缶詰のようなものといえる。しかし、内に秘めたままでは、社会的なノウハウとして蓄積されない。

　私のささやかな自分史が、職場社会とそこに生きるサラリーマンの思いを何らかの形で歴史的に照らし出すことができれば、これに勝る喜びはない。

71歳の眼
　30歳代に読んだ生きがいや森田理論などに関する本の多くは、定年退職に伴う本のリストラ時にも捨てきれず、今も書庫のなかに鎮座する。
　女性の社会進出が進むなか、サラリーマン論だけでなくサラリーウーマ

ン論、さらには両方を含むサラリーパーソン論への眼差しが不可欠になっている。社会人あるいは勤労者という表現がより相応しくなっているようにも感じられる。

❸　製鉄所での現場実習と見習い──鉄鋼マンへの通過儀式

　入社直後 1 〜 2 年の頃、いわゆる「新入社員」時代の思い出には、多くのサラリーマンにとって格別なものがあるようである。

　私の場合も、入社直後の半年間の現場実習、寮生活などは強烈な体験であった。心身とも鉄鋼マンになるうえでの儀式のようなものであった。それらが、鉄鋼の職場や産業へのわが問題意識や関心をいやが上でも刺激する。

3.1　独身寮生活がスタート

　新入社員時代は、近隣の自宅通勤者をのぞいて、ほとんど独身寮に入るのが常であった。神戸製鋼は東加古川の二俣南地区に大規模な独身寮と社宅を整備していた。南北に独身寮を建て、その間に社宅群を配置し、スーパーマーケットまで擁する。あたかも、「神鋼二俣村」といった様相を呈していた。

　出退勤の時間になると会社の送迎バスが回ってくる。この送迎バスは JR や私鉄の駅も巡回する。それに乗って出勤するのである。同期の新入社員には、血気盛んなものが少なくない。大学紛争を経験した世代で、会社の管理になじみにくかったのであろう。会社の送迎バスを、「護送車」などと呼ぶ者もいた。実に便利な通勤の足であったが、そう言われてみるとなるほどと感じる雰囲気もなくはなく、その命名に感心したものである。

　独身寮では、6 畳の部屋に 2 人ずつ入ることになっていた。同期入屋のA君と相部屋になる。整理整頓を励行し、きれい好きでしっかり者の彼と、どこか間の抜けた私とのコンビが始まる。現場実習の時は、交代勤務のサイクルが違うため、生活時間帯がずれてくる。朝早く起きたり夜遅く帰って来たりする時など、相棒を起こさないようになどお互いに気を使う。

　寮の朝食は、ご飯にみそ汁と沢庵程度の実に質素なものである。夜勤帰りの若者には、ものたりなく感じる。女性の独身寮はなく、社宅の一部をそれに充てるも、食事は近くにある独身寮の食堂に食べにきていた。食事時は、男性ばかりの独身寮が華やぐときでもあった。

57

寮内にはスナックバーもあって、会社から遅く帰った時などは、同期の仲間や同部署の後輩などとよく立ち寄ったものである。

3.2 現場実習の体験

現場実習では、4日サイクルで朝勤(7〜15時)、昼勤(15〜22時15分)、夜勤(22時15分〜翌7時)と順繰りに変わっていく3交代勤務に組み込まれる。朝勤の朝は早い。5時台に起床して、6時過ぎには寮の食堂で朝食をとる。急いで支度して、会社の送迎バスに乗りこみ、製鉄所に向かう。

これが夜勤となると、夜の21時過ぎに会社の送迎バスに乗って出かける。休日や夜の団欒の時など、世間の人たちの休息の時に出かけていくのは、何ともわびしいものが感じられた。

現場実習では、いろんな工場を体験することができた。製銑、製鋼、ペレット、厚板、原料処理の各工場を、1〜2カ月単位で回る。高炉や転炉など大型装置の偉容、千数百度の溶銑・溶鋼の出湯作業時の迫力、あるいはストリップミルによる高速度の大量圧延処理などを目の前にして、何か圧倒されるものがあった。机上でかじってきた経済学などでは想像さえできなかった未知の世界を実感する。

71歳の眼

半世紀にわたる「働・学・研」協同の人生において、入社直後の半年間の現場実習は驚きに満ちた最も鮮烈な仕事と学びの体験であった。年を経るほど、その思いがより深くなる。その現場体験が、『資本論』読破など経済学研究へさらに鉄鋼産業研究へと向かわしめ、「働きつつ学び研究する」という思想とキーワードの発見へと誘うのである。25歳まさに、わが青年期のことである。

3.3 高炉の操業トラブル

製鉄所では、所長から現場作業者に至るまで、ベージュ色の作業着を着ている。製銑や製鋼の高熱・危険職場では、さらにその上に高熱・防火用の分厚い作業着を付けて作業場に出る。夏場になると、とくに暑くて体にきつい職場になる。

　初夏の６月頃に、製銑職場で実習したが、とにかく暑い。１時間ほど高炉周辺で作業をしてクーラーのある溜まり場（部屋）に戻ってくると、汗が防具にまでにじんでいる。首のあたりを手で触ると、汗で噴き出た塩がジャリジャリして手に付いてくる。部屋の入口には、大きな樽があった、最初は何かといぶかしがったが、塩を入れた樽なのである。汗が噴き出た後は体内の塩分が少なくなり、塩気が欲しくなる。樽に手を突っ込んで塩を掬い、口に入れて現場に出かけるのである。

　当時の加古川製鉄所の高炉操業技術は、試行錯誤の不安定な時期であった。高炉内の「棚吊り」など操業トラブルが頻発し、「休風」を余儀なくされる。高炉の鉄皮を循環水で冷却しているスティーブが破損するといったトラブルなども何回か目のあたりにした。状況をチェックしに出ていった作業員が漏れ出たガスを吸って倒れる事故もある。高熱・高温職場の大変さと危険性を肌身で感じる。

　原料処理工場を実習していた秋ごろには、高炉が冷え込んで基準値をクリアする溶銑が１か月以上にわたって生産できず、溶銑をノロ（溶滓）処理工場に垂れ流す状況が続いた。ノロ処理場は、高温の溶銑が流れ込み、吹き溜まりのようになり、小爆発がいくつも起こるなど小さな活火山さながらの様相を呈していた。

　神戸製鋼所ではそれまで大型高炉の操業経験がないうえに、高炉に挿入する主原料面でも新しい試みをしていた。他の高炉ミルの大型高炉では焼結鉱を主原料にしていたのに対し、加古川製鉄所ではペレット工場を建設し、（小さな球状の）ペレットを高炉の主原料にしていたのである。それが使いこなせず、高炉の操業トラブルが頻発し、操業者だけでなく多くの関係部門が振り回される。

　このペレットを使いこなすのに、ペレットの品質改善や高炉操業技術の改善工夫など、その後十年近くを擁することになるのである。その間に、いろいろな試行錯誤やトラブルを経験している。

　高炉の炉底破損という大事故などもあった。千数百度という高温の溶銑が、炉底の耐火煉瓦と鉄扉を破って、地表に流出する。その溶銑が、付近にたまっている水と接触して激しく反応し、爆発を起こしたのである。大型高炉は、生産性を上げるべく高圧操業を行っている。鉄皮と耐火煉瓦の内部には、高温の溶銑と溶解・燃焼中の原料があり、それらの下降と発生ガスの上昇、それに伴う化学反応等の微妙なバランスと鉄皮の冷却などによって、ま

さに皮1枚で安全が保たれているのである。万が一、そのバランスが崩れるとどうなるか。高温の溶銑が外部に流出し大爆発を起こすと、近くにあるわが製銑戦隊も吹っ飛ぶかもしれない。そういった不安を絶えず心の片隅に懐きながら、仕事をしていた。

1980年代末には、高炉のコークス中心挿入技術という独自の操業技術を開発し、日本いや世界トップレベルの操業技術を確立する。このコークス中心挿入技術は、ペレット多配合操業の試行錯誤・格闘のなかで培われた、高炉の中心流操業への革新と執念がもたらしたものといえる。私の駆け出しの頃は、そうした製銑技術の形成・発展へとつながる、まさに夜明け前の苦しい時期であった。

3.4 現場実習のレポートから

各工場での1～2か月間の現場実習を終えると、各工場の係員にレポートを提出することになっていた。26年前に書いた2工場での実習レポートが、今も手元にある。なぜか、他の工場のレポートは見当たらない。

おそらく、この2工場のレポートについては、親切なスタッフが気を利かして後で新入社員に戻してくれたのであろう。何か大切なもののような気がして、捨ててしまわずに残してきたのである。このレポートから、当時の様子を覗いてみることにする。

まずは、ペレット工場のレポートから辿ってみよう。慣れない仕事のしんどさや職場環境の悪さを口酸っぱく訴えている。製鉄所のなかでも粉塵の多い、おそらく最も環境の悪い部類に入る工場であったと思われる。

「サイロの屋上から、高温のダストが大量に噴出したときは、びっくりした。その事後処理の清掃作業は、とりわけつらかった。日修の際には制御室にいたが、神経がマヒするほど忙しかった。

グレート下のエア・スライダーの流れを良くする作業は、時として人間の整理に反逆するほどひどい。黒煙で胸が詰まるようになる。また、クーラーのパレットが反転しないときは、クーラーの中に入って豆板処理を行っているが、人間のやる作業とはとても思えない。

夏場で喉をやられた。自分だけの症状かと思いつつ事務所の人に聞くと、慢性化していつもスッキリしないという声が少なくない。」

なお、不慣れな交代勤務についても、弱音を吐いており、そのしんどさや

問題点を縷々述べている。

「夏場の交代勤務は骨身にこたえる。…交代勤務では、睡眠時間がぐるぐる変化するため、神経系統を狂わすのではないか。夜勤になると、時間的なズレから寝不足や便通のアンバランス、胃腸の不調などを感じる。現場でもそうした不調を訴える声が多い。」

しかし、製鉄所のなかの下請会社の労働条件は、それよりもはるかに厳しい。3組3交代だけでなく2組2交代もみられた。それぞれの組を定期的に休ませるには、別の組のどちらかが連勤（連続勤務）をしなければならない。非人間的ともいえる大変きつい連勤が定期的に回ってくる。2組2交代の場合、連勤は丸1日勤務になるのである。そうした長時間労働でも所定内賃金が低いので、さらに残業時間でカバーしようとする。

当時、こうした周囲に目を向ける余裕も見識もなかった。自分のことだけでも精一杯なのである。

次に、厚板工場では操炉、圧延、加工、熱処理の各工程を回った。圧延では物騒な設備のことを取り上げている。

「作業の危険性は、サイリスタ式スイッチにあるようだ。運転スイッチを切っていないと、第1・2・3次のスイッチを切っても動いていることがあり停止していてもいつ動くか分からないという。ローラー・テーブルを渡っていて、ロールに体を巻き込まれ、あばら骨を粉々に砕かれた事故もあったとのことである。」

「精整」では、まず騒音のすさまじさにびっくりし、たじたじの程である。

「実習は刻印作業から入り、採寸、刷り込みと廻った。まずびっくりしたのは音響のすさまじさである。ガチューン、ガチューンと鼓膜を揺るがす打刻の音、ターン・オーバー機により鋼板がターン・オーバーする際の大音響、ローラー上を流れてくる板の先端がテーブルとぶつかる音、まさに不快な連続音がこだまする。耳への過度の刺激は、極度の神経疲労と体の消耗を伴うことがわかる。」

音響だけでなく、臭気も強烈に迫ってきた体にこたえる。

「中腰状態での擦りこみ作業もなかなか難しい。慣れても結構腰が痛くなるという。シンナーを吸ってしまう。マスクをすることになっているが、夏は暑苦しいし、他の季節でも高温がはね返ってきてマスクをしにくいようである。」

個々の作業内容や職場環境など、ほとんど記憶から消えてしまっている。

20数年前の薄汚れた手書きの実習レポートだけが妙に生々しい。それらの行間から当時の状況が匂ってくるようである。

4 鉄鋼産業研究への若き情熱──熱き研究ロマンの芽生え

・・

4.1 新人社員時代の仕事・生活・学び

▶ 現場実習中のレクレーション

　日誌を書くようになったのは、30歳過ぎの頃からである。したがって、入社当時から経済学研究に取り組むようになった、わが20代の青春の足跡は、ほとんど記録に残っていない。

　現場実習の半年間は、慣れない作業や交代勤務でしんどい面もあったが、自由になる時間も多く、精神的の比較的自由な期間であった。朝勤、昼勤の明け方には1日の休みが入り、夜勤明けには2日間の休みが入る。夜勤明けは、いつも何ともいえない解放感が漂う。

　稼働し始めたばかりの新鋭製鉄所の各現場には、若者が多く、平均年齢も20歳代であった。夜勤明けには、班グループ全員で日本海に泳ぎに行ったり、野球の試合などをしたりして、一緒に楽しませてもらった。製銑部門の各職場では、こうしたレクレーション活動が活発であったようである。

▶ 実習中に経済学の勉強をスタート

　部屋の相棒とは生活サイクルが異なっており、1人でいる時間が多い。実習現場では、見るもの、聞く者、触るものすべてが生々しく迫ってくる。刺激に満ちた体験は、技術や労働に対する課題意識をいやが上にも刺激する。大学時代には、大学紛争の渦中にあって学部や学生寮の自治会の委員なども　して政治や経済に対する問題意識は高まるも、落ち着いて勉強しなかったという思い（悔恨の情）が残っていた。

　こうした意識が微妙にブレンドし、やがて、実習期間中には学生時代にかじった経済学の文献などを読み始める。学生時代には第1巻の入口で止まっていたマルクス『資本論』を、この時期に全巻を一気に読破した。会社の寮内であることを意識して、文庫版にブックカバーして読む。不思議なことに、学生時代には難しく意味がわからなかったものが、ダイナミックに迫ってくる。とくに、『資本論』第1巻の労働過程、協業と分業、大工業などの章は、

強い感銘を受ける。

　おそらく、会社に入ってからのいろいろな体験、とくに現場実習での鮮烈な体験が、目を見開かせたのであろう。この時の感触が、2年後の初めての研究論文の伏線になるのである。

　経済や労働の雑誌なども毎月買って、むさぼるように読んでいた。やがて、ノートに要点をレジメ風にまとめるようになる。そうした類のノート10数冊が今も手元に残っていて、何かの拍子のパラパラとめくることがある。

71歳の眼

　入社直後の半年間にわたる現場実習と学び（『資本論』読破など）は、「働・学・研」協同の出発点となる。半世紀のなかでも、もっとも印象に残る青春の体験であった。

▶　寮内の管理

　大学の学部時代は、マルクス経済学を学んでいたし、それが学部内の大勢でもあった。学生時代の本の多くは故郷の親元に送っていたが、会社の寮にも持ち込んでいた。マルクス経済学の本や『資本論』などの古典類に加えて、経済や労働雑誌なども溜まっていく。目立たないように押し入れに入れるなど、多少の工夫はしていたものの、とても処理しきれるものではない。

　当時は、学生運動も活発であったし、また公害反対運動などの高揚を背景に革新自治体が輩出した時期である。しかし、学卒者の採用にあたっては、学生時代に学生運動に関わったりマルクス経済学や『資本論』などをかじったりしていても基本的には構わない、というのが大企業の人事部の考えであったようである。会社に入って、仕事や労務管理によって企業の色に染め上げることは十分できるという高度成長期の実績と自信に裏打ちされてのことであった。

　しかし、会社に入ってからも、そうした勉強を続けているものに対しては、要注意のラベルを貼ってチェックしていたようである。これは、他の高炉メーカーも同様であったらしい。こうした高炉メーカー各社のスタンスについては、その20年余の後に知ることになる。

　独身寮には、寮長などと呼ばれる職員が数人いた。自衛隊などの諜報関係の出身者が多かったようである。寮生が会社に出かけている間に、定期的に各部屋を見て回ることも、彼らの重要な仕事の1つであった。寮にいた6年

間の出来事であるが、ある１人の自衛隊上がりの寮長が部屋に入ったところ、入り口のところで若者が首つり自殺で死んでいるのを発見し、腰が抜けてしまったという。その寮長は、そのショックで退職したらしい。寮長の仕事も、気楽な稼業とはいかないようである。

寮長の管理は、寮生たちの生活状況の管理とともに、左翼運動などに関わっていないかといった思想チェックも重要なポイントであった。引き出しが勝手に開けられ、入れておいたものの位置が変わっていたという例などいくつか聞いたことがある。

若い学卒者のなかには、会社に行っている間に寮長が部屋に入ってきて、襖や引き出しを勝手に開けたりしていないかを、注意深くチェックする者もいた。ある友人から、そのノウハウを伝授してもらったことがある。引き出しなどの入口に髪の毛を糊で貼っておき、帰寮後に、それが剥がれていないかをチェックするというやり方である。彼の場合、毛が剥がれていることが何回かあったとのことである。

私の場合、経済や労働、鉄鋼などの書籍や雑誌が多くなり、押し入れの中にはとても収まりきらない。そこで、それらの多くを部屋の本棚などに所狭しと並べていた。足掛け６年も寮にいると、どんどん増えていく。それだけでも要チェックのマークが付けられていたと思われる。しかし、それを気にしていると、自分のやりたいことにブレーキがかかる。会社の独身寮を出て不自由で高コストのマンション生活をするか、あるいは勉強を断念するかの、いずれか選択せざるを得なくなる。

とにかく、せっかく高まった勉強意欲である。「なるようになる」と腹をくくり、自ら納得する道を進むしかない。これが、当時の気持であった。

71歳の眼

監視の目が厳しい会社の独身寮で、マルクス経済学や労働運動、哲学などの本や雑誌を並べて勉強する、さらに論文を書く。当時、会社人の「常識」では考えられない行動である。よくぞやった、続けたなと思う。会社からにらまれる、場合によっては干されるかもしれない。そうした不安を感じながらも、内から湧き上がる学習・研究欲求は抑えがたいものがあった。わが青春の「暴走」である。会社の人事・労務にも、「新人社員の暴走」のように映ったに違いない。

▶ 原料管理の仕事見習い

　半年間の実習を終え、所属部署（製銑部原料課需給係）で業務に就いてからも、2年近くは仕事見習いのようなもので、先輩（Hさん）から懇切丁寧な指導を受け、付かず離れずに仕事をしていた。「話し方までHさんに似てきた」といわれたこともある。

71歳の眼

　指導を受けている先輩や恩師に傾倒し、話し方までそっくりになるという傾向は、40数年後の今も変わっていないようである。近年、それを痛感することがあった。産業システム研究会（博士課程十名ゼミ）に参加された方から、「池上先生の話し方、雰囲気がそっくり」と言われたのである。恩師の池上先生には傾倒するも、離陸して研究・教育の十名ワールドを築くべく懸命に歩んできた。かなり遠くへ来たはずなのに、掌の中にいるのである。

　自分の仕事に就くと、時間的にも精神的にも現場実習期間中のようには、気ままにならない。当時は、週休1日制で、日曜日も出勤になることが多かった。製鉄所が稼働して間がなく、技術や管理などの整備に追われていたのである。とくに原料管理面では、高炉の操業が不安定であるために、トラブルで呼び出されるとか配合計画や原料置場などを急きょ見直すなどの作業が頻繁に出てきていた。

　当時は、日々の原料計画の作成や見直しは、鉛筆とソロバンが武器である。計算機はあったものの、今日のイメージとは程遠い。大きくて手動でガリガリと回すなど使いにくいもので、それを使った記憶もほとんどない。先輩のBさんは、計算尺が得意でソロバンと併用していた。私はソロバンで追いかける。ソロバンについては、小学校時代に数ヵ月ほどソロバン塾に通ったことがある。ソロバン検定2級を受けて落っこちていたが、ズブの素人ではないのが、幸いであった。当時の製銑センターは照明があまり良くなく薄暗い感じであった。そうした中で、小さな数字ばかりいじっていたので、目に負担がかかったようで、近眼がずいぶんと進んだ。

　仕事がわかってくると、それなりに興味や面白さも見出すようになっていた。

4.2 「働きつつ学び研究する」活動へ

▶ 経済学基礎理論研究会に参加

しかし、こうした日々の仕事だけでは何か満たされぬものが、心の奥底に溜まりつつあった。いわば学び心の渇きと葛藤を切実に感じるようになる。

また、自らのアイデンティティをめぐる危機感も高まっていく。自分とは何か、何をしたいのか、自分の理想とは何かといったことも、実はよくつかめていなかった。しかし、巨大な製鉄所のなかで仕事をし、製鉄所と寮を往復する生活に次第に深く入っていく中で、「このままでは自分が見えなくなってしまう」、「巨大な流れに押し流されてしまうのではないか」といった不安感が頭をかすめる。まさに、アイデンティティの危機である。必死に摸索するなか、「自分の生活と労働を深く捉え、それを変革の展望のうちにつかみ直したい」という欲求が少しずつ高まっていた。

しかし、日々の仕事はそれなりにきつい。精神的にすりつぶされていくような感じに囚われることもあった。寮に帰っても、自分の時間と場を確保することが難しい。

入社して2年ほどは、経済学や哲学の書籍や雑誌などをよく読み、ノートをとったりもしていた。しかし、そのほとんどが独習である。誰かと議論することも、ほとんどない状況であった。「会社の寮では、研究・学習の資料やデータを系統的に集積・整理できない」という悩みを、手紙で先輩に訴えている。とにかく、研究者たちとも交流したい、議論したいとの思いを強めていたようである。

就職して2年が過ぎようとしていた1973年の春に、大学院にいた先輩（鍛冶邦雄氏、後に関西大学教授）に相談する。彼の紹介で、大阪外国語大学講師であった森岡孝二氏（後に関西大学教授）を中心に開かれていた大阪の経済学基礎理論研究会に参加するようになった。研究会での活発な議論が、私の問題意識を掘りこし、研究意欲に火をつける。それまで1人で悶々として抱えていた種々の疑問やモヤモヤを、ぶっつけ議論することができるようになったからである。

当時の私にとっては、実に新鮮で感動的な場であった。その頃にしたためた随筆に、そうした思いがほとばしり出ている。

「活発な議論は、改めて集団学習・研究の重要性を認識させるものであるし、何よりも充実した緊張感に浸ることができる。企業内での困難な諸側面

に目を奪われて袋小路にはまっていた私にとって、例会での討議は、目の前のうろこを取り払い、より広い視点から問題を見つめ直す上での貴重な契機となっている。

例会は、隔週ごとに平日（木曜）の夜に開かれた。この日だけは定時に会社を飛び出す。会社の送迎バスで東加古川に出て、ＪＲ（当時、国鉄）」に乗り大阪に行く。地下鉄に乗り換え、途中で軽食を腹に流し込む。大阪外国語大学での研究会に合流する頃は夜の７時台になっている。研究会の後は、近くの飲み屋に皆で立ち寄り、つまみとアルコールで議論の続きをやる。これがまた楽しくて、なかなかやめられない。

帰りのＪＲは、ほとんど最終便になる。電車内では、仕事などの疲れやアルコールの酔いが混然一体となりうたた寝していて乗り越すとか、慌てて降りる駅を間違えるなどの失態も何回かした。田舎の間違った駅に降りても、タクシーはいない。電車も最終が行ってしまってない。さて、どうするか。そんなときは、とにかく国道まで歩いていく。そこで歩きながら流しのタクシーを拾い、何とか寮にたどり着くのである。

▶ 初めての研究論文の感触

研究会に参加して２～３カ月後には論文執筆に入り、２～３カ月で１本目の論文（「大工業理論への一考察—芝田進午氏の所説に触れつつ（上）」）を書き上げた。これは、製鉄所での種々の体験に触発された問題意識をベースにしている。大工業の技術や労働を理論的にどのように捉えるかについて、論争的に整理したものである。

芝田進午氏の科学技術革命論や精神的労働論[5]と切り結ぶ中で、生まれたものである。彼は、この分野のオピニオン・リーダーで学生時代に強い印象を受けた理論家の１人でもあった。しかし、生産現場での実習や仕事体験を通して読み返してみると、強く惹かれながらも現実は少し違うのではないかという疑問が湧いてくる。

そこで思い切って、理論的に挑戦したみたわけである。論文作成にあたっては、研究会でも報告し議論してもらった。学部ゼミの恩師（池上惇、京都大学名誉教授）にもみてもらい貴重な示唆をいただく。最初の論文は幸運にも、すぐに経済誌に（上）（下）連載していただくことができた[6]。

自分の書いたものが初めて雑誌に掲載されたときの感慨は、格別なものがある。ワープロなども無い当時、カナクギ流の字で書きなぐったものが、き

れいな活字で印刷され多くの読者の目に留まる。これは、会社の日々の仕事とは違う世界であった。高炉やペレットの操業が不安定で、それによって原料計画も大きく揺れ動く。見直し作業がエンドレスに続く「賽の河原に石を積む」ようなむなしさも感じていた。自分の痕跡を残していくことができないのである。ところが、研究論文では、自分1人で勝負ができるし、渾身の力をふりしぼってまとめると、それが活字になり後にも残る。

この論文は、思わぬ反響を呼んだ。故・中村静治氏（当時、横浜国立大学教授）の大作『技術論論争史(7)』でも大きく取り上げていただいた。経済誌上でも、多くの研究者や読者から批評を受けた。

1本目の論文の発表と反響の手応えが、その後の「働きつつ学び研究する」活動を推進するエネルギーとなり、支えの原点になるのである。

71歳の眼

「処女論文という表現は女性差別に当たるかも、避けるべし」とのアドバイスを受けたのは、十数年後のことである。それ以降は、「初めての論文」などの表現に変えている。本書でも、それに準じている。

入社して3年目の20代半ばに、自由闊達に議論することの面白さ、論文を書くことの醍醐味、働きながら研究することのダイナミズムを深く味わったことが、その後の研究人生を切り拓いていく力になるのである。

▶ 随筆で「働きつつ学ぶ」方向を示す

初めての論文を書いた直後に、「働きつつ学び研究することの意義と展望(8)」という随筆を無署名で同経済誌上に発表した。いかにも生硬な文章で、ずいぶん読みづらい。しかし、そこには、研究論文を仕上げた手応えと精神的な高揚を背景に、大企業の生産現場で経済学研究を進めようという意気込みと気負い、そしてわが青春のロマンが垣間見える。いまにして思えば、この随筆が「働き学ぶロマン」を自分なりに提示した最初の作品となる。

この随筆では、「学習と生産労働の結合の重要性」に着目し、「私の学習・研究意欲を支えるものが、私自身の生活と労働に、すなわち大工業の本質そのもののなかに内在するものである」と強調する。そして、「共同研究を通して、労働者のなかに研究者・書き手を育成し、諸産業分野の労働者が自らの手で内在する諸問題を解明し、政策化し、積極的に組織していく力量をも形成する」方向を提起している。

4.3 鉄鋼産業研究の始動

▶ **原料炭危機の下で本質解明と政策提言の論文を発表**

生産現場の技術部門において、鉄鋼原料管理というわが仕事も、ようやく板につきはじめ、1人で切り回していけるようになっていた。そうした中で、鉄鋼資源問題を技術論をも視野に入れて研究したいという意欲が、最初の論文を書いた直後から次第に強まる。

折しも、1973年の秋から第1次石油危機が勃発した。また、それが引き金になって、かつてない規模での原料炭危機へと連動する。輸入原料炭の価格高騰と供給不安によって、世界一の国際競争力を有していた日本鉄鋼業が、大きく揺り動かされていく。そうした光景を目のあたりにし、また仕事を通して体験するなかで、その危機の本質解明にチャレンジしていく。

第2作目となる論文（「資源危機における日本鉄鋼業の原料炭問題と今後の動向」上・中・下(9)）は、実証分析をふまえて日本の製鉄技術と資源政策のあり方にメスを入れたものである。神戸製鋼に入社して数年後の26～7歳のときであった。その後の私の鉄鋼産業論は、この論文を出発点にしており、その後の自らの研究方向に強い影響を及ぼす。

この論文は、日本鉄鋼産業論の第1人者であった故・市川広勝氏（当時、東洋大学教授）の論文において詳細に引用され、また経済誌上でも書評をいただくなど、予想外の注目を集めた。

▶ **論文の社内配布により困難な立場へ**

この論文は、いまから見ると、まとめ方や文章の運びなど、注文が少なくない。しかし、日本の製鉄技術の技術的・資源的な問題点を鋭く突いており、そこからの脱却の必要性を論じている。当時、日本の高炉メーカーでは、米国産の低揮発性強粘結炭がないと大型高炉向けのコークスが製造できないという弱点を抱えていた。そのアキレス腱を突いたのが原料炭危機でもあったのである。拙稿は、当時の原料炭危機の本質を直截にえぐっており、その後の日本鉄鋼業の原料炭政策や技術開発も、基本的には提言の方向で進められたと感じている。

当時は若気の至りというか、積極的な提言ではないかと思い、この論文を原料部や企画部など社内の幾つかの関連部門に配布している。それが、主要な業界団体の中堅幹部の手にも渡ったようで、彼からクレームが付けられた

とのことである。「業界の新聞や雑誌のデータを勝手に使って、こんな内部事情を公表するとはけしからん」といった類のクレームであったという。こうした経緯を知ったのは、それから20年以上経った退職後のことである。心配になって、当時の論文を紐解いてみた。論文で使っているデータは、業界団体の雑誌や業界新聞などで公表された資料である。要は、論文のスタンスがけしからんというものであったと推測される。

そういえば、当時、企画部のある担当者から、「あんな冗長な論文を書いて…」といった電話を受けたことが思い出される。上司にも、何らかの電話があったようである。何かの役に立てばと思ってのこうした行為が、社内でのわが立場を窮地に追い込むことになるとは、思いもよらないことであった。

会社人としての行動規範と研究者としてのそれとの間には、想像以上のギャップがあったようである。当時、「鉄は国家なり」を自負し、伝統と格式を重んじる世界最強の高炉メーカーである。20代の子飼いの若造に、アキレス腱にメスを入れられ、勝手に論陣を張られてはたまらん。そのように受け取る業界団体・経営幹部がいるかもしれないことに思いをめぐらすべきであったといえよう。

71歳の眼

1970年代前半には、地域・社会に公害問題への批判や反省など「革新」の雰囲気があり、企業経営にもそれなりに影響を与えていた。エネルギー危機で日本鉄鋼業も大変革を迫られており、民主的な資源・技術政策の提言であっても理解してもらえるかも。そのような思いから、原料炭論文を社内の関係部署に配布したのである。それが、社内でマークされ干される一手になる。まさに、若気の至りであった。

▶ 鉄鋼産業研究者等との交流

20代の半ばから後半にかけて、鉄鋼関係や経済学分野などにおける第一級の研究者との交流を図っている。いずれも、企業や官庁などで「働きつつ学ぶ」研究者として大成された方々である。

こちらから手紙を出し、その後で電話をするなどをして先方の予約を取り、直接出会って教えを乞うべく、東京や信州など遠方にも出かけている。また、文通などを通じて、多くの先達から、珠玉のようなノウハウを教わり、励ましを受けてきた。

　例えば、避暑地の大橋周治氏を訪ねて、信州の白馬岳に出かけたときは、当時、大学院生であった吉田文和氏（北海道大学教授）も同行してくれた。その足で東京に出て、中村静治氏（横浜国立大学教授）のご自宅を2人で伺ったりした。

　産業学会に入ったのは、大橋周治氏の推薦によるものである。以後、鉄鋼マンの間は、数回発表する機会を得るなど、私にとって数少ない学会所属の場でもあった。

　技術論の権威であり工場勤務などを体験された故・中村静治氏には、何回も出会ってご教示にあずかったが、とくに十数回に及ぶ手紙を通して、多くの示唆と激励に浴している。

　「工場勤務のなかで、勉強を続けるのはなかなかしんどいですが、あせらずゆっくり時間をかけてやるつもりでやられたら、大学なんぞにいるよりもずっと本物になると私は信じています。どうか初心を忘れず、ゆっくり持続的に頑張ってください。会社の仕事のなかで学ぶということで、仕事と勉強を離さぬことが肝要かと存じます。」

　このような激励を受けたのは、1974年のことである。

　彼は、鉄鋼業論として雀部高雄『鉄鋼技術論』と大橋周治氏のもの[10]を推奨する。両氏とも旧八幡製鉄におられた方である。「現場で見聞し、自分でやっただけのことはあり、普通の学者では突けないところを突いています。学兄は、それらの先輩を抜くように頑張られよ。方法さえしっかりしていれば、必ず出来ます。」

　中村氏からは、「働きつつ学ぶ」ノウハウ、そして論文のまとめ方など、今日からみても実に含蓄に富むアドバイスをいただいている。「それらの先輩を抜くように頑張られよ」という20数年前の故人の声は、今の私に重くのしかかる。昨年出版した日本鉄鋼産業論の2冊の単著書は、果たしてどの辺まで辿り着いているのだろうか。

　中村氏には、また故・市川広勝氏（東洋大学教授）を紹介していただく。1968年に出版された同氏の名著『日本鉄鋼業の再編成』は、その水準を超える日本鉄鋼産業論を書きたいという、私の研究目標となるのである。

　黒岩俊郎氏の労作『資源論』[11]などを読んで感銘を受け、手紙を差し上げると、丁寧な返事が返ってきた。

　1974年の暮れには、東京に出て国分市の黒岩宅を訪問し、歓待を受けて感激する。黒岩氏には、その後、日本鉄鋼協会における鉄鋼科学・技術史委

員会の（製銑ＷＧ）委員に推薦していただき、数年間、楽しく学ばせていただく機会を得ている。

　新日鉄の調査部におられた飯田賢一氏（後、東京工業大学教授）に出会い、新日鉄の資料室を案内していただく。「企業に勤めながら、鉄鋼産業を研究していく上で留意することは何でしょうか」と尋ねると、「仕事も研究も中途半端にならないように」と言われた。彼の言葉がどのような重みをもつかは、当時、知るよしもなかった。しかし、その後のわがライフサイクルの中で現実化し、必死に格闘することになるのである。

▶ 現代資源論の構想と研究の壁

　鉄鋼原料論文を発表した後は、仕事にかかわる分野について、より広い視野から理論的に深め自分なりに体系化しようという思いが強まり、精力的にアプローチする。

　1976年の初めには、現代資源論の構想をＡ４サイズで160枚を超える膨大なレジメにまとめあげた。[12]資源論の視点から古典などの文献を丹念にフォローし、それを理論的な基礎にして現代的な視点から展開したものである。27歳の時であった。

　これは、わが青春の理論的な問題意識と研究エネルギーを集約的に積み上げたものであった。「働きつつ学ぶ」生き様と現場での実務体験、そして「資源危機の時代」が引き起こした問題意識、若い感性や鋭い課題意識とが結びついたものであったといえよう。

　つくりたての現代資源論のレジメを、さっそく中村静治氏に送って教えを乞うている。中村氏から、懇切丁寧なコメントをいただく。2～3か月ごとに構想レジメを書き直しては、中村氏に送ってコメントをいただいている。彼も、活躍中の忙しい中、若造の依頼に丁寧にこたえており、頭が下がる。

　「「胸の煮えたぎる、あるいは打ちひしがれる」やるせなさを昇華させることこそ、人間の行為の最高のものだと思います。膨大なレジメはそのことを示しており、感嘆しています。ほとんどすべてが含まれていますし、視点も正しいと思いますから、これについて、さしあたり何も言うことはありません。」

　このように、まずは励ましておいてから、論文に仕上げていく上での注意点、ノウハウを提示する。

　「ただ、これほどのものを、「一気に原稿レベル」にすることは、どんな天

才でも、頑張り屋でもできない相談だと思います。どんなに低く見積もっても、500ページを超える大冊でないと論じ尽されますまい。

ですから、1章1章を克明にまとめていくという方法をとられ、順次、活字にしていく。そして、全体を整理し、訂正して本にするという目標で、2ヵ年か3ヵ年かけるのがよいと思います。これだけのものがまとまったら、画期的なものと思います。日本には、こうした研究は、まだありませんから。」

そして、「仕事と研究」の両立のための次のようなアドバイスは、心憎いものがある。現在のサリーマンに送りたいアドバイスといえよう。

「昼は会社の仕事、夜は研究では、健康に十分留意しないといけません。その点、あせらず、くれぐれも注意してください。夜の勉強は、昼の仕事のストレス解消のつもりでやると長続きし、健康にもよろしいと思います。」

「要は自分を鍛えるためのものという考えで、功をあせらず一歩一歩踏み固めることだと思います。自分の知識の足らないところを埋め、体系的に整理してみるのだという心積もりでやりますなら、八百の学者をいつの間にか抜いているということになるのは、貴君の頭脳と努力をもってすれば確実です。」

この言葉をそっくり、「働きつつ学ぶ」サラリーマンに贈りたい。これに優る激励は、まずは見当たらないといえる。

その一方で、論旨を明確にすること、原典の引用主義に陥らないこと、現実を具体的に分析する視点を徹底することなどのアドバイスも、中村氏や石谷清幹氏（当時、大阪大学教授）からいただいている。

71歳の眼

中村静治氏のアドバイスは、的確で実に味わい深いものがある。20代の自分に沁み込んだが、70代の自分にとっても心すべきアドバイスのように感じられる。

こうした懇切丁寧なアドバイスと激励を受けながらも、現代資源論の構想については、2〜3年かけて必死に取り組み数本の論文にしたものの、結局未完のまま頓挫する。自らの力量を十分にわきまえておらず、研究の焦点を絞り切れていなかったことなどが、頓挫の原因として挙げられる。

20代も終わりに近づいていた。いまにして思えば、現代資源論構想の挫折に象徴される研究の壁が、会社でのキャリア形成の壁と相重なって、30代における心身の不調の伏線になっていくのである。

5 「仕事と研究」をめぐる葛藤——両立の悩みと試行錯誤

5.1 仕事と研究の結合

▶ **独身寮での１人部屋生活**

　入社して３年目の頃からの数年間は、生産現場での体験をふまえての経済学研究に面白さを見出し、文献・資料などを渉猟し、論文にまとめていくといった活動に、情熱を傾けた。「仕事と研究」がダイナミックに結びついていた時期である。独身寮で同部屋のＡ君とは、同期で配属先も同じであった。３年目早々に、彼は原料部（原料購買部門）に転勤する。彼が出て行ってからは、１人部屋となった。研究活動に入ったのは、ちょうどその頃からである。

　日曜出勤がざらで、平日もよく残業で遅くなる。そこで、早朝の４時頃に起きて机に向かうといった生活スタイルが何年か続く。

▶ **給料と景気サイクル**

　当時の高炉メーカーの賃金は、相対的に高く、残業代も数万円プラスされていた。書斎を整理していると、当時の「給与明細書」が出てきた。面白いことに、残業代（早出残業計上時間）と会社の景気（収益）サイクルがピッタリ合っているのである。1971年を見ると、残業代はほとんどゼロが続く。それが72年の後半から残業代が月に数時間付くようになる。73〜74年にかけては、数十時間の残業代が付加されている。もっとも、実際の残業時間はそれほど変わらなかったような記憶がある。「ただ働き」が多いか少ないかの違いである。

　６年間の寮生活を経て、29歳の直前に結婚するが、結婚当初の頃は、小学校教員である妻の約２倍の手取りが続く。独身時代は、この自由に使えるお金を本代や研究活動などに存分にあてている。新聞の朝刊も数種類とっていた。

▶ **文系サラリーマンのキャリア形成**

　所属部署の課名は、原料課から製銑技術課へ、さらに製銑技術室へと変わったが、「需給係」という係名は変わらず、製銑部門における事務系の原料管理業務として存続する。入社以来、結局、21年間、同じ部署で過ごすことになる。その間、鉄鋼に関係する主要原料のほとんどを取り扱う。

　入社して４年目になると、文系出身の新規学卒者がわが部署（需給係）に入ってきた。私にも、やっと後輩ができ、仕事を教えていくようになる。以

後、1～2年に1人のピッチで、新人が配属されてくる。彼ら新人に仕事を教えていくのが、仕事の1つとなった。2年ほど一緒に仕事をして、ようやく1人前の戦力になると、本社へ転勤になって出ていく。文系のサラリーマンにとっては、これが一般的なパターンであった。若い間にいろいろな部署を経験して、浅くとも幅広くキャリを積んでいく。そのため、2～3年ずつ各部署を回っていくのである。とくに、新人の内に製鉄所の生産現場で鍛えられることは、大切な経験とみられていた。

▶ 職場での交流と手応え

この頃は、仕事も自在にできるようになっていた。鉄鋼原料に関する研究も進みはじめ、関連する論文も発表するなど、「仕事と研究」の両立に手応えを感じている。高炉の操業技術などが相変わらず不安定で、原料面でもいろんなケースへの対応を迫られるなど多難で忙しかったが、仕事はそれなりに面白かった。

また、後輩の教育はそれなりに大変であるが、年恰好の近い彼らとの交流は、また楽しいものである。仕事の後で一緒に飲みに行くこともよくある。飲み屋で、他部門の勉強好きの上司と出くわしたのが運の尽き、経済や技術さらには哲学などをめぐって延々と議論したことなども思い出される。新人の1人から、「人事の人から、十名さんは原料問題のエキスパートだから、良く教えてもらいなさいと言われましたよ」と耳打ちされて、面映ゆく感じたのもこの頃のことである。

▶ 昼休みの楽しみ

45分間の昼休みは、憩いの一時でもある。入社した頃は、職場で「輪投げ」が流行っていた。あまり得意でなかったが、ゲームによく参加する。テレビの「銭形平次」を見過ぎていたのか、投げるときには、もう一方の足を蹴って投げてしまう。それが「銭形平次」に似ているということで、私の番が回ってくると、「よお、銭形平次！」とはやされる。スポーツ好きの上司や若者が集まって、バレーボールなどもよくやっていた。

しかし、高炉やペレットなどでトラブルが起きると、担当の技術者などは昼休みもなくなり、現場にすっ飛んでいく。また、会議などで、せっかくの昼休みが潰されてしまうこともある。それゆえ、ゆっくりできる昼休みを大切にし、楽しもうという雰囲気があった。

75

20代の頃は、昼休みになると、一緒に仕事をしている後輩たちと談笑に興じる。その輪の中に、ご高齢（60代後半）の故・森重忠氏がよく入ってこられた。森重氏は、尼崎製鐵で名組長として鳴らし、定年後も嘱託として高炉操業に携わり、その後神戸製鉄所の高炉に転勤、さらに 1972 年からは加古川製鉄所に転じ、高炉操業の生き字引的存在であった。敬虔なクリスチャンで、通勤途上も読書を欠かさない勉強家でもある。彼から、人生論や高炉のことなどを良く話してもらった。その都度、感心したり笑い転げていたが、今ではほとんど忘れてしまっている。メモにしておけばよかったのに！と悔やんでも後の祭りである。

　森重忠氏は 1979 年に、坂口正義氏と一緒に高炉現場に関わるすばらしい労作を出版されている。(13) 高炉の操業技術や労働の雰囲気、その歴史的な変遷が描かれている。その十数年後には、私の日本鉄鋼産業論で参照させていただいた。半世紀にわたって高炉操業に携わり、高炉の作業現場で陣頭指揮をとって働いてこられた生粋の高炉マンが、その経験とノウハウを本にまとめられたのである。まさに、「働きつつ学び」研究する筋金入りの先達が、私の近くにおられ、日々その謦咳に接していたのである。当時は、そのことの重要性に気づいていなかったようだ。

　その森重氏から、一言忠告されたことがある。「君は美人の奥さんをもらわない方がいいよ」と。私の体が丈夫でなさそうなので、それを気遣っていただき、「細君に熱をあげすぎると、仕事（ライフワーク）に集中できなくなるよ」という趣旨であったらしい。後日、彼から美しい女性の写真を手渡され、「お見合いをしませんか」と言われたことがある。ちょうど妻と初めての出会いの頃でもあったので、丁重にお断りした。

　結婚後に、職場で囲碁を覚える。製銑職場には、囲碁や将棋の碁盤が数台置いてあった。昼休みになると囲碁や将棋の勝負にあちこちから嬌声が上がる。面白い勝負には、見物人が取り囲む。これを見ながら、囲碁のやり方を覚えた。以後、病みつきになるのである。

　昼の弁当は「大」と「並」があって、現場部門には「大」、事務所部門には「並」が配られる。製銑部門の事務所には「大」が配られていたが、ほとんどの人はきれいに平らげる。毎朝、工場などをパトロールして階段を上り下りすることが多いからであろう。

　昼の弁当を食べ終えると、残された昼休みは 2 ～ 30 分もない。この短い時間に、囲碁の勝負で決着を付けなければならない。相手が石を置くや否や

瞬間的にこちらも次の一手を打つ。まったくのザル碁である。減らず口をたたき合い、身振り手振りも勝負の内といった具合である。これでは、とても強くならない。しかし、ザル碁なりに実に楽しいのである。

それが高じて、昼休みだけでは止まらず、数人の囲碁仲間でアフターファイブの催しし、例えば碁会所での囲碁トーナメントなどに興じることもあった。

▶ 日本鉄鋼協会の共同研究会に参加

日本鉄鋼協会の鉄鋼科学・技術史委員会に製銑ワーキング・グループが発足し、「資源問題からみた製銑技術の歴史」を研究する（主査：館充・東京大学教授）ので、貴君にも参加してほしい。こうした趣旨の手紙が黒岩俊郎氏から届いたのは、1977年のことである。以来、製銑W・Gの委員として、2〜3ヵ月に1度のピッチで開かれる研究会に参加するスタイルが、1980年頃まで続いた。

高炉技術や原料事前処理技術、鉄鉱石・石炭などの各分野における社外の第一線の専門家に接し、彼らの見解を自由に聞くといった機会は、初めてのことである。商社や船会社などの専門家を招いて講演を拝聴し議論するといった機会にも恵まれる。

主査の館氏と2人で、新日鉄副社長（当時）で鉄鋼原料論の第一人者である田部三郎氏を訪問し、戦後鉄鋼原料政策のポイントをめぐって1時間以上にわたりヒアリングする経験もする。「田部三郎氏の『鉄鋼原料論』を超える鉄鋼原料論をまとめたい」、これが20代の私の目標でありロマンでもあった。その憧れの人へのヒアリングである。実質、一対一の対話であり、実に貴重な体験であった。次の委員会で、皆でこのテープを聞いたが、新日鉄の委員の1人が、「これは実によくできており、社内教育の資料として使える」と言われるのを嬉しく拝聴する。

2〜3ヵ月ごとに開かれる研究会への参加、東京への出張は、視野と見聞を広げる貴重な勉強の場であるとともに、忙しい日々の仕事の息抜きの場ともなる。研究会の後で、館氏や黒岩氏と喫茶店に立ち寄っての歓談も、また楽しく意義深いものであった。

この時期は、私にとって、30代前半の心身とも落ち込んだ谷間の時期でもあった。それだけに、この研究会は有り難く、また貴重な研究の場であったといえる。

12名の執筆による大著（日本鉄鋼協会編 [1984]『原燃料からみた我が国製銑技術

の歴史』）が出版されたのは、数年後のことである。戦後の原燃料事情と政策の変遷をまとめた拙稿も A4 版 86 ページにわたるものであった。[15]

5.2 「仕事と研究」の壁とスランプ

▶ 社内でのキャリ形成に大きな壁

結婚式を挙げたのは、会社の寮生活が 6 年経った 1977 年の春のことである。社内では、すでに同期入社の仲間はほとんど 1 〜 2 度のローテーションを経験していた。とくに、文系出身の場合、配属先が事務系のスペシャリスト部署といった例を除き、ローテーションを経験しないことは、まず聞いたことがない。事務系の場合、このローテーションがキャリア形成の重要な機会となるからである。

「この春の定期異動では、いくら何でもローテーションがあるに違いない。東京に行ってしまうと、結婚相手を見つけるのは大変だ」。こちらは、あせっている。妻と出会って数ヵ月後に結婚に至る。美人とはいえなかったが、目が澄んでいてきれいで、気もあった。新婚旅行から帰ってくると、29 歳を迎えていた。せっかく社宅に入居しても、1 ヵ月も経たずに出ていくのは大変である。そう思い込み、近隣にある妻の実家に、「1 ヵ月だけお邪魔します」と私の荷物だけ運びこむ。

しかし、私の定期異動はその春も翌春も発令されない。上司もノーコメントである。「事務系の鉄鋼マンにとって、生きる手綱となるキャリア形成から外される」という不安感が、次第に広がっていく。育てた後輩が次々と本社に転勤するのを見送るたびに、不安と焦りをおぼえるようになる。30 代に入る頃には、社内でのキャリア形成に行き詰まりを予感し始めていた。

▶ 「働きつつ学ぶ」活動の停滞・あせり

現代資源論の構想が頓挫し、大工業理論や原料炭論文を超える作品がなかなか出せない。そう言ったもどかしさが、30 歳頃には頭をもたげてくる。知己のある大学院生たちは大学に就職していくし、立派な業績を出してきている。研究面だけではない。その源泉である仕事面、とくにキャリ形成の壁が重くのしかかってくる。

「気がつくと、もう 30 代に入っている。それなのに、研究面では何一つものになっていない。会社のなかでもキャリア形成から外されているようだ。

78

これでは、仕事も研究も中途半端に、いや共倒れになってしまう。」

このような焦りと不安感のなかで、わがライフスタイルへの自信が大きく揺らぎ出していた。

▶ 心身のスランプ

やがて、研究面でのスランプや精神的な葛藤にとどまらず、心身ともスランプ状態に陥る。イライラや憂鬱感、そして肩凝りなどを感じ、さらに吃音症状を意識して落ち込む。このような悪循環にはまっていた。30歳過ぎの頃である。

元来、胃腸が弱く細身の体で、タフではないし肩も凝りやすい。そのため、散歩やジョギングなどを欠かさないようにして、体調に気をつけながら、仕事と研究に全力投球していた。しかし、30代に入ると、20代のような体力まかせの、また独身時代の気楽な調整スタイルだけでは、やっていけなくなる。

共稼ぎ生活のなかで、3人の子どもが2年ごとに生まれてくる。自分の研究時間や息抜きの間を確保しにくい状況におかれていた時期でもある。それが、心身のスランプと重なったのである。

この頃から日誌を書くようになる。1980年7月の日誌をひも解くと、次のような記述がみられる。

「昨秋の頃は、論文が書けなくなり、会社でも資料などをまとめることが少し億劫になっていた。帰宅すると疲労感が強くて机になかなか座れない。…この2年ほど、ため息をついたり、独り言というか繰り言がよく出てくる。「ああ、これではだめだ」、「ああ、しんどい」などと。」

「心の奥底に、挫折感や無力感があり、何かの弾みに「やはり、ダメだ」といった感情が頭をもたげる。」

「夕食を済ますと9時（時々11時）頃で、満腹になると昼間の疲れにかまけてついごろりと横になる。しばらく夕刊を読んでいると、知らないうちに寝入っている。机に座って本を開いても、ぼんやりと字面だけを追っている、眠気をもよおして舟を漕いでいる始末である。11時頃にふと目が覚め、「一体、俺は何をしているんだ」、「今夜も無為に過ごしてしまった」と後悔の念に駆られつつ、風呂に入る。鏡には、寝ぼけて疲れた顔が映っている。」

それまでの1年余、こうして落ち込んだ状況が続いていた。自分の理想と現実の壁とのギャップに立ち往生し、途方に暮れ、さらにそれが原因でスランプに陥り、必死にもがいている。

「疲れたらやすむがよい、彼らもまた、遠くへは行くまい」（尾崎一雄『痩せた雄鶏』より）。

自分が人より遅れ、知人たちがどんどん先に行ってしまうような焦燥に駆られていた。そのようなときがあったら、思い出したいのが上記の言葉だという[16]。しかし、当時はそうした知恵も知識も持ち合わせていなかった。

▶ 「30歳代の危機」に直面──吃音への不安から連鎖波及

吃音の症状が出てきて、それにも悩むようになる。幼稚園時代に、友の吃音を真似ていて、同じ穴のムジナになるも、それで悩んだことはそれまでなかった。比較的軽症の部類だったようである。家庭の雰囲気など周囲も大らかで、中学時代などクラスや学年の代表としての発表などもこなしている。大学のゼミでは司会をやるなど、少しどもりながらもひるむことはなかった。

それが、30歳過ぎになって、ある日、電話で話していて自分の名前が出にくいことがあってから、それを意識するようになり、吃音がひどくなる。そして、そのことにも悩む。「どもりはしないか」という予期不安が強くなる。電話をかける、電話に出ると。そういったことが、億劫になる。しかし、わが職場は、電話がジャンジャンかかってくるし、こちらからもドンドンかけないと仕事にならない。意を決し、そうしたリズムに乗って仕事をするものの、ヘトヘトに疲れるのである。

自らの人間観、生き方への自負などが、この時ほど揺らいだことは、これまでなかった。かつて経験したことのない深い挫折感をおぼえる。

30歳代前半のことである。まさに焦燥感とストレスに満ちた「30歳代の危機」だった。

「30歳の過渡期」とくに「30歳代の危機」という視点は、ダニエル・レビンソン［1992］『ライフサイクルの心理学』（南博訳、講談社）から得た知見である。「ほとんどの者にとってこの過渡期はもっともストレスに満ちた形、すなわち30歳代の危機という形をとって訪れる」（ダニエル・レビンソン［1992］『ライフサイクルの心理学（上）』114ページ）。28歳から33歳にかけての、成人期に入ったばかりの時期である。「その時期の発達課題の実行に非常に困難をおぼえるようになったとき、発達上の危機が訪れ…生活そ

のものへの脅威、大混乱と崩壊の危機、将来への希望の喪失を感じる」（114
〜5ページ）という。

　30歳代の前半に訪れた「30歳代の危機」は、わが人生においても最大
の危機であった。その時期の発達課題は、その後もずっと向き合うことに
なるのである。

5.3 スランプ克服に向けて奮闘

▶ 故・沢崎俊郎氏との出会い

　このままでは、仕事も研究もいずれもダメになってしまう。「なんとか打
開しなければ！」という思いがピークに達する。わが人生の最大ピンチの時
であった。自らの拠るべきアイデンティティの危機といえる。

　そんな折に、新聞か雑誌で見つけた大阪の日本心理センターを訪れ、故・
沢崎敏郎所長に出会う。1980年7月初旬のことである。同センターは、神
経質症状についての独創的な理論と両方を編み出した世界的権威の故・森田
生馬氏の流れを汲み、いわゆる森田療法を実践していた。

　沢崎氏から、「個々のマイナス面にとらわれずに、目的本位に行動する」
ことの大切さを諭され、日誌を書くことを勧められる。日誌を通して、自ら
を見つめ直し、自らとの対話を通して、自己を取り戻していくというのであ
る。そして、森田理論に関する多くの本を紹介していただく。彼のアドバイ
スを、さっそく励行していった。まず、日誌をつけ始めるとともに、森田療
法に関する本を、同センターで借り、また書店で買っては、むさぼるように
読む。自分にとっては、まったく未知の世界であった。精神医学から禅、発
想法さらには生きがい論に関する本などへ対象を広げていく。[17]

　沢崎氏によるカウンセリングは1時間／回ほどである。私にとっては、ま
さに人生の師との対話のように感じられた。それは、心に沁み入るようで、
また味わい深いものであった。最初の内は、1〜2週間に1度ずつ休日に伺
うも、やがて1ヵ月、さらに2か月に1度、半年ピッチというふうに間隔が
延びていく。しかし、氏と会って対話するのが、いつも楽しみであった。

▶ 本に学ぶ生き方

　いろんな本を読んで、感銘した部分を日誌に書き抜きしたり、コメントな
どを付したりしている。その一部を紹介する。

「愚痴を言わぬこと。愚痴は自分の罠であり、人は愚痴を言わないだけでも強くなる。形を正し、つねに何かをしている生活を提起する。そして、これを人間の社会的生命力、自然治癒力の源泉として捉えている。」(高良武久『森田精神療法の実際―あるがままの人間学』より　1980.7.5)

「人生において、夢を持ち続け、小さな一歩をおしまないこと、やれることからまず手を付けていくこと、ユーモアを大切にし、ひらめきにもつなげること、などの指摘は、先日の山野井房一郎『神経質で良かった』(白揚社)と共通するところが多く、目を開かれる感がする。」(竹内均『知的鍛錬法』徳間書店より、1980.7.25)

「実に面白く、ヒントになる点が少なくない。とくに印象に残る指摘を挙げておく。「自分の心を有効なことばかりに使い、少しもムダに使わないように」、「ものそのものになる」すなわち「遊戯三昧」、「第１の出発点はものごとに対する感じを高めてゆくこと」、「事実を具体的に観察する」」(森田生馬『神経質問答―新しい生きがいの発見』白揚社より、1980.7.29)

「ものごと本位の態度、外相が整って内相自ら熟す」(高良武久『神経質章と心のからくり』より、1980.8.8)

▶ 日誌にみる劇的な変化

　日誌を書き始めてしばらくすると、心境にも変化が出てくる。とくに、森田理論との出会いが鮮烈なインパクトになる。

「まず、出来ることから手がける、夢はでっかく、一歩は小さくとも確実に踏み出し、続けることの大切さが、少しわかりかけてきた感がする。」(1980.7.16)

「「道は近きにあり」という。森田理論に学ぶうちに、これまで自らが切り拓いてきた条件を大切に活かしていくことの重要性に気づくようになる。そうしたなかでこそ、私なりの持ち味や問題意識が出てくるのであり、独自の資質や成果も可能となる。周囲の条件を大切にし、最大限に生かしていくこと、「そこにしか大道はない」との感を強めている。この実感は、ここ２～３年ばかり見失っていたものである。」(80.9.15)

「論文を書く上でも、日誌をつけることが、潤滑剤になり、とっかかりになってきている。」(80.12.10)

　沢崎氏に出会ってからの数か月間で、意識や生活スタイルが大きく変わり始めているのが、浮かび上がってくる。

　森田理論などに関する本を読み、頭で理解できても、それを生活に活かしさらに体得して意識の奥深くまでしみ込ませていくには、時間がかかるものである。あらためて、17年前の日誌を読みながら、つくづくそう思う。

▶ 沢崎氏との対話

　沢崎氏に勧められて始めた日誌は、彼と出会いに行くときに、最新のものを1冊携え、パラパラと見てもらうようにしていた。時折、コメントなりが付されている。

　「この2〜3年間のスランプによる遅れが、研究面でも実に大きい！との私の言に、沢崎先生は、「その穴を埋め尽くし、さらにより大きく前進していくエネルギーが必ず出てきます。そうした経験がプラスへと転化するはずです」と諭された。その激励に、奮い立たされる。」(1981.2.28)

　「いま、思うのは、日常の積み重ね、一歩の具体的な働きかけが、次の行動なり感性を引き出すという連続性と発展性の力である。「つねに、人間は全力で人生に、対象にぶつからざるを得ない。しかも湧き出る力でもって」。これが、森田道から学んだ1つの人間観でもある。(日誌への沢崎氏のコメント：神経質者が「生の欲望」にめざめ、対象に向かっていくとき、限りない向上発展への道が開けます)」(81,3,8)

　沢崎氏に、次のように諭される。「症状そのものの小さなテクニックに終始せずに、十名さんのように生活全体を前進させる、変革していくという姿勢と、日々の一歩一歩がやはり基本であり、近道である」と。バイオリズムというか、生活上の落ち込みを小さくし、そういう時期でも何か具体的な小さな一歩を積み重ねるという連続性、蓄積性の大切さについても言及された。」(81.6.6)

　社会に生きる原点、基本姿勢についても話し合う。生き方の見直しを迫られる。

　「1つは、自利他利の姿勢である。人のために尽くす。人に役立つ、人を喜ばす。これらを原則として自分の生活をふり返り見直していくということが必要である。それは、自分の狭い自己本位の枠組を打ち破っていく原点となる。

　2つは、人間の価値、人間ができるということは、頭の良さや仕事の手腕だけでなく、その人の人生観、生きる姿勢、人格などを総合したものである。何を目的にして生きているか。何に関心をもち、どういう行動をしているか。

それが、彼を測る尺度となる。生きる姿勢と１つ１つの行動こそが、それらを結ぶ要となるのである。」(82.8.28)

　沢崎氏のやさしい眼差しと深く響く声が、そして２人の対話が、十数年の時空を超えてよみがえってくるような錯覚にとらわれる。氏は、昨 (96年) 春、50代の若さでガンを病み亡くなられた。最近では、数年ごとに耳にする氏の声が楽しみでもあった。自分には人生の師がおり、苦しい時にはいつでも相談に乗ってもらえる。その師に、もう会えないのである。「自分で切り開いていきなさい！」。このように諭す師の内なる声が聞こえてくるようである。沢崎敏郎氏のご冥福を祈る。

71歳の眼

　故・沢崎敏郎氏は、わが「心の恩師」である。わが人生最大の危機＝「30歳代の危機」を何とか凌ぐことができたのも、沢崎氏のおかげであり、その導きによるところが大きい。彼に勧められた日誌は、今も続けており、研究と生活の糧となり座標軸となっている。人生に研究に全力でぶつかれという彼のアドバイス (森田理論) は、わが「働・学・研」協同論・生き方論の土台をなしている。本書の第１部そのものが、30〜40歳代の日誌に大きく依拠しており、その産物といっても過言ではない。

▶ 家族とのふれ合い

　日誌のなかには、家族とのふれ合いのひとこまも時折出てくる。30代前半におけるわが家でのやりとりなど、今とは違った趣がにじむ。

　「妻が、「最近は、少しリズムを取り戻したのと違うかしら」と話しかけてきた。今年の春頃が、いちばん元気がなくて落ち込んでいるように見えたという。１年ぐらい波がありながらも続いていたらしい。

　少なくとも最近、妻には明るく対応している。以前は、彼女に感謝しながらも欠点も目についたが、最近は彼女の良さがよく目につく。」(80.12.23)

　「休日になると、家を放ったらかしにして研究会などによく出かける。今日は、妻からお小言を頂戴した。少し横からの攻めである。

　「新聞の悩み事相談では、夫が家を放ったらかしにして遊びまわる、女に手を出す、金を使うといった例がよく見られる。あなたのように、勉強だと言っては休日も飛び回っていて困りますといっても、回答者も困るでしょうね」。これはチクリと痛い。続けて言う。「どうせ、あなたと似たような研究

者が回答者でもあるので、奥さんも趣味を持ちなさいと言われることでしょう。」

これには、まいりました。「来週は家にいるから」とほうほうの体で応える。防戦一方である。」(81.2.21)

「親子4人で明石公園へ出かけた。紅葉が映えてきれいである。休日には何かと家を空けることも多く、とくに1歳の長男をつれて戸外に出かけることが少ない。なんと長男の喜ぶこと！とくに、高い滑り台が大好きである。膝に抱いて滑り下りてやると、顔をくしゃくしゃにして嬌声を発して喜ぶ。「あまり、連れて出てやらないと罪ですよ」と妻にクギをさされた。」(81.11.1)

「長男が2歳になった。いつも長女の後を追いかけている。言葉が遅く、満足に言える単語は、まだ2〜3にしかすぎない。しかし、実に天真爛漫というか、よく笑う。こちらが喜劇俳優になったつもりで、いろいろと顔の表情を変えただけで、笑いの渦がまき起こる。

朝は、5〜6時ごろに起きる。長男は夢のなかであるが、夢のなかでも笑っているらしい。彼の口から、笑い声が漏れてくるのである。こうした明るい表情は、私の生きる姿勢の変化にも影響を受けているように感じられる。

1年ばかり前から、長女と長男にはできるだけ明るく接するように心がけ、また、いかに笑わせるかに腐心するようになった。幼い心を短時間に捉える術がいかに大切か。そのためには、こちらがその気になり全力でぶつかり、彼らの心に入ることが必要である。」(82.9.22)

71歳の眼──道下役・ボケ役はわが家の定番に

83年2月に次男が生まれ、3人の子どもが揃う。家庭の順調さとは裏腹に、仕事と研究をめぐる葛藤は深刻で、わが心象風景は灰色そのものであった。それを子どもたちに察知させてはならない、それがもとで、いじけるようなことになってはならない。そのような思いから、子どもたちの前では精一杯面白く明るく演じる。道下役は、やがてわが家の定番となり、いつの間にか妻も子供たちの列に加わっている。

筆者が何かチョンボすると、誰かがここぞと「つっこみ」を入れ、一家そろって笑いの渦がまき起こる。今では孫にまで伝わり、わがボケ役は堂に入って「天然ボケ」とみられるに至っている。孫からは、「心が安らぐ」と言われる一方で「おじいちゃん大丈夫？」と心配される。

▶ **職場での仕事と交流**

　日誌には、職場での交流や仕事のことなどがよく登場する。1960年代末から鉄鋼業に広がった小集団活動、いわゆる「自主管理活動」は、ブルーカラー中心に展開されてきた。それが、80年代に入ると、ホワイトカラーにも飛び火する。神戸製鋼所では、そのはしりの頃の活動にも加わる。そのひとこまである。

　「加古川製鉄所の自主管理発表大会が開催された。各部門を代表して4グループが発表し、私も第2グループに出て発表することになった。

　練習不足で、バイオリズムも悪い。「ええい、どうにでもなれ」と腹をくくって出場する。会場には、各部門から百数十人が聞きに来ている。「最初から名前などでとちれば、リズムがくるってしまう」との不安が頭をかすめ、自身もない。

　しかし結果は、予想外に良い出来栄えであったらしい。「よくわかった」「実に上手だ」などといろんな人から声をかけてもらい、昼休みの後でD部長からも「良かったらしいな！」と声をかけられる。」(81.5.27)

　少し局面が変わり、ある日の夕方のことである。事務所のなかで部内の管理職の方と2人でじっくり話す機会があった。

　「彼はクラシック音楽に凝っており、文化の香りも感じられる。私のことにも話が及んで、「君には何とも言えない味がある」という。2年前に提出した主査論文に触れて、次のように言った。

　「D部長から、「こんな論文を書くものもいる」といって、君の主査論文を見せてもらった。最後の「まとめ」のところが心憎い。鉄鋼原料論の世界的権威である田部三郎を引き合いに出しながら、「田部三郎氏の鉄鋼原料論を上回るものを仕上げることを、自分のライフワークにしている」との箇所を読んで圧倒された。とにかくユニークでうらやましい」とのことであった。

　このような視点からみてくれたり、激励してくれたりする管理職もいることを知って、有り難くうれしく思う。」(81.5.29)

▶ **主査論文の相談に乗る**

　なお、主査論文については、いろいろと思い出すことがある。「主査」というのは、社内では係長相当の職位である。大学卒で30歳過ぎ、高校卒の企画職の場合も30代前半にくぐる。その際に、自らの業務の課題と将来構想などについて、400字詰め原稿用紙で20枚前後の小論文にまとめて人事

部に提出しなければならない。多くのサラリーマンは、この小論文の作成に苦労するのである。

20代の頃から、この主査論文の相談を折に触れて受けていた。「論文作成のアドバイスをしてほしい」、「書いた論文を見てほしい」といった依頼である。相手は、切羽詰まって、若造に頭を下げてきているのである。私にとっても、顔見知りの方であり断りにくい。また、いろいろな人の仕事や考え方について知るなど勉強する機会にもなる。こういうわけで、退職するまでに、非公式にではあるが十数人の論文を拝見しアドバイスしてきた。

一般の若いサラリーマンにとっては、論文作成の経験は極めて少ない。そのために、内容には手をつけずに、論文の構成や個々の表現などでかなり手を加えたことも少なくない。これを、手際よく自分の仕事の合間を縫ってしなければならない。どうしても時間が取れなくて、「はじめに」と「おわりに」だけ、手を入れたこともある。ある若い技術者から、「上司から、「はじめに」と「おわりに」は格調が高いが、肝心の本論がいまひとつ…と言われました」と耳打ちされて、あわてたこともある。」

71歳の眼

主査論文へのアドバイスや校正は、20代後半の頃から頼まれてやり出した。30代に入り、キャリア形成に暗雲が立ち込め、ストレスに悩み悶々とするなかでも、頼まれると断り切れず、精一杯対応した。「小さい頃から教えるのが根っから好きだった」(実姉)ようである。職場にあっては、上司もみて見ぬふりをしていたらしい。ついに上司からも依頼が舞い込む。40歳頃のことで、「A君の主査論文を書き直してほしい」(副所長)との「指示」である。仕事の合間を縫って、半日ほどで仕上げて提出する。「格調が高すぎるので、人事に疑われないよう、自分の言葉で一部書き直すように言われました」(当事者)とのこと。

管理職への昇進が遅れるなかでも、主査論文へのアドバイスは続く。研究者としての矜持を崩さないためにも大切なことであった。そのスタンスが、後日、博士論文指導にもつながっていく。

▶ 業務のシステム化に全力投球

1980年頃から、原料管理というラインの仕事を離れて、それらのシステム化の仕事に就いていた。原料管理を中心に製銑部門全体にわたる情報の流

れ、帳票のやり取りを体系的に整理し、取捨選択した上で標準化する。社内外の関連部署との情報フローなども作業の対象としていた。その上でコンピュータ化するのである。コンピュータ部門の専門家たちとの共同作業である。

　こうした本格的なシステム化は、わが部門では初めての試みであった。私にとっても手探りである。部内でも利害が錯綜し、その渦中に否応なく巻き込まれる。コンピュータ部門からは、考え方や標準化の不徹底を責められる。一番落ち込んでいた時の難作業であった。それが、ようやく実を結ぶようになる。日誌のなかにも、それに関連する記述が見られる。

　「この２年間のプロジェクトの成果として、４月上旬に「製銑総合管理システムの工事効果」をまとめ、部課長の了承をとる。部長から「よくやってくれた」との言葉が返ってきた。19日は、社内の関連部署を呼んで、中間報告会を開く。20の課から30人近くが出席し、大盛況のうちに「成果と今後の課題」を説明する。「よくやっているな」と多くの人から声をかけられる。この２年間の「臥薪嘗胆」がようやく実を結び始めた。」(82.4.23)

　この活動が、社内報に掲載されることになり、記者の取材を受ける。その間の事情を記している。

　「発行部数３万数千部の社内報『神鋼タイムス』が、特集号『ＤＫ（ダイナミック・コウベ）運動』を出すことになった。第１回スタッフＤＫ大会では、加古川の製銑部のＤＫ運動を発表したが、好評だったようである。

　そこで、製銑部のＤＫ運動を事例紹介として大きく取り上げるという。その主要部分は、この２年間のわがグループの活動でもある。その体験談や裏話を含む説明を、記者に求められた。朝一番に30〜40分間の取材に応じると、１〜２時間後に原稿をもってやってきた。文章がわかりやすく、なめらかである。さすがプロ！と感嘆する。

　この２年間の活動は、精神的な落ち込みもあって呻吟し、また模索と嘆息の繰り返しでもあった。しかし、そうした中でも、とにかくあきらめないで前向きに手を出し追求してきた。ここにきて、タイミングよく全社的に紹介され、いささか面はゆい感がする。」(82.8.5)

▶　**基礎経済科学研究所の夏季研究大会での交流**

　私も発足以来の所員である基礎経済科学研究所では毎年、夏に研究大会を開いている。そこに中村静治氏が参加され、記念講演をされたことがある。

20代の頃、手紙のやり取りをよくしていたが、顔を突き合わせてじっくりと話し込んだのは、これが初めてである。

「夜の討論では、コメンテーターになってくれと言われてびっくりする。…中村先生が宿泊されるということで、私との2人相部屋になっており、これにも驚く。…さあ、それからが大変である。部屋で少しくつろぐと、さっそく資源や技術などに関する討論を2人で1時間ほど続けた。そして、風呂、食事とすべて一緒である。理論、現状分析、ユーモアなど、相手は「何でも来い」の猛者で、こちらも最初は内心タジタジであった。

夜の討論会では、第1コメンテーターとして紹介され、10分ばかり論評と論点を提示した。大局的に提示できず恥じ入るが、それが後の討論では中心的な論点となる。中村先生も私の論点に対する回答、反論をベースに展開される。

夜の第2部は、大部屋で数十人が車座になりアルコールを入れての懇談会…。中村先生は私のことにもよく言及され、「あなたのような働き学ぶ研究者が経営者にならんと日本はよくならん。せいぜい頑張り、腕を磨きなさい」とハッパをかけられる。「とてもそんなことは…」と苦笑に及び腰の私の声など、爆笑にかき消されてしまう。」(80.7.27)

▶ 共著書が出版される

1981年4月には、初めての共著書(島恭彦監修『現代経済学論争』青木書店)が出版された。[18] 日誌に、「雑誌への掲載とは違った感慨がある。何度も眺め直した」(81.4.12)と記している。

同じ月に、今度は鉄鋼業についての初めての共著書(置塩信雄・石田和夫編『日本の鉄鋼業』有斐閣)が出版された。[19] 私は鉄鋼資源問題(第5章)を執筆したが、いつの日か、資源だけでなく技術や労働、経営など、1人で全体をまとめてみたい。そうした思いを抱かせる共著書となる。出版に先立ち、70年代の半ばごろから2〜3年間、鉄鋼業の共同研究をもち、そこでいろいろと議論できたことも貴重な体験となった。

「『日本の鉄鋼業』の出版パーティが六甲の料亭で開かれ、執筆者のほぼ全員が集まる。ごく簡単な感想なども出されたが、6月27日に正式の検討会を持つことになった。検討会には、中村静治さんか坂本和一さんを招こうという話も出されたが、結局、「十名さんに全部やってもらおう」という話になり、共著書のコメントと問題提起をすることになった。」(81.5.30)

「共著書の書評会が、六甲で開かれた。今朝、仕上げたばかりのレジメ「『日本の鉄鋼業』書評—残された論点は何か」を、報告した。鉄鋼産業論をめぐる議論に花が咲く。私としても、これだけ大胆に広範囲の論点についてまとめたのは久しぶりであり、わが再生の息吹を肌で感じた。」(81.6.27)

▶ 産業学会での研究発表

鉄鋼マン時代には、学会と言えば産業学会と基礎経済科学研究所、鉄鋼科学・技術史委員会（日本鉄鋼協会）にしか所属していなかった。産業学会では、何回か発表の機会を与えられている。20代の終わりごろに一度、発表したが、その時は散々な出来で、質問に答えられず壇上で立ち往生して冷や汗をかく。

30代になり、それに懲りずに再挑戦した。さて、その出来栄えや如何。

「「戦後日本鉄鋼業の原燃料事情と原料政策」というテーマで発表した。リズミカルにかつポイントを押さえた発表ができたようだ。親睦会では、何人かの方から、「今日はなかなか良い報告をされましたね」と言っていただく。とくに、奥村宏氏から「前回（78年）の報告はもうひとつだったが、今日の報告は実に良かったね」と力を込めて評価していただいた。」(81.11.7)

▶ ある公立大学からの転職の話

関西の公立大学にいる知人のGさんから電話を受ける。「ポストが1つ空くことになり、A、B両先生も十名さんを推薦されています。私もあなたにぜひ来てほしいので、強く推薦しているところですが、如何でしょうか」という趣旨である。「可能性はかなり高い」とも言われる。

「仕事と研究」の両立に高い壁を感じ、スランプに陥り四苦八苦していた時期である。その悪循環からなんとか脱出したかった。渡りに舟とばかりに、即座に応じる。

その1か月後に、Gさんから電話があった。先日の件がダメになったという連絡である。すでに単著書もある別の大学の先生に決まりました、とのことである。Gさんより、貴重なアドバイスをいただく。

「選考の際に、今後の参考として、3点ほど助言を受ける。

(a) 研究内容については、外国文献の利用が少ない。

(b) 鉄鋼産業の分析に限定されており、実証分析の範囲が相対的に狭い。

(c) もし、大学に就職する気があるならば、池上教授（恩師）にその旨を伝えて頼んでおく必要があるのではないか。」(81.9.14)

無念さをかみしめ、恩師に手紙を出すと、早速返信をいただいている。

「池上先生からの「けっしてあせらず、実力を信じて、落ち着いて対処されますように」との言葉が胸に沁み入る。「私も心がけておきます」、「出版社などとの交渉があれば手を貸せるので、その機あれば至急連絡されたし」と援助の手を差しのべていただく。ただし、「何しろ就職難なので、まず業績を整備しつつがっちりと準備する方が先決かと思います」と諭されている。恩師の激励に勇気づけられる一方で、これからの道程の長さにたじろぐ心とそれを叱咤する心とがぶつかり合っていた。」(81.9.22)」

▶ 単著書の出版を薦められる

基礎経済科学研究所で日本資本主義部会が設けられ、その第1回研究会で報告させていただいた。研究が少しは前進していたのかもしれないが、落ち込んでいるらしいということで、いろいろと励ましを受けている。

「「戦後日本鉄鋼業と原燃料政策」のテーマで発表した。発表は2本であるが、出席者は50名の盛況である。

私の発表に対して、コメンテーターやフロアから、研究手法がオーソドックスである、興味深いなどの指摘を受ける。休憩時に、池上先生から「研究が煮詰まってきたな、本物になるぞ」と言われる。帰りに、森岡孝二氏から「実に面白い報告だった。もっと自信を持ってよい」と激励される。」(82.5.8)

「その第2回日本資本主義部会の後で、喫茶店に数人で立ち寄る。その時の、ひとこまを綴っている。「森岡氏から「出版の準備をしてはどうか。書店との掛け合い・調整については私も力になるから」と話しかけられた。「基礎研では今、次の講座出版を進めているが、その第1号にしてはどうか。社会的な意義もあるのではないか」という。私の研究が、「講座の第1号を飾るにふさわしいレベルにある」と持ち上げてくれる。嬉しかった。「今後、まとめていく論文は、抜けている部分を穴埋めしていくのがよい。そうする方がロスも少ない」とのサジェッションもいただく。私も、さっそく検討する旨、応えた。」(82.9.4)

せっかく、単著書の出版について貴重なアドバイスや激励を受けながら、その後の日誌には、単著書にしていくための構想や計画についての記述がまったく見られない。森田療法や生き方などへの関心が強く、そちらの方に傾斜している。

5.4　30 代半ばにみる一進一退

　1982 年秋から 86 年に至る 4 年余の研究やライフスタイルには、一進一退の中だるみの感がある。80 ～ 82 年前半にみられる精神的な深い悩みと切迫感、そして森田道に接した新鮮な感動、真摯な姿勢と生きるエネルギーはあまり見られない。日誌にも、歯抜けの日が多くなっている。

　「2 年数ヵ月前から書き始めた日誌ノートは、これで 5 冊になる。とにかく書くことによって活路を見出そうとした日々であった。それが自分との対話の記録ともなる。最近では、1 週間に 1 回も書かなくなっている。しかし、書くたびに自分の出発点、原点に立ち返り、静かに深く見つめ直し、新たな活力の契機にしていきたい。」(82.10.31)

▶ ジョギングに熱を入れる

　82 年秋から、ジョギングに熱を入れる。その後の 1 年ほどは、とにかくジョギングに関する記述が目立つ。

　「早朝のジョギングを始めて 3 ～ 4 週間になる。30 分強をかけて 4 ～ 5 キロメートルを走る。久保田競『ランニングと脳』によると、ゆっくりとリズミカルに走る状態の下では、通常の 150％の血液が脳に循環している。したがって、人生のことや研究、自由な発想などを、この状態で意識的に追及するとその興奮がジョギングの後にも持ち越されて、プラスに作用するという。

　私の場合、6 ～ 7 年前までは毎日のようにジョギングをしていたが、その後は遠ざかっている。最近の体験から、早朝ジョギングの効用として次の点があげられる。

(a)　早朝の爽快感が抜群
(b)　心身の運動不足感が解消し、体力増強の意欲がアップ
(c)　昼休みの囲碁の力がアップ（集中力と持続力のせい？）」

　しかし、ディメリットもある。毎日、準備・整理体操を含めると 1 時間も費やし、貴重な時間が削られる。夜は早く床に就くため、思索や読書時間が減ってしまう。」(82.11.26)

　会社の厚生課では、社員のレクレーション活動にもずいぶん力を入れていた。そうしたなかに、駅伝大会などもあった。製銑部のスタッフ数人でチームをつくり、何回か参加したことがある。その 1 コマが描かれている。

　「製鉄所の厚生課主催の駅伝大会が、平壮湖（1 周 5 キロ弱）で開かれた。製

銑部のＢチームで参加する。わがチームの平均タイム（1人半周）に比べると、わがタイムは1分40秒も早い。「ほう、やるじゃない！」という声に、つい頬が緩む。」(82.12.1)

　ある日曜日のこと、母が弟の運転で次男の誕生日に駆けつけてくれた。母とのジョギング談議が印象に残る。

　「65歳の母が、毎朝、体操や早歩きをしているという。昨年の秋から続けているらしい。孫の世話などで腰が曲がりかけ背骨も少し斜めになってきたので、「これではならじ」と踏み切ったとのこと。「毎朝、実にすがすがしい。なぜ、こんなに気持ちのよいことを今までしなかったのかと思う。おかげで腰も背骨もしゃきっとしてきた」という。母と私は、期せずしてほとんど同時期にスタートしていたのである。」(83.2.8)

　「早朝走っていると、空が少しずつ明るくなってくる。天気のよい今朝など、青空が次第に広がっていく様は見事なものである。東の山沿いの空が少しずつ紅に染まり、やがてだいだい色へと明るみがかかっていく。それにつれて大空に、青空が西へと広がっていく。」(83.2.13)

▶ 徒歩通勤への切り替え

　確かにジョギングによる効果は少なくなかったようである。精神的な爽快感に加えて、疲労感なども無くなり、それまでの症状から脱したことなどを記している。その反面、やっと脱した！という安ど感も出てきて、それまでのいい意味での緊張感が薄れる方向にも作用する。

　ジョギングとの蜜月は、長くは続かなかった。1年強で頓挫する。その間の事情や心境の変化については、日誌のなかに見られない。熱しやすく冷めやすい性格が滲み出ている。ジョギングに熱を入れた反動も少なくなかったようである。毎日、1時間ほどジョギングに割かれるために、研究時間がさらに少なくなる。また、関心がジョギングや体調面に傾斜しがちで、研究面への関心や問題意識が集中せず深まりにくいのである。

　ただし、早朝のジョギングは頓挫したものの、今度は毎日の徒歩通勤に切り替えた。家からＪＲ駅まで2キロメートル弱の往復、製鉄所の門から製銑センター（製銑部の事務所）までの2キロ弱の往復、合わせて8キロ弱の道のりを徒歩で通勤することにしたのである。

　製鉄所の門を入ると、会社のバスを降りて、製銑センターまで歩く。それを始めた頃、途上でマイカーの知人から「親切な」ひと声をよくかけられた。

「どうですか、車に乗りません？どうぞ、どうぞ」。この甘い誘いに乗ると、元の木阿弥になってしまう。何回か勧誘に負けたこともある。やがて、笑顔でさわやかに断ることが出来るようになった。

　以降、退職するまで、この徒歩通勤は続く。毎日8キロ弱の徒歩通勤は、心身のリフレッシュを図るうえで、私にとって貴重な実践であった。気分の転換を図り、会社の仕事とアフターファイブのけじめをつけ、自らと対話する場ともなる。

▶ 昇進の壁

　「「主幹」職位への昇格審査のために、人事部の面接を受ける。面接時間は約20分である。事前に自己の業務の紹介、問題点と解決策について簡単なレポートを提出し、それを中心とした質疑応答である。私としてはタイミングよく、自由自在に自分の課題と抱負を披露することが出来た。こちらの自信が面接者（3人）にも伝わったようである。」(82.8.6)

　こうした手応えにも関わらず、翌春の人事発表では昇格できなかった。「主幹」に上がらないと、課長にもなれない。「ついに、来るべきものが来たな」と感じる。その翌年も苦汁をなめ、結局、2年間の昇進遅れとなった。10年余前に入社した400人余に上る同期のなかでも、もっとも昇進遅れのランナーとなるに至る。」

　30代の半ばにさしかかっていた。しかし、この頃の日誌には、この件に関する記述が見当たらない。それまでの仕事と研究についての自負を、根底から動揺させるショックの一撃であった。それゆえに、心の整理ができないし、繰り言を書いても自らを傷つけるだけかもしれない。そうした懸念が、筆を止めさせたようである。

▶ 社内でのプロジェクト成果の発表

　仕事面では、この間に専念してきたプロジェクトがなんとかまとまってきて、成果を発表できるところまでこぎつける。

　「昨年6月以降の半年間にわたる調査・改善のプロジェクトは、一応のメドがつき、製銑部内の部長以下の承認も得られた。そこで、社内の報告会を開く。十数か所から30人近くの出席があり、好意と賛同を得て成功裏に終わった。これは、1月末に所長にも報告することになっている。…

　今回の報告書は、50ページ以上の大部にわたるものであり、その大半を

自らまとめた。部長や次長などから、「よくまとまっている」との言葉を得て意を強くする。」(83.1.10)

「ここ１ヵ月ばかり、論文「製銑総合管理システムの開発」の作成と手直しに、かなりの時間と労力を費やした。これまでの２年余のわがプロジェクト活動史である。製銑部とシステム室の共同執筆・発表の運びとなった。

これは、加古川製鉄所の『技報』となり、また『管理月報・トピックス』として、両方の形式で、それぞれ独立の分冊となり、社内に配布される。昨日、部長・次長のヒアリングを受け、今朝、最終の仕上げをした。いくつか修正すべき点の指摘を受けたが、「基本的なところはよくまとまっている」との評価を受ける。」(83.2.25)

▶ 会社保養所に家族旅行

高炉メーカー各社は、全国各地の温泉地や名勝・景勝地に自社の保養所を持っていた。神鋼も、淡路島や紀伊白浜、神戸の六甲や有馬、軽井沢、大分の由布院などに保養所をもっている。淡路や六甲、有馬、白浜など近隣の保養所には、手軽で安いこともあって家族ぐるみでよく出かける。

とくに淡路島の保養所は、近くにありながら海を渡るので、子どもが喜ぶし、少し遠出した気分にもなる。保養所はどこでも宿泊費や食費が非常に安く、１人当たり３千円をオーバーしない。メニューや味もまずまずで、鯛のつくりなどを特注してもそれほどかからない。

このため、毎年のように近隣の保養所に出かけた。とくに、淡路に行くことが多かった。１〜２カ月前に会社の窓口に申し込み、抽選になる。窓口に申し込みの状況を聞いて、平日など倍率の少ないタイミングに照準を合わせるようにしていた。少ない夏休みを、その日に当てる。親類の子どもたちを連れて出かけたこともある。

「妻子４人と親類の子どもたち４人、それに妻の両親など総勢13人で、淡路島の松帆の裏にある神鋼保養所へ一泊旅行に出かけた。

子どもたちは全部で７人、そのエネルギーたるやすさまじい。休憩フロアを走り回るし、食事時のにぎやかなこと。周りの人のことを考えると気が気でない。しかし、ここは度胸というか開き直りも必要である。夜に寝るときは、子どもたちがこの時とばかりにはしゃぐ。翌日、午後１時からプールに入ったが、子どもたちはいつまでもプールから出ようとしない。」(83.8.24)

▶ 基礎経済科学研究所の 15 周年記念懸賞論文での佳作 [20]

「今年の 5 月に基礎研の 15 周年記念懸賞論文に投稿したが、多少の手応え
と期待もあった。むしろ、なんとか入賞を果たして今後の研究の弾みにした
い、という切なる願いのようなものといえる。夏季研究大会において選考結
果が発表された。何と、佳作 2 本（入賞は該当者なし）のなかに、私の作品が入っ
ているではないか。ここ数年、研究には徐々に自信と展望をなくしつつあっ
た私にとって、研究成果がこうした形で認められたことは、何にもまして嬉
しかった。」(84.9.15)

20 代後半から 30 代半ばにかけては、鉄鋼資源論の分野を超えて鉄鋼産業
分析を広げていくことがなかなかできなかった。この懸賞論文は、その枠
組みを破って労働論あるいは労使関係論を対象にした最初の公表論文となる。
しかしながら、この論文は、その後の鉄鋼産業研究への起爆剤とはならなかっ
た。やがて、いろいろと試み模索するも、次第に研究の行き詰まりを意識し
はじめるようになる。

▶ ハードスケジュールの落とし穴

日誌を書くようになって、書くことのリズムを取り戻したのはよいが、つ
い調子に乗ってオーバーワークになり、その結果、元の木阿弥になる。この
パターンは、原稿書きやジョギングなどにも見られる。

「毎月、原稿用紙（400 字詰め）に 50 枚以上書くこと。この目標を決めて、
それにいそしんだのは、81 年 10 月から 82 年 9 月にかけての 1 年間のこと
である。700 枚強を書いたことになる。この間は、日誌の方もまた旺盛であっ
た。何かと効果てきめんの筆まめであるが、その後はやめてしまっている。
どうして筆を折ったのか、についての総括が必要である。

(a) 原稿目標が付き 50 枚からやがて 70 枚へ、さらに百枚へとアップする。
それについていけなくなり、息苦しくなってやめてしまったようである。

(b) このころに体力の限界を痛感して、ジョギングをスタートしている。今
度は、それに夢中になって関心もそちらに傾き、その結果、研究活動の方が
お留守になる。

(c) 書くのをパタッとやめてしまうと、論文を書き始めるのが億劫になりス
トレスになる。

そういった悪循環にはまる。

これらの教訓から、次の点を心がけたい。

(1) 原稿書きの目標にこだわらないこと。気楽に手がけよう。思い立ったとき、新しい着想や発想が浮かんだときに、すぐに書きとめておくこと。
(2) 日常生活とのバランスを崩さないこと。」(85.1.27)

とにかく、こうした試行錯誤を繰り返していた。しかし、研究面での壁を乗り越える手がかりが、なかなかつかめない。

▶ 鈴木知準『森田療法を語る』に学ぶ

30代後半に入っても、森田療法や禅、発想法などに関する本をよく読んでいる。日誌には、それらに関する書評や抜き書きなどもみられる。そのなかでも、鈴木知準『森田療法を語る』(誠信書房)は、(禅宗の祖といわれる)白隠禅師や道元の禅と森田療法との関連について考察するなど、興味深い。日誌のなかから、抜き書きをピックアップしておく。

「「白隠の禅」が今日まで連綿として伝えられている最大の理由として、公案を用いてする修道上の優れた技術があげられる。この禅の公案と「人生の公案」を比較考察する視点が参考になる。

「神経質人の徹底的展開は、まったくこの人生の公案を解いて自己の主体性を確立し自由に流動する心理的態度になりえたものと考える。…神経質を超えた心理的態度は、その悩みを持たなかった人たちの30年の座禅修業に相当するといっている。」

「今、現在になりきる心理的態度、すなわち三昧の境地──没我の心理的態度を通って内発的に、その不安を肯定する心の平面に変化する。」

「人間の全生活の動きの中に自己を没入せしめることによって、道元は身心脱落、森田は心理的展開を起こさんとした。…森田の生活指導は道元禅の修行と同じか、あるいはきわめて近いところに到達していると考える」」
(85.9.30)

▶ 囲碁の手習い

「明石のF6段(地方棋士)のもとへ、囲碁の手習いに行くことにした。週に1回、1回当たり1時間である。棋譜を必ずとってもらえるのが、F先生のよい点であるとのこと。また、棋譜の空欄に、囲碁の定石・格言やコメントを書き入れてくれる。

この1時間の緊張は大切である。むしろ、この1時間を軸にして、1週間の生活をもう一度見直し、真剣な生活設計をなすべきであるとの反省を強く

した。」(85.9.30)

　37歳になっていた。気分転換と趣味を深めようということで、プロ棋士に習いに行ったのである。Ｆ棋士については、知人から教えてもらったものである。家の造りは質素なふうで、プロ棋士として生計を立てていくことの大変さを感じる。

　しかし、この試みは2か月ほどで放り投げている。これに取り組み始めると、時間はあっという間に過ぎていく。自分のライフワークに充てる時間などなくなってしまうのである。「これでは研究はやっていけない。自分がダメになる」。この思いに駆られて、せっかくの囲碁の手習いではあったが打ち切る。会社の昼休みの「ザル碁」の楽しみにとどめるようにしたのである。

　「仕事と研究」の両立をめざした情熱とロマンが、いずれも大きな壁にぶつかり、それを乗り越えようといろいろ試みるも、それが果たせず、次第に展望を失いかけていた。30代後半のことである。

▶ **郷里の跡継ぎ問題**

　この時期に、郷里の跡継ぎ問題にも直面する。郷里では、揃って高校教員の弟夫婦が両親と一緒に住んでいた。しかし、年老いていく両親のことや村の付き合い、田んぼの管理などが、弟の肩に次第に重くかかってくる。長男の私に帰って来て、家から通ってほしい。これが、彼らの切ない声でもあった。

　一方、私の方はといえば、仕事も研究もうまくいっていない。長男でありながら、妻の実家に居候のままで独立もしていない。会社でのわが身の不透明さがあって、いざという場合に備えておかねばならない。共稼ぎもやめられないし、家を持つなどの行動にも慎重を要する。せっかく両親から信頼や期待を受けていながら、また弟夫婦や姉たちからの理解や協力を得て自由気ままな生活をしながら、このありさまである。申し訳ない気持ちとやるせなさが入り混じっていた。

　袋小路であった。郷里に帰るとなると、京都や大阪などに研究会で出かけることは難しくなる。研究はまずあきらめざるを得なくなるだろう。しかし、そこまでは踏み切れない。なんとか、弟夫婦に郷里を継いでもらうことにした。

6 社会人大学院でのリフレッシュ
──知的エネルギーと研究ロマンの高揚

・・・

6.1 はじめに

　30代末に大きな変化が起こった。京都大学大学院経済学研究科に新設されたばかりの社会人大学院（修士課程）に入学したのは、39歳になる直前のことである。それが契機になって、それまでの数年間に及ぶ「仕事と研究」両立のよどみが断ち切られ、積極的な研究エネルギーが再び高まっていく。

　会社内でも、社会人大学院に通うことを公言したことで、それまでのインフォーマルな「二足のわらじ」生活が実質的にはフォーマルなものになる。「もう後には引けない」という緊張感を背にして、研究をプラスの方向に転化させている。会社の仕事の方も、同じ時期に担当業務が増えるなど忙しくなっているが、前向きに精力的にこなし、高い成果を出している。

　こうした目覚ましい飛躍は、それまでの十数年にわたる「働き学ぶ」活動、すなわち「仕事と研究」の両立をめざしての種々の体験を通して、蓄積し培った知的なエネルギーとノウハウの賜物である。40歳前後の時期に、これだけ初心に帰り、精力的に奮闘できたことに自分ながら驚き、感銘を覚える。

　会社では、毎年秋になると「自己申告表」を作成し、上司に提出することになっていた。人事評価の基礎資料となる貴重なものである。その頃の数年間分のコピーを、今も大切に保存している。その推移と変化をみると、感慨深いものがある。大学院に行くようになって、研究や考え方がいかにプラスの方向に転じたかが雄弁に示されている。

　自分の思いや見解を次第に積極的に開陳するようになり、フォーマルな形でその是非を問いかけている。研究の手応えを背景にして、かつての気概を取り戻していく。1990年秋に提出した自己申告表では、これまでの自分の働き方や姿勢を示しながら、正当に評価されてこなかった無念さとそれを踏み越えていく社会的抱負と展望を大胆に語っている。

　退職を正式に表明した直後の91年秋の自己申告表では、これまでの21年間を総括し、また自己の評価をめぐる問題点を指摘しながらも、退職後をにらんでの配慮を示すものとなっている。

6.2　社会人大学院に入学

▶　入試直前の状況

　2階の1部屋を書斎に使っていた。結婚して10年近く経つと、本や資料が年ごとに増えてきて、置場や整理が難しくなる。さらに、書斎の真下にある1回の雨戸が少し閉まりにくくなる。蔵書の重みに耐えかねてのことと思われる。子どもの勉強部屋も必要になってきた。

　道路沿いの空き地に増築し、1階はガレージ、2階は10畳の書斎にしたのは、ちょうどその頃である。設計してくれた義父は、その完成を見ずに胃がんでなくなる。

　書斎が完成し、2階から本などを運び込み体裁を整えたのは、1987年の初めである。偶然にも、大学院に入る直前（3ヵ月前）のことであった。これまで私が使っていた2階の部屋は、子どもたちの勉強部屋に模様替えしている。

　80歳の父が、急性のボケ症状から奇跡的によみがえったのは、その数ヵ月前のことであった。

　「敷島妙子『おじいちゃんが笑った[21]』を読んで、心が現れていくように感じる。父の場合とよく似ており、父のことをだぶらせながら一気に読んだ。

　父は、昨年7月にボケ症状が出てきて急速に悪化した。8月には手が付けられなくなり、病院に2～3週間入院する。それが、奇跡的によみがえり、ボケ症状も快癒したのである。9月の終わりごろになって、父から1枚のはがきが届く。たどたどしい字で読みづらいが、咳を直す指圧のことについて尋ねてきたのである。

　このはがきを見た瞬間、「父はよみがえる！」と直感的に確信する。早速、指圧の本をひも解きながら、大きな字で絵入りの手紙を書き、父に送った。子どもたちの手紙も同封する。

　1ヵ月後に、両親から手紙が届く。父の手紙は、字もよく整い文章もしっかりしている。良くなったことが伝わってくるのである。これまで、みたこともなかった母の手紙、子どもたちへの返信も同封されていた。

　今年の正月には、元気になった父と囲碁を4番した。昨年の夏ごろは、父と再び囲碁ができるなんて考えられなかっただけに、感無量である。」(87.3.30)

▶ 恩師からの速達の手紙

　恩師の池上惇教授から、突然、次のような速達の手紙が届いたのは、1987年3月31日のことである。

　「大学院（経済学研究科）に社会人入学の制度ができました。在職のままでも何とかしますので、ぜひ応募してください」。

　ちょうど、その1週間ほど前の新聞で報道されており、私も目に留めていたが、腰を上げるまでには至らなかった。この十数年間の「働きつつ学ぶ」研究活動において、すでに十数本の論文を学術誌や本などで発表している。大学の専任教員の誘いを受けたこともある。「いまさら大学院に行くなんて」という在野研究者としての自負も、まだ残っていた。

　しかし、その一方で、「仕事と研究」を両立させるというライフスタイルは、年ごとに難しくなり、危機的な局面を迎えていた。恩師からの手紙は、「そうした面子を捨てて学び直しなさい！」というメッセージを行間に秘めたものと感じられた。申し込みの締め切りは、1週間後に迫っている。猶予はない。妻にも相談して、受験に踏み切ることを決意する。

▶ 社会人大学院入試への出願手続き

　翌朝から行動を開始する。まず、出願届を揃えなければならない。とくに、推薦状を揃える必要がある。社会人大学院の場合、勤め先の上司の推薦状か承諾書を求めるところが多い。私の場合は、それがきわめて難しい。

　京都大学大学院の募集要項には、そうした点にもきめ細かな配慮がなされていた。「本人の学習状況をよく知っている出身大学の指導教官、勤務先の長、研究教育組織の代表者などが執筆した推薦状」となっている。また、「推薦状は1通でも差し支えないが、複数（概ね2通程度）の推薦状を提出することが望ましい」とある。恩師に相談すると、一流の研究者からたくさんの推薦状をいただく方が良いといわれる。

　推薦状は、恩師の他に。置塩信雄・神戸大学教授、館充・東京大学教授、黒岩俊郎・専修大学教授の各先生方からいただくことにした。置塩教授には、20代の頃に鉄鋼産業研究会で2〜3年にわたってご教示を受け、共著書に結実している。また、館・黒岩の両教授には、日本鉄鋼協会の鉄鋼科学・技術史委員会の研究プロジェクトなどで、30代初めの困難な時期にご指導にあずかり、これも大部の共著書にまとまる。

　4月1日の朝と夜に、3人の先生方に電話でお願いし了承をいただく。幸

いにも推薦状は、いずれも 2 日後に手元に届けられた。先生方のご厚意に、心から感謝する。

　4 月 4 日の土曜日に、近くの病院で健康診断書をつくってもらう。当時は、まだ社会人大学院がはしりの頃であったため、出願書類として必要なことを話すと、医者も看護婦も珍しがる。

　翌日の日曜日には京都に出かけ、出願書類を恩師に手渡した。恩師の推薦状に加えて、調査書の記入欄にもその場で書いていただく。さらに、調査書の残りの記入や願書の提出、お金の支払いなど教務係の窓口へ行ってする手続きの一切を、恩師にお願いしている。

　ちょうど月の初めで休暇が取りにくい状況があったとはいえ、恩師にこのような多大なご無理をお願いしたことが、日誌からうかがえる。本当に申し訳なく、恥ずかしい思いが今もしている。こうして、何とか入学手続きをクリアすることが出来たのである。

　さらに、約 1 週間後には、社会人選抜入試が控えていた。外国語と専門科目、そして面接（翌日）が行われることになっている。しかし、出願書類を揃えることで精一杯であり、入試の準備はゼロの状況であった。恩師からは、入試の準備についても、貴重なご示唆をいただく。「これに目を通しておいては」と、英訳と和訳のセットになった文献をいただいている。

　その日は、春の行楽に絶好の日曜日ということもあって、朝から家族総出で京都へ花見見物に繰り出していた。南禅寺で昼食をとった後、家族とひとまず別れ、楽友会館で恩師にお会いしたのである。切羽詰まった中にも、なにがしかの遊び心が感じられる。

▶　**社会人選抜入試に臨む**

　さて、第 1 日目（4 月 14 日）の試験がやってきた。早朝 5 時に起床して支度する。私の受験番号は、1 番である。初めての入試ということで模様眺めか、願書の手続きは第 1 号となる。それを見て出願提出に踏み切った人が少なくなかったようである。

　まず、9 〜 11 時に外国語（英語）の試験が行われた。2 問あるも、時間が足りない。第 1 問は全訳で 1 時間半もかかってしまい、部分訳と解釈の第 2 問は半時間しか取れなかったが何とか間に合わせる。「一応、ストーリーの大要は訳せたように思う」と日誌に記している。

　社会人の受験生のうち 6 人一緒に、昼食に出かける。隣席の G 君がゼミの

後輩で、もう１人懇意の知人もいたため、親しく話すようになり。６人はたちまち知己のようにリラックスして楽しく昼休みを過ごした。

　午後１〜３時は、専門科目の試験である。６科目のうち２科目を選択回答する。私の選択した経済政策問題（「現代日本材の直面するマクロ経済的諸問題をのべ、その解決のための財政・金融政策をまとめよ」）については、以前にそれに関連する小論文をまとめたこともあり、かなり詳細で体系的なまとめができた。

　もう１つの問題については、経営学と経済史のいずれを選択するか迷うも、経済史問題で勝負する。「戦後日本資本主義の成長要因として、いわゆる「日本的労使関係」があげられる。これとの関連で、戦前期（第１次大戦から敗戦期まで）のわが国における労使関係の変遷について具体的に説明せよ」という問題である。書いていて、戦前・戦時経済の勉強不足を痛感し、選択を間違えたと悔やむも後の祭りである。時間の制約もあって、そのまま突っ走る。問題用紙に走り書きした当時のメモを見ると、経営学問題のメモの方が良くまとまっている。日誌に次のように記している。

　「戦後の部分にアクセントを置いて展開し、戦前はよくわからないこともあって「付け足し」のように簡単にまとめることしかできなかった。戦後についても、光と影の両側面を総合的に述べることが出来ず、光の部分しかまとめることができなかった。」

　興味深いことに、戦後についてのこの反省点が、数年後の最初の単著書の重要なポイントになる。偶然というか、その不思議さに、今となって気づいた次第である。

　第２日目（４月15日）は、午後１時から面接である。トップバッターであるので、事前に状況を聞くこともできない。１人当たり20分で、６人の審査員が机を挟んで対座する。

　「まず、「自分の経験を述べてください」と促される。学部時代のゼミでは、日本経済のマクロ分析をやったこと、また宮本憲一『社会資本論』などをテキストにして議論するなかで地域問題や公害問題などにも関心を持つようになったことを挙げる。」

　神戸製鋼所に入社し鉄鋼原料管理に携わるなかで、資源問題や技術・産業との関わりに関心を持つようになり研究を進めてきたことを述べた。日本鉄鋼協会での研究プロジェクトや置塩信雄教授グループとの共同研究会、これまでの研究発表などについても紹介する。

　次に、「大学院で何を勉強したいか」との質問が出された。鉄鋼資源問題

をライフワークとしてまとめたいこと、日本企業論や環境経済論などについても学びたいことなどを応える。

　「入ってから、会社の仕事との関連をどうされますか」との質問が、私には一番の難題であった。2つの方法を考えていると応える。1つは、内地留学をさせてもらうこと、もう1つは週に1日程度勉強に通学できるようにしてもらうことである。審査員の1人から、週に4日は通学する必要があると言われる。「あなたの学生時代とは講座もずいぶん変わっています。学生向けの講義にも初めのうちはいろいろと顔を出されてみて、全体の流れをつかまえるようにされるのがよろしい」との示唆をいただく。有り難く拝聴した。」
(87.4.17)

◢　**大学院に合格**

　入試の2日後（4月17日）に、経済学部の事務室横の掲示板に合格者が張り出される。その日は、会社で仕事をしていても、合否がどうなるか気がかりであった。「おそらく大丈夫だろう」という若干の手応えと、「厳しく採点されると危ないかも」といった不安が交錯する。

　午後一番に、経済学部の教務係に電話で問い合わせた。「十名さんですね。合格しています」という嬉しい返事が返ってきた。職場に転入してきたFさんの歓迎会を終え帰宅してから、恩師に電話をかける。

　「もちろん合格や。成績も良かったらしい」。恩師の声を、嬉しく有難く拝聴しながら、その余韻をかみしめていた。伝え聞くところでは、トップクラスで合格したとのことである。これまでの長年の努力が報われたように感じる。

　しかし、もう1つの難関を飛び越えなくてはならない。会社にいかに認めさせるかである。恩師から、次のようなサジェッションをいただく。

　「一番いいのは、内地留学をさえてもらうことや。休職扱いでも、2年後に戻るポストを確保してもらえればいい。また、どうしても許してもらえなければ、休日（土曜）だけでも何とかしてやるよ。わしやU先生、F先生に頼めばなんとかなる。頑張ってくれや」。

　その夜は、会社のT先輩にも電話をかけた。「とにかく、正面からあたるしか仕方あるまい」との結論になる。研究者としてやっていく方向を社内ではっきりさせていく必要がある、と言ってくれた。

　その夜は、恩師の手紙から合格に至る、2週間余の激動の経緯を日誌にま

とめている。その間の描写は、ほとんど日誌からの抜粋である。

▶ 合格直後の1週間

　合格後の1週間は、入社以来、初めてといえるほどの緊迫した中に身を置き、奮闘することになる。

　まず、上司や人事部に合格したことを報告し、認めてもらわねばならない。そして、仕事と両立させていきたいこと、もし可能であれば1～2年の国内留学をさせてほしい旨を正式に申し出て、交渉しなければならない。私に対するこの十数年間の処遇からみて、きわめて難しい交渉となることが予想され、気も重い。しかし、もう後には引けないのである。

　社内の反応に細心の注意と配慮を払いつつも、大胆かつ率直に行動していくことを肝に銘じる。

▶ A重役への手紙

　一夜明けて、翌日（4月18日）は土曜日であった。2人の重役に手紙を書く。M重役は元の上司であり、N重役はQ教授からの紹介である。M重役にあてた手紙を紹介したい。10年余り前のことであり、彼はすでに定年退職されており、許していただけるであろう。当時の状況と社内での交渉にあたる基本姿勢が、そこにリアルに示されている。

　「このたび、私事でまことに恐縮ですが、ご相談方々お願いを込めてお手紙を差し上げる次第です。

　87年度より京都大学大学院経済学研究科に、社会人を在籍のまま養成する制度が発足しました。現在、経営サイドからも、また勤労者サイドからも、社会人の再教育の要請が高まっており、上記の新制度もこれに対応したものです。これはマスコミでも取り上げられ、日本経済新聞でも報道されました。

　私の恩師（池上惇教授）が学部長をやられていることもあって、3月末になってぜひ受験するように勧められました。突然のことで、準備や根回しの期間もなく試験（外国語、専門、面接）を受けたところ、4月18日に合格通知が届きました。伝え聞くところではトップクラスの成績とのことです。

　神鋼はいま、円高の下で大きく揺さぶられ経営の転換を迫られています。入社以来、この15年間、仕事との関わりで鉄鋼原料問題を中心に勉強し、仕事にも活かす傍ら、日本鉄鋼協会の共同研究にも参画してきました。今日のすさまじい内外変動の下で、業務や勉強を通して得た直感を、より科学的・

系統的に鍛え直し、経営にもより役立てたいという熱意を強めています。こうした状況下で、恩師からの突然の勧めもあって、「渡りに船」と思い、実行に踏み切ったわけです。

　私の希望としては、神鋼として京大大学院への通学を認知していただきたく、週に数日、講義などへの出席を許可していただきたく存じます。私の研究テーマとしては、次の2点を考えています。

(a)　世界経済、日本経済のマクロ視点をふまえて鉄鋼原料問題を深める。

(b)　経営多角化、とくに総合素材メーカーへの脱皮戦略について、アメリカ鉄鋼業や日本の他産業との比較研究を通じて、研究を進める。

　面接の際、「週1～2日の出席で何とかなりませんか」という私の質問に対して、B教授から、「週に4日は出てください。あなたの頃と違って、講義も様変わりしています。あなたのような専門の眼で、もう一度、これらを虚心に受けとめて、そこから原燃料などの研究に専念してください」といわれました。

　関西の大企業の代表格でもある神鋼が関西の有力大学のこうした動きに対応していくことは、将来の戦略や人材養成にも必ずプラスになるものと思います。その第1号として、私を派遣していただきたく、お力添えをいただきますよう、よろしくお願いいたします。」(87.4.18)

▶ 社内説得への布石

　翌週の4月20日（月曜）に会社に行くと、さっそく行動に移す。朝一番にまず、上司である製銑部長にスケジュールを確認し、夕方に話すことにした。次に、本社鉄鋼人事部門のG主任部員に電話をかけ、事情を話すと、「これまでの事例を調べて、一両日中にも返答しましょう」と言ってくれた。また、2人の重役宛に、家で書いてきた手紙を郵送する。

　直接の上司のP室長には、毎朝の定例の操業会議から戻ってきた10時ごろより、1時間ほど話し合う。彼は予想以上に難色を示した。彼は、次のように主張する。

(a)　大学院の受験は、会社の了解なしに君が勝手にやったことである。それを優遇して特別扱いにすると、来年から我も我もと続出して収拾がつかなくなるのではないか。

(b)　会社はいま、この1～2年が必死の時期である。いま、少しでも儲かることはないかと全力を注いでいる。先のことなど言っておれない状況では

ないか。

(c) 今、君に抜けられると、仕事の方もガタガタになる。私の立場からすると、なんとかこのままやってほしい。

(d) 2年もの留学は、おそらく無理だと思う。それに、休日だけやっていくとしても、そちらに力を割かれて、仕事の方がマイナスになる。

こうした理由をあげて、「大学院に行くのは、思いとどまった方がいいのではないか」と言う。私が、「どうしても行きたい」と主張すると、「Y部長がどう言われるかわからないが、君の意志が固いのであれば、これは労働部（人事部）に提出してみよう」ということで、ひとまず打ち切る。

直接の上司であるだけに、P室長の強い反対の意向には、本当に神経が疲れた。しかし、彼の立場も、よくわかる。部長に昇格できるかどうかという重要な段階にあって、戦力ダウンになることは避けたい心境にあったと推察できる。

夕方の6時頃から約1時間、Y部長と話し合う。彼は、私の合格を喜んでくれた。「君の立場からすると、大学院に行きたい気持ちはよくわかるし、またそれが君によく向いていると思う。本社にはよく話してみる。結果的には、おそらく留学は難しいだろうが、休日を使ってやっていく分には認めてもらうようにしたい」と言ってくれた。

Y部長は、若い頃から長らく私の直接の上司であった。「君の人事問題は、手放そうとしなかった彼に責任があるのでは」という声もよく耳にしている。その当否は、よくわからない。しかし、この時の彼のバックアップは実に有り難かった。なお、このとき、難色を示したP室長には、退職時に大変お世話になる。

サラリーマン生活の人間関係の織り成す糸は、このように微妙かつ複雑であり、その折々で色合いを変えることも少なくない。

▶ 会社の返答

よく21日の夕方に、本社の鉄鋼人事のG主任部員から電話があった。

「色々調べてみた結果、次のようになりました。留学という形では認めることはできません。ただし、あなたが休日や有休休暇をうまく使ってやっていく分には、あなたの自由です。」

ほぼ、予想した内容の返答であった。彼から返答があった旨は、上司であるY部長とP室長には報告しておいた。

なお、その日の午後には、Q教授の勧めにより手紙を送っていた東京本社のN重役から、直接電話をいただいている。私の置かれた当時の複雑で微妙な状況が、言葉の端々からうかがわれて、興味深い。

　「君のことは人事のW君によく話しておきました。彼は、君のことをよく知っていました。君が非常に優秀であること、またいろいろとよくない情報も聞いていると言っていました。

　しかし、今のような時代には、もっと優秀な若手をどしどし活用していかないとダメだ、と言っておきました。彼は、2年の留学は長いと言っています。しかし、出来るだけのことはするように言っておきました。人事からの問い合わせには、率直に君の心情を吐露してください。私から電話があったことは黙っておいてください。」

　有り難く拝聴しつつ、そっと胸に収める。10年以上たった今、ここに開陳させていただく。時効として許していただこう。

　それから2週間近く経った5月初旬に、神戸本社へ原料会議に出かける。本社のフロアで、手紙を送っておいた元上司のM重役と、この間お世話になった鉄鋼人事部門のG主任部員に出くわす。

　「10時過ぎのこと、4階のフロアで、M重役にばったり出会う。「あとですぐに部屋に来てくれ」と言われた。

　4階に入っていくと、G主任部員から呼び止められる。「有給や休日などを使って、とにかく頑張ってください。場合によっては、有給休暇をオーバーして休んでもいいじゃないですか」と言われる。

　そのあと、M重役室にうかがう。「とにかく、頑張ってください。博士号をとるつもりでやってほしい」との激励を受けた。」(87.5.3)

71歳の眼

　1987年3月31日に、社会人大学院への挑戦を促す速達の手紙が、恩師から届く。入学試験の手続き、受験、合格、会社への報告と折衝を経て、会社からGOサインが出たのは4月21日のことである。21年間の製鉄所時代においても例を見ぬ、最も緊張したハラハラドキドキの3週間となる。

　会社の厳しい処遇にひるむことなく、正面から折衝し、仕事をしながら社会人大学院で学ぶことを勝ち得たのである。その気概と勇気ある行動が、その後の「働・学・研」協同の人生を切り拓いていくことになる。

6.3 鉄鋼マンの社会人大学院生活

▶ 「働きつつ学ぶ」研究活動の再スタート──新たな気持ちで会社の仕事に取り組む

　こうして、「有給や休日を使ってうまくやっていく分には、あなたの自由です」という社内の了承を得、また激励を受けてのスタートとなる。この2週間の会社とのやり取りは、ハラハラの連続であった。しかし、会社に対して、口頭と文面を通して正面から、自分の目標と意思をきっぱりと示し、その説得に向けてアクションを起こしたことは、萎えかかっていた研究ロマンと戦闘意欲に活を入れる契機となる。

　日誌には、この2年間が勝負とみての意気込みが滲み出ている。

　「15年若返った気持で、謙虚に、燃える闘志を内に秘めて、研究に励みたい。この16年間の企業での体験と挫折をバネにして、一気にスパートすることである。」(87.4.27)

　この頃から、会社での仕事も担当範囲が広がり一段と忙しさを増して、月に2〜3日の有給休暇の取得もままならない状況が続く。しかし、職場では一定の理解を得るようになり、気持ちが楽になる。仕事の方も、メリハリをつけて精力的に進めることが可能となった。休日出勤などを極力しなくてすむように仕事の段取りを工夫し、周囲も暗黙のうちにそれに協力してくれる状況も出てきた。

▶ 自己申告表にみる入学年度の仕事状況と心境変化

　毎年秋に（上司を経由して人事部に）提出する87年度の自己申告表をみると、当時の状況が伝わってくる。

　担当業務について、次のように記している。

　「87年2月より仕事の量が急増した。これは、コークス・石炭関係の担当者が急に退職したため、その業務も引き継いだこと、また今春より、石炭中継事業やCDQ設備がスタートしたため新規業務が加わったことによる。

　87年上期は、従来の業務を進めつつ引き継ぎ業務をマスターし、こなしていかなければならなかった。また、新規業務を軌道に乗せるべく、折衝・検討・とりまとめなどに明け暮れた。今後は、定常業務の合理化、補助者への業務移管などを進め、企画業務の比率を上げていきたい。」

　一方、自由申告欄を見ると、1年前には「自分の昇進がなぜ遅れているのかよくわからない。…」と書いている。これに対して、上司からは何の返答

もなかった。答えにくかったのであろう。それが、87年度版になると、基調の変化が出てきている。積極的なプレゼンテーションの背景には、「働きつつ学ぶ」活動への手応えと自信がよみがえりつつある息吹が感じられる。

「30代末になると、頭も少し硬くなり、原点に立ち返って自己の資質を磨いていくことには億劫になりがちである。大学の恩師に進められハッパをかけられて社会人大学院に入学し、20代に戻ったつもりで研究を進めるべく、一からスタートを切った。

会社の人事評価はともかくとして、私の場合は企画管理・調査などの仕事が向いていると判断している。とくに、現在チャレンジしている専門研究を活かせる部門は、神鋼のなかでも少なくないと考える。私の専門、適性を活かし神鋼の再生に力を尽くしたい。」

▶ 産業論研究会がスタート

恩師は、平日に通学できない事情を配慮され、会社の休日にあたる土曜日にゼミを開設し産業論研究会を組織していただいた。こうして、産業や技術などに関心を持ち研究しているプロパーの大学院生数人と一緒に、隔週の土曜日ごとに産業論研究会を開いて、恩師の指導を受けることができるようになる。

この研究会は、その後、毎年1人か2人ずつ社会人大学院生が加入していく。一般の大学院生が大学に就職し巣立っていくなかで、名実ともに社会人大学院の研究会として発展し、貴重な場となるのである。

研究会の進め方については、最初の1～2年間は、産業論に関する本を何冊かテキストに取り上げている。これらの文献は参考になり、刺激になった。しかし、そうした共通の文献に基づく議論だけでは、社会人の場合、どうしても限界があることに気づくようになる。

▶ 社会人大学院生の持ち味

社会人大学院生は、もっとも活動的な時間帯とエネルギーの多くを、職場の実務に費やしている。また、中高年にもなると、職場や家庭生活などで何かと煩わされることが多くなり、体力面などの限界も自覚されるようになる。こうした事情から、まとまった時間を研究に充てることがきわめて難しい。

一般の大学院生と同様に、2年間で修士論文を仕上げなければならない。多くの試行錯誤と深い思索が必要なこのプロセスにおいて、研究時間が決定

的に少ないことは大きなハンディキャップである。文献の収集にあたっても、大学の図書館を書斎代わりに使うことが出来ない。

その反面、社会人ならではの強みというか長所も少なくない。第一線現場において種々の生の情報の真只中に身をおき、仕事や交流を通して多様な経験を経ている。そして、それらに裏打ちされた潜在的な問題意識を多様に有する。いわば、豊富な職場体験と問題意識の缶詰、乾電池のようなものといえよう。さまざまな実務体験や交流などを通して得た専門性の深さや直観の鋭さは、大学の研究者など遠く及ばないことも少なくない。

▶ **産業論研究会の独自な方式**

こうした社会人のハンディキャップをカバーし、しかも彼らのプラス面を効率的に引き出す工夫が求められる。産業論研究会を進めるなかで、手探りで編み出した次のような方式は、上記のような課題に応えようとするものである。

研究会のメンバー全員が、それぞれ「自家製」のレジメ（またはメモ）などを持ち寄り、それに基づいて報告・議論するというやり方である。レジメなりメモについては、研究テーマの中間発表や現時点での問題意識のようなもの、読んだ本などの書評やコメントなど、各自が発表できるものであれば自由である。口頭発表でも構わない、もちろん、論文も OK であることは言うまでもない。

この方式のねらいは、次の点にある。

1つは、各人に特有な問題意識の軌跡をフォローし客観化する活動（レジメ化と議論）を通して、試行錯誤をできるだけ少なくし、問題意識を鮮明にしつつ思索を深め、研究を効果的に深めていくことが促される。

2つは、他分野のいろいろな報告に接し議論に参加することにより、社会人特有な「実務領域への視野の狭隘化」という落とし穴に陥らないようにする。

したがって、この方式が持つ長所を発揮するには、毎回、多くの報告が自主的に準備されること、そして効率的な報告と議論がなされることが前提となる。

産業論研究会は、毎回のように熱気でムンムンするなか、数時間にわたって続く。午後一番にはじまり夜の7時ごろになると半ば無理やりに切り上げることも少なくなかった。終わると、それぞれ疲労困憊の表情である。そのなかにも、社会人研究者の熱意とその研究エネルギーのすさまじさを感じ、

勇気づけられるのである。

　この方式を提案した私は、5年間、レジメの提出と報告を励行し1回も欠かすことはなかった。研究会の司会も、ずっとさせていただいた。

　研究会の後、近くのレストランで恩師を囲んでも楽しいひと時も、「働き学ぶ」ノウハウや生き方、研究のあり方などを学び合う場ともなる。

71歳の眼

　社会人研究者を対象とする産業論研究会は、手探りの状態から出発した。共通文献にととまらず、各位が自らの研究資料を持ち寄り報告・議論する方式がメインになる。この方式は、予想を超える盛況と手応えを得ることになり、多くの社会人博士を輩出する。

　名古屋学院大学の博士課程ゼミでも、この方式を引き継ぎ、改良を加え、独自な名古屋方式を編み出していくのである。

▶ 修士課程での学修と研究

　修士課程での2年間がたちまちのうちにすぎていく。1年次に、必要数の単位をできるだけ取っておくことが肝要である。2年次なると、修士論文の作成に専念しなければならなくなるからである。

　したがって、1年次には、単位取得の精を出す。各講義は平日に行われるため、思うように出席できない。講義の集中する曜日に焦点を合わせて、1週間に1日、平日に会社を休んで大学に行くようにはしていた。しかし、これがなかなか励行できない。突然の仕事が舞い込むとか、繁忙期にぶつかるなど、休めなくなることが少なくないからである。生産現場での仕事にアクシデントはつきものといえよう。

　そこで、出席した際には、積極的に発言して印象をよくしておく。あるいは、事情を説明して、便宜を図っていただいた科目もある。こうして、やり繰りして必要な単位数を取得した。しかし、これらの講義は、わが研究にインパクトを与えるまでには至らなかった。

　私の場合、特殊なケースであったかもしれない。それまでの十数年間の「働きつつ学ぶ」研究活動で、自分のフィールドがあり、それをいかに広げ深めるかという具体的な課題をすでに抱えていた。しかも、会社での仕事をこなすことがまず優先され、遠方からの通学であることなどから、自分の研究領域と直接関わらない講義に虚心坦懐に学ぶという精神的・時間的な余裕がな

かったといえる。

　結局、土曜日に開かれるゼミとしての産業論研究会が、実質的にはわが大学院の場となったのである。研究会での自由闊達な議論と恩師の深い指導が、実に多くのヒントや示唆になり、問題意識を掘り起こし刺激する触媒になった。

　大学の図書館（全学の総合図書館、経済学部図書館など）には、これまで入手できなかった文献が、いろいろと眠っていた。しかし、書庫に入ってゆっくり探す時間がなかなか取れない。それでも、2年次になると、修士論文を作成するために、経済学部図書館をよく利用した。知り合いの大学院生に頼んで、関連文献を借り出してもらったことも何回かある。

　修士課程での2年次に入る88年の秋に、NECの90周年記念懸賞論文に応募して入賞し、産業学会で日本的経営論を発表する。そして、秋口から年末にかけて修士論文の作成に取り組む。

　88年秋に会社に提出した「自己申告表」には、その間の事情がリアルに、また率直に描かれている。その中の一部を抜粋する。

　「自己啓発について

　京都大学大学院研究科で2年目に入っており、修士論文や学会論文の作成に力を入れている。いま取り組んでいる鉄鋼産業分析については、引き続き2～3年取り組み、第一級レベルのものに仕上げようと考えている。

　でき得れば1年ほど国内留学して、上記のテーマへのアプローチを速め、まとめあげたい。多角化や技術戦略など神鋼の経営にも必ず参考になると考えるが。

　今年の4月には、NECの懸賞論文に入賞した。忙しくて難しいが、こうした他流試合にも積極的に挑戦したい。」

　「申告者意見欄について、

　この1年、私にとって、休日はなかった。月曜から金曜までは広がっていく会社での仕事に全力投球し。幸いその成果も上がってきている。また帰宅後および土・日曜は、専門研究を深めるために文献・資料を検討するとか、大学院の研究会に毎回提出するレジメや論文の作成するなどに追われている。

　心身ともハードでしんどい極みであるが、研究にようやくメドが立ちはじめ、自らの視野を1つ1つ切り拓いていく醍醐味・充実感が支えになっている。社内では残念ながら取り残された立場におかれ、ともすれば挫けそうになるが、これを逆バネにして、専門分野では日本の第一人者になるべく努力

している。私自身に対する社内評価に負けずに、不惑の40歳を乗り切りたい。」

　上司や人事部などが目を通しチェックする文書において、自己の見解と抱負を臆することなく堂々と披露している。その気概と気迫に、いま学ばねばなるまい。

▶ 修士論文の作成を通して

　修士論文は、その人の研究の原点となり、その骨組みにも深い影響を及ぼすといわれる。その意味でも、きわめて重要である。どこに焦点を絞り、どのようなテーマを設定するか、さらに内容面でもいかにして一定の水準にまで引き上げるかなど、若い研究者の卵が最も苦闘し鍛えられる第一関門になると言われる。

　すでに40代に入っており十数本の論文を発表していた私の場合も、例外ではない。産業論研究会などで何回も報告し、議論を繰り返す。それだけの報告・議論を重ねての論文作成は、これまで経験したことがなかった。

　1988年の暮れも押し迫った12月中旬に、6万字強の修士論文[(22)]が完成する。これまで、鉄鋼業を直接、間接に素材としながら、資源・エネルギー論や技術論・労働論などを個別に展開してきた。しかし、各分野の分析がなかなか系統的に結びつかず、全体を貫く独自な基本視点や理論的なフレームワークを明確にすることが出来ていなかった。この2年間の奮闘によって、それまでの研究に1本の骨組みを入れる道が切り拓かれたといえる。

　88年11月の日誌には、そうした状況が、修士課程2年間の総括をふまえつつリアルに描かれている。

　「この9月から12月にかけては最もハードな時期であったし、また実り多い時期でもあった。

　修士論文の視点を定めるまでには、紆余曲折があった。しかし、その中で日本的経営論や日本型技術論などを整理したことが、日本的カルテル論に結びついていく。修士論文を通して、カルテル論という鉱脈を探り当てることができたのである。そして、このカルテル論と技術論を結びつけて、日本の鉄鋼技術にアプローチする。

　こうしたプロセスを通して、ライフワークに切り込む視点が定まったように思う。まず、日本鉄鋼産業分析をカルテル論の視点からまとめあげ、『日本鉄鋼産業論─日本型鉄鋼カルテルの形成と発展』として処女単著書を1～

２年でまとめ上げたい。」（88.12.25）

　しかし、日本鉄鋼産業論の単著書を２冊にわたって出版することが出来たのは、それから７年以上も後のことである。そこには、研究を体系的にまとめ単著書に仕上げることの難しさが理解できていないという「甘さ」がみられる。また、それだけではない。企業のなかにあって今のような研究条件がいつまで確保できるか分からないし、今しかない！という「切迫感」というか「あせり」が駆り立てた目標であったともいえる。

　いずれにせよ、その後の日本鉄鋼産業分析の基本的な視点が、この修士論文によって切り拓かれたことは確かである。

　「大学院生活の１年目は、これまでの逆風をくいとめ、自らの研究リズムを取り戻すことにあった。２年目には、研究意欲を取り戻し、これまでの自分と職場・産業を客観的に見つめ直す段階にたどり着く。ここに至って、ようやく追い風へと転じる。この追い風を有効に活かし、これまでの体験と思索を科学的研究に昇華させていきたい。」（88.12.25）

71 歳の眼

　修士論文は長らく、今日の博士論文相当あるいはそれ以上の付加価値があったとみられる。博士課程在学中に博士論文を仕上げ、「課程博士」を取得するのは例外的なことであった。大半は、修士論文をもって大学の教員になる。数年〜数十年にわたる大学での研鑽を経て、博士論文を提出し「論文博士」になるのが主流であった。論文博士は、課程博士よりも格上とみなされていたようである。

　90 年代には、大学院大学が広がるなか、課程博士の育成が課題となり、転機が起こる。社会人大学院の広がりも、その傾向を促す。私の場合、1994 年５月に博士（経済学）を授与された。それが、京都大学経済学研究科において論文博士から課程博士へと舵を切るきっかけになったと伺ったことがある。

▶ 博士課程への進学

　1989 年１月 10 日頃になって、恩師との相談で博士課程への編入試験を受けることを決めた。試験は、３週間後の２月２日に迫っている。難関は、外国語（２か国語で、私の場合、英語とドイツ語）である。とくに、ドイツ語は 20 年近いブランクがあり、辞書も教科書も手元にない。そこで、帰りに書店に

立ち寄り、ドイツ語の辞書と教科書を揃える。

　さっそく恩師から、ドイツ語版と英語版をセットにした文献に加えて、それを超特急でマスターするノウハウと激励をしたためた手紙を送っていただいた。

　「どうも大変な速度でドイツ語学習を行われる由、これではシュメルダースでは時間がかかるので、古典的な文献をドイツ語と英語対照でやってみる方が早い、と思います。とりあえず、序文の部分を送りますので次の要領です少しずつ進めてください。

　最初に1日1〜2パラグラフずつ、独文、英文、日本文をパラグラフとして声を出して読み、リズムに乗せつつ対応語を覚えます。

　あわてずに、1つ1つこなすのが重要ですので、リズムと論理とイメージを結合して、ドイツ語の表現方法を身につけていってください。2週間もやれば、イメージが豊かになり、辞書を引けばかなりのものが読めるようになります。」

　このように懇切丁寧で親身のこもったご指導をいただいたのは、恩師にとっても学部長職と精力的研究などが重なり多忙を極める時期であった。最初に、何もモデルのないなかで、社会人研究者を育てていくのは、大変な事業であったに違いない。教師の身になり、初めてわかる感じがする。

　とにかく、1週間でドイツ語の教科書を「仕上げ」る。残りの2週間は、恩師のノウハウに基づき、ドイツ語版、英語版を比較対照しながら読み進めた。第3章が終わらないうちに、試験日を迎える。

　こうした作業と並行して、1月下旬には修士論文の口頭試問を受けている。一方、会社では、ちょうど年間予算編成の真只中にあった。日常業務と重なって1年間のなかでも最も忙しい時期にあたる。夜遅く帰宅してから1〜2時間と、数日間の休日（土・日）が、受験準備に充てることができる全てである。3週間という短期間勝負であったが、高校3年次の大学受験以上のプレッシャーであった。

　2月下旬に、博士過程の合格者が発表される。そのなかに、私の名前があった。私にとって、超難関のハードルを突破したのである。その時の嬉しい感触と抱負が、日誌に綴られている。

　「経済学部の事務所横の大学院掲示板を何回も見直す。確かに、「受験番号1　十名直喜」が合格者として掲示されている。

　これで、ようやく研究の道に本格的に足を踏み入れることになった。新た

な気持ちで、日本鉄鋼産業論の仕上げに向けてスパートしたい。この1〜2年が勝負の時期である。じっくりと取り組める期間はそう長くはないかもしれない。忙しくなったり、他の分野を手がける必要が出てきたりすることも考えられる。いまこそ、腰を据えて取り組みピッチを上げるときである。」(89.2.24)

▶ 田舎道の高級ベンツと高速道路のカローラ

この頃に、各大学から集まった数人の親しい研究者たちと、金沢で研究会を開いたことがある。その懇談の場で、A助教授から次のようなことを聞いた。

「働きつつ学ぶ」場合、いくら資質がよくても、環境が不利なために研究が進みにくい。これは例えば、高級車のベンツが田舎のでこぼこ道を呻吟しながら走るようなものである。一方、専任の大学院生は、個々人の資質がそれほど高くなくても、研究環境が整っている場合は研究が比較的はかどりやすい。ちょうど、カローラが高速道路を走るようなものである。

それに続いて、次のように指摘する。

「十名さんのケースをみていると、大学院のもつ意味、その価値がよくわかる。十名さんの従来の鉄鋼産業分析では、なぜ、それほど固執して研究されるのかがよくわからなかった。経営側の研究とどれほど違うのか、同じようなものではないのかと思ったこともある。しかし、最近は違う。報告を聞くたびに、核心にぐいぐいと迫っていく。その迫力と深さが真に伝わってくる。」(89.3.26)

30代の頃のわが研究の紆余曲折が、図星に指摘されている。核心に迫っていくことができない、そうかといってわがアイデンティティの源泉でもある研究を捨ててしまうわけにもいかない。そうしたもどかしさと苦闘していた。ようやく、そこから脱出して、新たな飛躍期に入ってきているという。その感慨深い指摘が、なぜか頭の片隅に今も鮮明に残っている。

▶ 博士課程での研究活動──研究視角の広がりと深まり

博士課程では、単位取得のために講義に出席する必要がない。自分のリズムで研究に専念できるのである。その意味では、研究テーマを持つ社会人研究者に一番向いているフレキシブルなシステムといえるかもしれない。

私の場合も、博士課程では自分の関心のおもむくままに研究を進めた。修士課程に入学したとき、内地留学をさせてもらえなかった。そのことは、時

間的には苦しかったが、研究の自由という何ものにも替え難いものを与えて
くれたように感じる。企業人としての社会的な節度をふまえつつも、目一杯
自由な視点から企業世界を、産業や仕事のあり方を見つめ直す。そうした精
神的な翼を得たのである。

　当時、折しも日本の社会経済システムに対する内外の関心が高まりつつ
あった。大幅な貿易収支の黒字構造、政官財の癒着、企業不祥事、さらに過
労死などが新聞をにぎわし、企業中心社会の問題が重要な課題としてクロー
ズアップされていく。

　博士課程の３年間は、こうした課題について、これまでの企業体験をふま
えつつ果敢に挑む。企業社会や生産システム、労働のあり方などにメスを入
れた論文を何本か発表する。これらの論文が核になって、その２年後の最初
の単著書に結実するのである。博士課程を修了してからのことではあるが。

　こうしたプロセスは、回り道のように見えた。博士課程において日本鉄鋼
産業論をまとめ上げるという当初の計画も、未達に終わる。しかし、私なり
の独自な視点と分析手法を確立する上では、不可欠なプロセスでもあったよ
うに思える。

　博士課程において、なぜ日本鉄鋼産業論がまとまらなかったのか。それは、
基本的な視点や方法論が不十分であったからに他ならない。日本的なカルテ
ル論だけでは、日本鉄鋼業の全体構造、そのダイナミズムと負の側面などを
えぐり出すことが難しかったからである。

　その意味でも、日本の社会経済システム、とくに企業社会のあり方をめぐ
る３年余の研究が、わが鉄鋼産業研究にとっても、大きな転機になる。日本
鉄鋼産業論における独自な研究手法を切り拓く契機となったからである。

▶　**自分史にトライ**

　体験記というか随筆「「働きつつ学ぶ」経済学研究に魅せられて」が、第
４回ジェック「ま・な・び・す・と大賞」入賞したのは、90年春のことであ
る。[(23)]

　体験記募集の新聞記事を目ざとく見つけた妻が、「このテーマだったら、
あなたも書けるのではないかしら、応募してみては？」と勧めてくれたもの
である。原稿用紙（400字詰め）15枚程度の短いものであったが、鉄鋼メーカー
に入社してからの仕事と研究をめぐる20年間の歩みを振り返り、総括する
貴重な機会となった。

今にして思えば、「自分史」らしきものに初めてトライしたことになる。この体験がなかったならば、今回の「北九州市自分史文学賞」への挑戦など、とても考えられなかったといえる。

この記事の草稿を、恩師にお送りして貴重なサジェッションをいただいた。短い返書の一句一句が、今も胸を熱くする。

「意見は記入しておきました。「恩師」についてはまだ指導中なので、学位授与までは表に出さないでください。それだけのお願いのうえ、あとはよくできていると思いつつ、涙が出ました。」(89年暮れ)

妻からも、「この箇所は、文章が通じにくい。それに。トーンが少し暗いのではないかしら。もう少し明るくしたら」といったコメントをもらっている。校正版を妻に見せると、「ひとりよがりのところが取れて、スッキリしたわ」と言ってくれた。

71 歳の眼

妻の勧めで書いた1990年の随筆が発端となり、1997年の「北九州市自分史文学賞」への投稿につながる。さらに、それが布石(第1部)となって、本書へと発展する。本書はまさに、妻に背中を押してもらった産物といえよう。

7 鉄鋼マン生活のフィナーレ──鉄鋼メーカー退職始末記

7.1 「働きつつ学ぶ」鉄鋼マン生活の醍醐味と無念

博士課程の3年間においては、職場においても、社内外の関係者に、私自身の研究生活や生きがい、抱負などを率直に語れるようになっていた。また、これらの話題を通して、相互の理解も深まり仕事もはかどる、といった好循環もみられるようになる。職種を問わず、サラリーマンの多くが国際摩擦や減量経営、過労死、企業不祥事などを通して、自らの生き方や行く末を意識するようになっていたことも、プラスに働いたようである。

研究に情熱を燃やし、かつ仕事にもそれをプラスに転化させるという「働きつつ学ぶ」ライフスタイルが、ようやく好転し始めたと実感するようになる。帰宅後や休日には、研究にエネルギーを出し切る。しかし不思議にも、職場に行くと、まったく違った環境と発想、人間関係に心身が洗われて、新

たなエネルギーが湧いてくるのである。

　しかし、私の人事処遇に変化は現れなかった。40代に入ると、同期入社の4分の3以上が課長職以上になるなかで、取り残されたまま据え置かれる。製鉄所では、新年になって出勤した初日に、企画職（ホワイトカラー）と現場の職制が大ホールに集合し、社長（録音）および所長の新年の抱負を拝聴することが恒例となっている。そこでは、新しく管理職に昇進したものも紹介される。私にとっては、人間的な試練の場であった。

　その無念さを研究のバネにし、またその成果を仕事にも活かしていく。会社に公言して実践する「働きつつ学ぶ」生き方を通して、仕事と研究が立派に両立することを示すことが、私の意地であり、大義でもあった。わが専門分野において「日本の第1人者になる」という、「自己申告表」でのハッタリのような公言は、まさにそのような状況の中にあって気合と意地で書いたようなものであった。

　博士課程1年目の秋に書いた89年度「自己申告表」において、はっきりと提示している。

　「博士課程の3年間に、私の専門研究を体系化し、単著書に仕上げる計画で取り組んでいる。数年後には、わが専門分野において日本の第1人者になることを目標にしている。

　社内では、残念ながら3流の評価になっている。この無念さをバネにして、将来は必ず日本の第1人者になり、こうした社内評価が必ずしも妥当でないことを証明するつもりである。この1年間で、その第一歩を踏みだすことができた。」

　「社内の人事評価を見ると、個人レベルで何らかの評価が固まってしまうと、その人が一生懸命に自己研鑽や自己変革をしても、さらには業績を出しても、なかなか変わらない。これは、社内の活性化という視点からみても好ましくない。当社においても、もっと公平で大胆な敗者復活の仕組みと風土を導入しないと、経営革新の気風は育たないのではないか。見かけの成績主義とそれへのこだわりだけでは、今後の荒波を乗り越え難いと思われるが、如何であろうか。」

71歳の眼

　「無念さをバネにして、将来は必ず日本の第1人者になり、こうした社内評価が必ずしも妥当でないことを証明する」と大見えを切る。わが41

120

歳の思いを公言したものである。

　それから30年経つが、その公言は果たせているとはいえない。今なお、その途上にあるといえよう。

　抑制の効いた深い思いが、「無念」に込められている。大学教員に転じて2～3年経つと、「怨念」という言葉が浮上する。自由な表現が可能となりし、単著書も出版するなか、「無念」は社会的「怨念」へと転化する。さらに四半世紀を経た今、「無念」という言葉がよりフィットするように感じている。

　「41歳の自分」の思いと約束を果たしえていないのである。「無念」は今や、わが至らなさへの反省と悔しさに満ちた「無念」へと衣替えしているといえよう。

7.2　鉄鋼マン生活の最終年度

▶ 大学への転職が内定

　大学への転職の話が舞い込んできたのは、90年秋のことである。20代後半に鉄鋼産業の共同研究プロジェクトでご教示いただいた置塩信雄・神戸大学教授（当時）から紹介される。「名古屋学院大学経済学部で「技術論および工業経済論」の専任教員を募集しているので応募してはどうか」という電話をいただく。

　さっそく、研究業績や履歴書などを所定の様式にまとめ、名古屋学院大学に郵送する。推薦書は、置塩教授と植田和弘・京都大学教授（当時、助教授）からいただいた。その年の暮れになって、私の採用が委員会で内定した旨、名古屋学院大学（P教授）より連絡を受ける。91年2月には、同経済学部長より招待を受け大阪でP教授とともに出会っている。そして、5月に経済学部教授会で正式に承認され、その後で理事会でも承認されたことを、日誌に書いている。

　しかし、これらの連絡はすべて電話や面談など口頭によるものである。重要な情報はすべて書類で確認していたサラリーマンの習性からすると、不安が残る。また、退職を会社に申し出るにしても、証拠の書類が必要である。そこで、91年8月には大学にお願いして、「内定通知書」を送ってもらった。名古屋学院大学では、「内定通知書」を発行したのは、これが初めてのことであったらしい。

▶ 退職前の心得

　企業生活の最後の1年間は、大学への転職が内定するなかで、それまでの20年間をふりかえり、かみしめる期間となる。心の整理をし、気持ちを切り替えるための猶予期間が1年間も確保できたことは、幸せなことである。

　会社では、転職の件は胸に秘め、淡々と、しかし誠意を込めて仕事にも全力投球していた。そうした私の姿勢が、何らかの形で上司にも感じさせるものがあったのかもしれない。職場での心に残るひとこまが、日誌に綴られている。

　「少し間ができたので自分の机で社内報をみていると、K副所長が近くに来て話しかけてこられた。「大学の方はどうなっているの？」と聞かれるので、「博士課程3年目になり、単著書にまとめているところです」と応える。

　K副所長は、「本当によく頑張っているな」とねぎらってくれた。そして、「君には、これまで本当にすまないことをした」と何回も言ってくれる。周囲の人たちにも、聞こえている。

　私も、「ここまでやって来られたのも、いろいろと温かいご配慮とご協力のおかげです。ありがとうございました。」と答えた。彼は、すまなさそうな表情で、温かく笑っている。」(91.8.12)

　会社に退職を申し出る前に、なすべきことはたくさんある。8月末の日誌には、どのような心構えで対処し、過ごすべきかについて述べており、興味深い。しかし、果たしてこれをどれだけ実践できたかとなると、はなはだ心許ない。

　「会社との良い関係を保ちつつ、徐々に新しい生活へシフトしていく。…

　後任にしっかりと仕事を引き継ぐ。新しい生活への移行準備を、会社のなかでも自然な形で進める。これらを、第3者がみても「なるほど」と思う形と内容でバランスよく行う。これまでお世話になった関係者の方々には、きっちりとお礼を述べておき、今後何か必要な時には依頼したり交流したりできるようにしておく。

　心身のバイオリズムに気をつけて退職の花道につく。会社への公表は、遅きにすぎないようにする。これまで以上に誠意と礼儀をもって、関係者の方々と最後の交流を図る。」(91.8.26)

▶ 「退職願」の提出

　しかし、退職前の数ヵ月、とくに会社に退職を申し出てからは、緊張とス

リルに富む時期となる。

　上司に退職する旨を申し出たのは、91年10月早々のことである。その前に名古屋学院大学から内定通知書を送ってもらい、また10月初めには初めて大学を訪問し来春赴任の挨拶をした翌日のことである。

　直属の上司から、「退職願を出してほしい。君の意向も含めて…」との依頼を受ける。その趣旨を汲んで、次のような「退職願」をK副所長宛に提出する。

「退職願

　私儀、このたび一身上の理由により、年内をメドに退職したく存じます。来年の4月より、名古屋学院大学経済学部の助教授（技術論および工業経済論担当）として赴任することが内定しております。

　この21年案、公私にわたり格別のご厚情・ご指導を賜り、本当にありがとうございました。おかげさまで大過なく仕事を全うでき、また製造現場の技術と労働に深く接することができました。この5年間、業務の傍ら京都大学大学院（経済学研究科修士・博士課程）で学んできましたが、温かいご配慮により、なんとか初志を貫徹でき、来年3月には多くの実りを得て終了する予定です。

　現在、来年を目標に、これまでの研究の集大成を図り単著書に仕上げて、経済学博士号を申請すべく、鋭意努力を傾注しているところです。

　誠に勝手ではありますが、新しい人生のスタートに向けて、講義の準備と単著書の仕上げを進めるべく、事前の2～3ヵ月間をそれに振り向けたく思い、筆を執った次第です。

　なお、21年間という長い期間を製銑部で過ごしたため、関係する社内外の方々も多く、こうした関係も含めた仕事の引継ぎに着手しております。来年初めまでかかることも見込まれますが、小生としては責任を全うする所存です。

　今後、大学において小生が担当する技術論および工業経済論は、比較的新しい分野でもあり、小生なりの鋭意的なアプローチが必要とみられます。これまで製銑部で学んだことを、小生の研究の原点として大切に育み、大輪の花を咲かせたく思っています。今後とも、これまで同様、ご指導・ご厚誼を賜りますよう、よろしくお願い申し上げます。」（1991.10.29）

123

▶ 退職直前の「自己申告表」

　会社に退職を申し出た後、恒例の「自己申告表」を書いて提出している。「すぐに退職するから、書いても仕方ないのでは？」という考えも頭をよぎる。「ここでも、これまでのけじめをつけておくべし！」という心の声に押されて、まとめたものである。

　私の処遇、人事評価をめぐる心の叫びと今後に向けての提言は、果たして上司に、人事に、トップに届いたであろうか。

　なお、後半のところの、「研究著書を1〜2冊出版した後、この20年間、とくに最近の数年間を対象にして、ドキュメンタリー自分史をまとめるつもりである。」の1節は、まさに今書いている。「自分史」を予告したものであり、興味深い。このような熱い思いも、鉄鋼職場を離れて数年間経るなか、心の中での相対化が進み、次第に風化していた。「北九州市自分史文学賞」への応募の呼びかけをみなければ、執筆には至らなかったのではなかろうか。

　とにかく、いろんな思いが込められた最後のわが「自己申告表」である。そこでは、初めて会社と対等な人格として向き合う自己も垣間見える。

　「担当業務について

　原料管理業務は、うまくやってもともと、縁の下の力持ちとされ、いくら主体的・創意的に仕事を仕上げても、その成果が正当に評価されることは稀である。社外からいくら信頼されても、社内でイニシアティブをとって新しい局面を切り開いても、社内でインフォーマルな評価に終わってきた。しかも、私自身のキャリ形成が配慮されなかったために、仕事を進める上でも大きなハンディキャップとなってきた。

　これらは、私のやる気や向上心を大きく減殺してきたことは否めない。しかし、それに負けずに誠意と気力を振り絞って頑張ってきたつもりである。こうしたマイナス環境もプラスに転換していくエネルギーや努力についても、企業として正当に受けとめ評価するシステムがないと、企業風土の活性化にはつながらないのではなかろうか。…

　この20年間、仕事のなかで学んだこと、感じたことを手がかりにして、これまでの経済学研究の取りまとめを行っている。来年度には著書を仕上げ、経済学博士号をそれで取得するつもりである。

　私のように仕事を基本としながら、自らのライフワークを持ち、社会人として大学院にも学ぶというスタイルは、今後、企業人の1つの潮流になると思う。研究著書を1〜2冊出版した後、この21年間、とくに最近の数年間

を対象にして、ドキュメンタリー自分史をまとめるつもりである。できうれば、退職までの3ヵ月を良いイメージで過ごし、神鋼にとってもプラスのイメージになるようにしたいと思う、ご配慮をお願いしたい。」

「申告者自由意見欄について

…この21年間、私にとって企業内生活は無念さを伴うものであった。事務系サラリーマンとしてのキャリア形成の埒外におかれ、精神的にはつらく人間的にもつぶれそうな局面に何回も見舞われた。

しかし、その反面、製造現場の息吹に肌で接し、技術や技能、そしてそれに携わる多くの方々と深く長く交流するという楽しくも有意義な生活を送ることができた。こうした両側面の出会いを、私は経済学研究の対象として捉え、独自の研究スタイルを切り拓いてきた。成果はまだ地中にあるが、これを第一級の成果へと結実させていくつもりである。

最近5年間の「二足のわらじ」生活においては、上司や同僚をはじめ社内外から、インフォーマルではあるが温かい激励や支援を受けることができた。おかげさまで、5年間の初志を貫徹させることができ、研究も陽の目を見るようになってきている。

この間、私のエネルギーは両側面を対象として発揮され、必ずしも仕事に百パーセント投入してきたわけではない。しかし、私のキャパシティを広げていくことによって、限られた時間を全力投入し、多くの創意工夫を織り込み、研究成果の一部を反映させる方向で、仕事に活かしてきた。

こうしたアプローチや努力は、企業にとって先例も少なく異質にみられるせいか、フォーマルな評価には結びつかなかった点は無念である。今後は、これまでの貴重な経験を活かし、より広い視野から研究のスケールアップと人間的成長を図っていきたい。これまで同様、今後ともご厚誼とご支援をお願いしたい。」

▶ アメリカ、カナダの石炭鉱山調査

10月から退職に至る92年1月末までの間は、仕事の引継ぎや関係者との調整、これまでの交流の機会を得た社内外の多くの方々へのあいさつなどに傾注する。多くの知人から、これまで企業生活のなかでつかんだものを研究・教育に税人も生かすようにとの温かい激励をいただく。

上司から、「年内の退職については、少し待ってほしい」と言われる。「製鉄所から本社の人事に、君を課長待遇にして退職になるようにしてほしいと

の要請を出しているので」という事情によるものであった。「「無念さ」を抱えたまま退職になり、自由に発言されてはたまらん！」というのが、上司の胸の内であったと推察される。彼も、何かと大変である。しかし、この件はダメになる。

11月には、急に海外出張が決まり、アメリカ・カナダの石炭鉱山の調査に出かける。長らく石炭の原料管理に携わりながら、石炭の山自体を見たことがなかった。「何かやっておきたいことはあるのか」という上司の問いかけに、「ぜひ一度、海外の石炭鉱山をみておきたい」と訴えている。この私の強い要望に、最後に答えてくれた上司の配慮によるものである。

カナダの石炭鉱山では、200トンを超える大型ダンプカーが動き回る後景に息をのむ。アメリカの石炭鉱山では、地下数百メートルの採掘現場の最前線で女性労働者が男性に伍して働いているのを見て、びっくりする。

帰国後に上司にしたためた走り書きの一文には、アメリカ・カナダの石炭鉱山の状況について、その一端がリアルに描かれている。

「K副所長　殿

米国・カナダの炭鉱調査（11月11〜22日）につきましては、いろいろとご配慮いただきありがとうございました。

おかげさまで、初めて石炭鉱山の鉱層状況や露天掘り、坑内掘りでの採掘状況などを現前でみるという貴重な体験ができ、大いに感銘した次第です。

ただ残念ながら、資源工学などの基礎知識や英語のヒアリング能力が不足していることも重なって、系統的に理解することができませんでした。同行のJ氏にもいろいろ伺いながら、報告書をまとめているところです。遅くなってはと思い、とりあえず全体の印象をご一報いたします。

石炭鉱山については、合計7つの山に行きました。まず、カナダではバルマー、フォーディングの2つで、これらはいずれも露天掘りでした。次の米国では、西南部に近いコロラド州の3山（パウダー・ホーン、ウェスト・エルク、オーチャード・バリー）、そして東南部の2山（ガラシア、ブルー・クリーク）で、これらはいずれも坑内掘りでした。

カナダの2つの山は、いずれも厳しい経営環境に直面しており、コスト競争力をアップするために大型採掘機械の導入などの合理化を推し進めています。

米国西南部の3つの山については、PCI炭（高炉吹込用微粉炭）としてはそれぞれ問題を抱えています。パウダー・ホーンは選炭していますが歩留まり

が低くて競争力に問題があるとみられます。他方、ウェスト・エルク、オーチャード・バリーは選炭設備がないため、コスト競争力はあるものの異物混入の可能性がある、という状況です。…

　次に、米国西南部の2つの山を訪れましたが、原料炭ということもあって理解しにくい点がありました。ガラシアは、過去一度サンプル入荷の実績があるとのことです。高硫黄であるため、高能率でコスト競争力はあるものの、酸性雨に関する規制強化で2000年にはクリアできないという問題を抱えています。

　ブルー・クリークは強粘系で高揮発性地域の採掘であるため、地下に下りれば顔のしわまで真っ黒になる…と脅されましたが、ダストは極めて少なく、Ｊ氏も意外な表情でした。…」」(91.12.6)

▶ 機上のアクシデントに企業生活の重みを痛感

　この海外出張で、体調不良のアクシデントに見舞われた。東京からバンクーバーに飛び立ってから、機内で歯痛（左あご下）を覚える。バンクーバーに着いてから痛みがひどくなり、その夜は時差と歯痛でほとんど眠れない。

　翌朝になると、左下あごが腫れあがっている。朝食も取れない状況で、鉱山調査を続行できるかどうか不安である。バルマー炭鉱に行く道すがら、雑貨店でアスピリン系の歯痛止め薬を買って飲む。炭鉱に着いて挨拶している間に少し歯痛が和らいだので、現地調査を続ける。

　その後、2日ほど不自由しながら食事を通常の1/3程度に抑えて様子を見るも、左下あごの腫れがいっこうにおさまらない。そこで、米国西南部についた翌朝（11月14日）、Ｎ商社の方の紹介で歯医者に行くと、応急処置としてペニシリン系の薬を処方される。それがよく効いて、毎食後に飲んでいるうちに日一日と腫れが引き、3〜4日後にはほぼ元に戻った。こうして、後半の日程に入り、ようやくリズムを回復し、健康のありがたさを痛感する。

　帰国後、近くの歯医者に行くと、1本悪くなっていて、疲れがたまったりすると痛みが出てきやすいとのことであった。10月初めに会社に退職願を申し出て以来、仕事の引継ぎや関係者への事情説明、海外出張の準備や留守時の対策などで、知らず知らずのうちに疲れがたまっていたようである。

　やはり、神鋼での20年余のサラリーマン生活は、きわめて重いものがあった。そこから飛び立とうとすることのインパクトが、心身に応えたようである。

◢ 退職直前の礼状から

　退職前には、社内外の方々に礼状を書いている。退職前の心境や状況などの一端が、そこからも伺える。その一部を紹介する。

　「11月に米国へ出張した際には心のこもったご親切きわまるおもてなしにあずかり、本当にありがとうございました。

　ニューヨークでは「オペラ座の怪人」の鑑賞に酔い、貿易センタービルやエンパイヤステートビルの夜景を満喫し、ピアノバーで楽しいひと時を過ごさせていただくなど、楽しい思い出をつくりことができました。妻や義母にも退職記念の贈り物をティファニーで得ることができ、2人も大変喜んでいます。

　また、コロラド州では、車中で人生観なども交流させていただき、有り難く胸に収めております。…」（M商事のH部長への手紙、91.12.16）

　「このたびはカナダ・米国出張の手配、および現地での貴重なご教示、帰国後の出張報告のとりまとめ、さらには歓送会のお世話など、ご親切な温かいご配慮をいただき、本当にありがとうございました。

　おかげさまで、海外炭鉱の視察という貴重な体験を退職直前に味わうことができました。この経験は、まだ頭のなかでは整理できていませんが、私の鉄鋼原料論、鉄鋼産業論に必ずや大切なインパクトになると感じています。

　また、東京へ出張した際の原料部の方々の温かい歓送会、激励は何よりもうれしく思います。社内では1人とり残される形で歩んでまいりましたが、そうした私への皆様の激励を新しい第2の人生への励みとして活かしていきたく思います。…」（東京本社J主任部員への手紙、91.12.18）

　「昨年末には、小生の新しい門出に向けての身に余る激励と結構な餞別をいただき、本当にありがとうございました。1月末付けの退職が決まり、1日を残すところとなりました。この20年余、実に興味深いドラマを味わった感慨と余韻に浸っております。

　この間、公私にわたり多大なご支援・ご厚誼にあずかり、感謝でいっぱいです、退職を直前に控え、せめて感謝の気持ちをお伝えいたしたく、筆をとりました」（Y社I社長への手紙、92.1.30）。

◢ 退職の句

　退職も押し詰まった12月から92年1月にかけては、社内外の多くの方々から送別会をもっていただいた。酒量に自信のない身ではあるが、有り難く

出席させていただき、これまでの交流や今後の生き方などについて語り合うことができた。送別会は20回を超え、遠方からわざわざお越しいただくなど、人間冥利に尽きるものを感じる。

これまで、ローテーションや昇進からも外され、事務系スタッフとしてはいわば「僻地」におかれて、取り残された寂しさと無念さを味わうことも少なくなかったが、それをはね返す手応えを感じることができた。異端の処遇と体験をバネとし糧としつつ、むしろ、そうした中で自らの生き方と研究のアイデンティティを見出し深めることができたのである。

「製銑の　熱き技術に　交わりて　わが研究は　燃えて悔いなし」

「原料と　ともに歩みし　二十年　宝と思い　のちに活かさん」

この2つの句は、私が21年間にわたって所属しお世話になった製銑部門の送別会の席上で、あいさつの折に詠んだものである。今後とも、この原点を大切にしつつ、企業生活でつかんだ豊かな研究鉱脈を掘り起こしていきたい。

71歳の眼

神鋼退職直前の交流や手紙のところを読むと、30年近い時空を超えて感無量の思いがこみ上げてくるのを禁じ得ない。凡才なりに精一杯取り組み誠意を尽くしてきた若き自分をねぎらってやりたいと思う。それも、多くの方々の支援や配慮があってこそできたことである。当時の関係者に心よりお礼申し上げたい。

「71歳の自分」は、「40歳前後の自分」に恥じない生き方をしているといえるのか。この問いは、深く重いものがある。本書は、その問いと向き合うなかで紡がれたものといえる。

ふり返れば、20年以上過ごしての退職を2回経験したことになる。1回目は43歳での会社退職、2回目は70歳での大学定年退職である。いずれも、退職前の1年間は何かと大変である。直前の数か月間は、それがピークに達する。

会社退職は、「自己都合退職」とはいえ、上司への申し出、退職願の提出、海外出張、送別会などが続き、想定以上に大変だった。

大学定年退職は、最終講義、研究室退去、マンション引っ越し、送別会、さらに退職直前の単著書出版が重なり、心身の限界を超えるほどハードであった。

いずれにおいても、それまでの仕事や人生の総括いわば棚卸しを行う。それぞれ、実に意義深い儀式となりプロセスとなった。

8 　新天地に生きる──研究ロマンの実現に取り組む

8.1　2つの世界（製鉄所と大学）を比較

▶ 新しい生活サイクルのスタート

大学に転じると、鉄鋼マンの頃とはずいぶんと違う生活環境・生活サイクルに身をおくことになった。

「月曜日に自宅を出て瀬戸（愛知県）に向かう。3時間半の車中・通勤時間が、家庭生活の賑やかさから単身赴任の大学生活へのスイッチ空間となる。

1人住まいのマンションには、テレビ、ラジオ、新聞もない。その日の夕方には、その週の食料買いに、近くのスーパーに出かける。こうして、数日間の1人住まいが始まる。夕食は、近くの食堂でとる。数か所の食堂を、その日の気分で選ぶ。

朝は、6時前に起床し、朝食をマンションで済ませ、7時のバスで大学に行く。20分ほどで研究室に着くと、軽装に着替えて近くの山間を半時間ほど散歩する。新緑が目に映え、小鳥の鳴き声が心地よい。研究室に戻ると、1時間半ほど講義の準備や研究に専念する。この一時が貴重で、面白いアイデアが浮かぶことも少なくない。

こうして、瞬く間に木曜日の夕方になる。スクールバスに乗り込み、自宅に向かう。夜の9時前に自宅にたどり着くと、いつも末っ子の次男（小学4年）が玄関に出迎えてくれる。ホッとするや、今度は賑やかな家庭生活が飛び込んでくる。

3人の子どもたちが、塾の宿題や作文やらで、手ぐすね引いて待っているようである。何やら話すこともあるらしい。彼らが書斎にやってきて、何かとやかましい。が、これもバックグラウンド・ミュージックのつもりで、1週間分の溜まった新聞（2紙）に目を通し、その夜のうちに切り抜きをしてしまう。」(92.6.1)

5年も経つと、こうした光景もずいぶん変化する。子どもたちも大きくなり、「もう帰ってきたの」なんて顔をしている。大学でも、講義と研究だけに専念するわけにもいかなくなる。また、マンションでの単身生活は、心の

沈潜には格好の場でもあるといえる。大学に転じた頃は、こうした単身生活がたまらなく淋しく、人恋しく感じる時期もあった。しかし、いろいろと思索する大切な機会として受けとめるようになる。これまでの研究の遅れ、空隙を埋めよう、取り戻そうといった欲求もある。

▶ イメージの世界で鉄鋼マン生活を生き直す

大学に転じて、5年余が経過した。形の上では鉄鋼マンの生活に、働きつつ学ぶ生活に、一応の終止符を打つ。

しかし、研究面ではその延長線上にあり、社会的に形あるものとして仕上げていく時期でもあった。いわば、心の中で、20年余の製鉄所での労働と交流をふり返りながら、研究成果として甦らせていくという知的作業に傾注する。イメージのなかで、資料との格闘のなかで、「働きつつ学ぶ」生活をもう一度、生き直している。

大学への転職が決まった後で、大学のある知人から、「十名さんの「働きつつ学ぶ」活動の終わり、挫折ですね」と言われたことがある。半ば冗談が入っていたかもしれない。むしろ、研究のなかで、イメージのなかで、生き直す活動が拓けているのである。それは挫折ではあるまい。私なりの知的な昇華、そして新天地への旅立ちと受けとめたい。

「働きつつ学ぶ」研究活動を通しての種々の体験、試行錯誤は、そうした体〔験をしなかったならば、おそらく味わうことのできなかったであろうことも少なくない。それを何らかの形あるものに残したい。そうした切ない思いが、私の研究を推進する内的なエネルギーにもなってきたようである。

自らの内なる声に耳を傾ける。深い内部の心と対話しながら、深層に沈殿していたいろいろなことを表層に引き出し、まとめていく。ぼんやりとした歴史の彼方、薄暮の世界を凝視する。やっと、そうした作業ができる地点にたどり着く。

そうした生き様やノウハウのなかには、多くのサラリーマンの琴線に触れるものも少なくないのではなかろうか。彼らのなかに、そうした種が伝播し、それぞれの個性でもって、新しい芽を出し伸びていく。こうして、幾度も生き直すことができるのかもしれない。

▶ 鉄鋼マン時代の夢を見る

退職してからも、会社生活の夢をときどき見る。しかし、うなされるよう

な夢はほとんどない。少しほろ苦い夢を見ているときも、どこか冷めた目があるのである。不思議なことに、どんな場面にも、どこか最後の1年間に反芻した余韻が漂っているように感じられる。

　これは、おそらく会社生活の最後の1年間に、精神的な面での整理、切り替えができたからではなかろうか。大学への転職が決まるも、それを胸のなかに収めて、1年間をかみしめつつ過ごした。心にゆとりをもって、仕事には傾注しながらも、自らの会社生活を反芻しつつ、心の清算をしていく。「働きつつ学ぶ」研究活動とは、自分にとって一体何であったのかを思いやる。そうした1年間のクッションがあったからこそ、深層の澱みをある程度掬い得たのであろう。これは、また新天地における展開の貴重な機会になったと思う。

▶ 製鉄所の生活と給料、退職金

　製鉄所の朝は早い。連続操業の各工場では、夜も交代勤務者（夜勤）仕事に就いており、早朝にバトンタッチする。

　8時ごろまでには、常駐のスタッフ、現場作業者が出勤してくる。各工場では毎朝、操業懐疑が8時30分ごろから開かれ、前日の操業実績や当日の操業方針について確認する。工場の技術スタッフは、事前に工場を巡回し、前日の操業日報や設備状況などをチェックしておかねばならない。そのため、30分ほど前には工場に足を運ぶ。

　こうして、その日の労働がスタートする。トラブルなどが起きると、夜中になっても帰宅できない。操業や保守の担当者は、夜中に電話でたたき起こされ、呼び出しを受けることもある。「夜中に電話が鳴るとドキッとする」という技術スタッフも少なくない。

　ある高炉の工場長から次のような話を聞き、印象に残っている。彼は、熱風炉のレンガ状態が気にかかっていた。「ある夜、熱風炉のレンガが落ち、ヘルメットにあたる夢を見た。翌朝、出勤すると熱風炉のレンガが落ちていた」とのことである。

　しかし、技術者や作業者の賃金は低い。近年の地盤沈下は、目を覆うばかりで、各産業のなかでも低位に張りついている。「銀行や証券に勤め始めて2年前後の娘に、ボーナスで逆転された」といった嘆きをよく耳にした。

　鉄鋼労働者の生活は、20年前と比べて、かなりきつくなっている。80年代後半になると、スタッフ職場でも共稼ぎが増えていく。

わが家の場合も、小学校教員の妻と比べると、結婚当初は賃金に倍近く開きがあったのが、退職の前ごろにはほとんど違いもなくなっていた。「子どもの扶養手当などを付けると逆転するんじゃないかしら」と彼女に言われても、うなずくしかない。

わが退職金は、腹積もりの半分にも満たなかった。基本給の 21 ヵ月強で 417 万しかない。基本給は、賃金の 4 割にも満たないからである。退職金明細書をみるまでは、信じられなかった。その 2 年後に、20 年間務めた妻が退職する。彼女の退職金は、私の 5 割増であった。

▶ 評価システムと土壌の違い

大学の教職員の賃金は、資格別年齢給である、1 枚の賃金テーブル表さえあれば、誰がいくらもらっているか、ほとんど一目瞭然である。

一方、鉄鋼メーカーの賃金は、仕組みが複雑に入り組んでおり、自分の賃金を自分で計算できない。恥ずかしながら、私も計算できなかった。この分野は、まったくの素人ではなく、少なくない関心を払い、労働部の発行する「労働ニュース」や組合関係の資料にも極力目を通してきたつもりである。それでも、靄に包まれた感じである。

また、いわゆる能力評価の比率が年を追うごとに高まる傾向がある。能力評価には、実績評価だけでなく、態度、意欲、協調性など人格や人物に関わる情意評価が絡んでいる。能力評価が、人間評価と深くかかわっている。

こうした土壌のなかでは、賃金やボーナスはお互いの秘部のように見えてくる。職場のなかでフランクに見せ合うことができなくなる。気前よく見せ合っても、気まずくなる恐れが少なくない。給料が良いと「これ見よがし」と思われるかもしれない。悪い場合には、人格まで低く見られているようで、人前に恥をさらすような感じになりかねない。

入社した頃は、「残業代がこんなんや」と言って気軽に見せてくれる先輩などもいた。80 年代には、そうした雰囲気はなくなる。賃金表やボーナス表を 1 人でそっと眺めては、しかめっ面をしたり表情を緩めたりする光景がよくみられた。

神戸製鋼には、多面観察評価という一風変わった制度があった。簡単に言えば、当人の仕事や人なりを知っていれば、かなり広い階層にわたって誰もが評価できる仕組みである。上司による評価を基本にしながら、多面観察評価を参考にする。その匙加減は、時と人によりフレキシブルであったようで

ある。

　いずれにせよ、上司から、他の部門の管理職やスタッフから、そして人事部から、自分の仕事と人となりが評価され、査定される。それが、自己の生活に大きな影響を及ぼす。こうした枠組みの中で、自らの労働とスタイルを追求するしかなかったのが、鉄鋼マンとしての21年間であった。

　大学の世界にきて感じるのは、上記のような形で査定されるということがほとんどなくなったことである。もちろん、研究のレベルや進捗などについての、専門分野をめぐる研究者相互の評価やチェックには、エンドレスな厳しい面がある。しかし、昇進や賃金には、ほとんどつながってはいない。その意味では、きわめて自由であり、個人の裁量に委ねられている。こういう世界があるとは！との驚きが大きく、なかなか実感としてつかめなかった。

　研究というものは、その深さと広がりには無限のものがある。やっとの思いで、ある点にたどり着くと、より広い未知の領域が横たわっているのを知る。その大海原に面して、自分はいったい何ができるのかと戸惑うことも少なくない。

　日々、そうした研究のこと、論文の作成、学会や研究会での発表、明日の講義をどうするかなどに、乏しい知恵を絞り、想いをめぐらす。また、そうした自分を時折ふり返る、もう1人の自分の視線がある。

　それまでは、原料の在庫切れや品質、各種トラブル、天候異変などが、いつも頭から離れなかった。そのうえ、上司や周囲の視線と評価に気を回し、いろいろと思い悩む。そうしたことにエネルギーを集中せざるを得なかった鉄鋼マンの21年間と比べて、頭や気の使い方がずいぶん違うなと思う。

　20代半ばから30代半ばにかけて、研究に集中できていたらな！と思うことがある。しかし、引き返すことはできない。むしろ、生産現場のなかで培った感性や体験を精一杯活かし、自分にしかできない研究の世界を切り拓いてゆくことである。

▶ 鉄鋼マン時代の夏の過ごし方

　鉄鋼マン時代の夏休みと言えば、数日以内、それも分割でとるのが通常のパターンであった。8月のお盆の頃に、土日の前か後に休日を1日入れて、一斉の3連休がある。また、それ以外に、室・係内でスケジュール表を回覧して各自が予定を書き込み、調整のうえ1〜2日有給休暇を取るのである。

　私の場合は、後者の有給休暇の時に、淡路や六甲など近隣にある会社の保

養所に家族旅行に出かける。これが、わが家の夏の風物詩の１つであった。

　会社の方は、７月の上旬から８月の中旬にかけての１ヵ月強、下期の予算編成のシーズンを迎える。通常の仕事に加えての予算編成の作業は、ちょうど暑くなる頃と重なり、毎年バテ気味になる。８月10日頃には、製鉄所長のヒアリングがあり、それをクリアするとめでたく盆休みを迎えるのである。そして、盆休みや家族旅行で一息入れる。

　鉄鋼マン時代の夏は、暑さと予算編成などで夏バテ気味になり、盆休みや家族旅行もあって、肝心の研究の方はあまり進まないのが常であった。

　それでも、夏になると心が安らぐことがあった。７月下旬から子どもたちと一緒に妻も夏休みに入る。共稼ぎで気忙しい生活のペースが、これでぐっと落ち着きを取り戻すのである。妻の表情も柔和になる。これで、私も夏休みに入ったようなホッとした気分になる。

▶ 夏休みの今昔

　大学に転じての大きな変化の１つに、夏休みがある。私立大学の場合、７月の下旬から約２か月間の夏休みがある。最初は、これに少々とまどう。

　鉄鋼マン時代は、夏になると研究活動だけが夏休み（休眠状態）に入る。予算編成や厚さなどで夏バテ気味になり、そちらのほうだけで精一杯なのである。

　ところが、大学教員になると、これまでのスタイルは通用しない。スタンスを百八十度転換する必要が出てきたのである。夏休みこそ、貴重な研究期間となる。この時期に、研究を掘り下げ、種を蒔いておかないと、実りは期待できなくなる。まとまった研究を進めるには、この時期が勝負になるのである。

　私も６回目を数える夏休みは、ほとんど単著書の構想・執筆に充てられている。子どもたちが暑くてごろごろしているときに、どれだけ自分のリズムで気張ることができるかにかかっている。

▶ 鉄鋼マン時代の年末年始

　「鉄鋼マン時代の年末は、いつも何かと慌ただしかった。いろいろと忘年会がある。また、会社の仕事では、年末年始の一斉休暇のために、突発時などへの各種の対策を講じておかねばならない。その前後を含めた旬間計画、各種トラブル時への基本的な対応策を、関連部署に渡しておくのである。

最後の出勤日の午後は、全員で職場の大掃除をする。それが終わると、1時間ほど、室・係単位でテーブルを囲み、お菓子などをつまみながら、談笑の場をもつ。また、取引先からもらったカレンダーや手帳などを1カ所にまとめておき、それぞれ好みに応じて何点か選んで家に持ち帰る。

　こうした一連の行事を終えて、年末の休みを迎えると、29日頃になる。

　さて、家庭では、大掃除と年賀状書きが待っている。私にとって、大掃除のなかでも一番手がかかるのが、書斎の整理である。丸1日はかかってしまう。書斎の掃除を、最初の日にやってしまうこともあれば、大掃除の最後の大みそかに取り掛かる年もある。後者の場合は、大みそかの深夜までかかることも少なくない。

　年賀状書きは、大掃除の合間を縫って、夜などにかかりきりになる。12月30日に郵便局に出せれば上出来で、年によっては大みそかの午後に出すことも少なくない。こうして2〜3日の休暇は瞬く間に過ぎ去り、正月を迎える。

　年始の3〜4日間の休暇は、実家に帰省したり親戚をお迎えしたりなどで、すぐに過ぎ去る。1日には、新聞を3〜4紙買って目を通すのが恒例であった。また、出し忘れた年賀状への返信を書く。実家に帰ると、亡父や弟と囲碁を指し、自宅では家族や親戚と麻雀をするのが定例であった。」

　鉄鋼マン時代の年末年始の休暇は、このようにして、毎年あっという間に過ぎてしまうのである。

　正月明けに初出勤すると、恒例の「所長あいさつ」ということで、管理職、スタッフ、現場職制が一堂に集められる。1回では人数が多すぎるので、本事務所部門と各工場部門に分けて、2度開かれる。まず、「社長の年頭あいさつ」の代読（または録音テープ放送）を拝聴する。それをふまえての「所長あいさつ」（年頭方針）があり、最後に新任および入転出の管理職の紹介がなされる。30代後半から40代前半にかけてのサラリーマン生活最後の数年間は、この年頭の催しは気を重くするものでもあった。管理職になれずに取り残されていることを再確認するセレモニーでもあったからである。

　とはいえ、新年ということで気持ちも新たに仕事に取り掛かる。」
（1994.12.27）

▶　**年末年始の過ごし方に変化**

　「さて、大学に転じると、年末年始のパターンはがらりと一変する。12月

23日頃から1月7日頃まで休暇となる。まず、休暇期間は実質2倍以上になる。年末の忘年会といっても少ないし、カラオケに出かけることなどはほとんどない。鉄鋼マン時代とは打って変わっての静かな年末年始を迎える。

　早めに休暇に入るために、年賀状書きが少し早くなる。家の大掃除も早めに進めことができる。年末年始に、仕残した研究を手がけることも可能になった。

　正月明けの大学では、鉄鋼マン時代のような「年頭あいさつ」の集いはない。静かに、新年が始まる。鉄鋼マン時代に多かったカレンダーや手帳、それに取引先からのお歳暮なども、パタリとなくなる。いまは、出版社からいただく手帳が、使いやすく重宝である。いろんな意味で静かになる。これを淋しいとみるか、静かですっきりしているとみるかは、その人の感性如何であろう。

　私にとって、40代半ばにさしかかる頃から、こうした静かな生活スタイルになって良かったと思う。自分と向き合い、自分を取り戻せる機会が増えた。これをどう活かすかが問われている。」(1994.12.27)

8.2　研究ロマンの実現に取り組む

▶　最初の単著書出版

　鉄鋼の生産現場で考えたり感じたりしたこと、学んだことを理論化し、何とか形あるものにまとめたい。この思いは、年月とともに高まり切実さを増していく。しかし、鉄鋼マン時代には、この長年のロマンは実現しなかった。

　それが、大学に転じて1年後に、最初の単著書として陽の目を見ることになった。⁽²⁴⁾もっとも、その大半は博士課程の3年間にまとめたものである。

　同書では、「日本型フレキシビリティ」という新しい概念を提起し、日本企業社会と生産システムの体系的かつ立体的な解明を企図したものである。これは、企業体験の中からつかみ出したものである。いわば、キャリア形成の壁と研究の壁との長年にわたる格闘を通してつかみ出した視点であった。

　これによって、日本の企業社会や高密度労働システムがはらむ表裏の構造、すなわちダイナミズムと負の構造を、重層的かつ構造的にえぐり出し、変革課題を浮かび上がらせようとした。

　しかし、今にして思えば、わが研究の未熟さにより、その意図は道半ばにとどまったといわざるを得ない。

最初の著書ということもあって、200人以上の方に寄贈させていただいた。3桁に近い方から、温かいお手紙をいただき感激する。その中には、鉄鋼メーカーや商社などの第一線で奮闘されている管理職や技術者などからの手紙も少なからず含まれていた。

　また、拙著の出版が契機となって、神戸新聞と朝日新聞より初めてインタビューを受ける。インタビューは、いずれも1時間半に及んだ。それぞれ、写真入りの記事が、「二足のわらじの成果出版—企業社会の論理分析」（神戸新聞）、「知的に生きる会社人を応援」（朝日新聞）のタイトルで掲載された。これは、本当に有難くうれしいハプニングであった。企業生活の中で培ってきたいろいろな思いや研究のメッセージを、このような形で古巣の神戸製鋼所関係者に送ることができたからである。

　また学会誌や経済・労働紙などで数本の書評をいただく。その他の形での論評もいただくなかで、わが研究の至らなさと厳しさを肌で実感する。

▶ 博士（経済学）の取得

　1994年5月23日(月)に、京大会館で博士号の授与式とレセプションがあった。妻と一緒に出掛け、思い出深い1日となる。

　当日は、同伴の出席が意外と多かった。夫婦連れだけでなく、親子連れも見かける。レセプションの後、近くの印刷所でA2サイズの学位書をA4サイズに縮小コピーする。名古屋学院大学に提出するためである。

　その後で、銀閣寺に参り、哲学の道を南下し、途中でタクシーを拾って清水寺に参拝する。

　博士号の取得は、単著書の出版と並んで、かねてからの目標であり願いでもあった。それがようやく実現する。しかし、「これからが本番なのだ」という思いが強い。しっかりした鉄鋼産業論にまとめあげ、鉄鋼職場から「心の退職」をしなくてはなるまい。(1994年6月1日の日誌より)

▶ わが日本鉄鋼産業論の実現に挑む

　日本鉄鋼産業論を形あるものにするには、初めての単著書を出版してからさらに3年を要した。この間に、どのような視点から日本鉄鋼産業論をまとめ上げるべきか、キー概念は何か、さらにはどのように体系化するかなど、試行錯誤を繰り返している。

　何とか、基本視点が定まり、さあこれからという時期に、阪神大震災が起

こる。そのショックで単著書の仕上げにも不安を感じていた。そこで、95年5月より再び日誌を付け始める。日本鉄鋼産業論をまとめるべく、もう後には引けない。そこで、長年のロマンの実現に向けて、その研究と心理のプロセスをフォローして行こう。それを弾みにして、エネルギーを全開させよう。そういう狙いからであった。

1996年に、ようやく2冊の単著書になって結実する。両書は、総論編と各論編、いわば姉妹編の関係にあるといえる。[(25)]

21年間の企業体験、とくに生産現場での交流や見聞、そこでつかんだもの、また「働きつつ学ぶ」研究活動を通して得た様々な知見やノウハウ、さらにわが深層心理の襞のなかになお息づいているもの、そうしたものを手がかりにし、総動員してまとめたのが、両著書である。

いろいろと思いは尽きない。しかし、それを単著書として形あるものにまとめてみると、反省と注文がつぎつぎと浮かんでくる。それでも、この2冊が、この20数年の思いを凝縮したものなのだと自らに納得させようとする。

次の小文は、経済社会学会の「ニューズレター」最新号に掲載されたものである。著書についての思いを、限られた字数のなかで、自由に語りなさいという。97年6月末に急きょまとめたものである。言い足りないことも少なくないが、ちょうどそれぐらいがよいのではと思い、転載させていただく。

▶ 2冊の単著書（日本鉄鋼産業論）出版への思いと書評

「昨年の春と秋に、日本鉄鋼産業論として2冊の単著書を出版することができた…。

両書は、神戸製鋼所の加古川製鉄所における21年間の仕事と交流、そこでの自らの体験と思索をベースにして、日本鉄鋼産業研究における重厚な研究蓄積と切り結びながら、システム的アプローチという新しい視点、研究手法でもってまとめたものである。

両書を出版して、早くも半年〜1年余が過ぎた。自らの研究の未熟さや問題点、いわば「アラ」が目に付くなど落ち込んでいるというのがこの頃の心境である。しかし、その一方で、多くの方からお手紙をいただき、ご教示とともに叱咤激励を賜っている。とくに、面識の無かった読者（といっても鉄鋼や研究に造詣が深い方）の幾人かから、心を込めたお手紙などをいただき、新しい交流のきっかけにもなっている。

また、これまでに8本の書評・新刊紹介をいただいている。

「日本の社会経済システムの見直しが課題となっている折、その文脈の中で日本鉄鋼産業を浮き彫りにして…体験から分析の光をあった力作」（鉄鋼新聞）、「久々に刊行された本格的な鉄鋼産業論」（阿部健）、「独自の概念・視点を打ち出した本格的な日本鉄鋼産業論」（井上義祐）、「両書の意義は、何よりも、日本鉄鋼業の全体像を提示したことにある」（川端望）、「鉄鋼産業独自の複雑な諸問題がわかりやすく叙述されている」（松崎義）等の評価とともに、多くの批判もみられる。

「現代日本産業研究の新たなステージを切り拓こうとしたのである。それゆえにこそ、両書には論議を呼び起こす論点も多々含まれている」（川端）、「労務管理とくに資格・賃金制度と技能の評価に関わる人事考課、さらには労働運動との関連が必ずしも明らかではない」（吉崎）、「生産システムの変化をどのように区分してその画期を捉えようとしているのか」（松崎）など。評者は、いずれも現場への造詣が深く、また日本鉄鋼産業研究における重鎮ならびに気鋭の方々である。それらの批評には、両書が果しえなかった問題点や論点が鋭く提起されている。これらの論点には応えていきたく思っている。」（経済社会学会『ニューズレター』第 22 号、1997 年 7 月）

▶ 鉄鋼業界への熱い思いと残念な出来事

わが非力を顧みず、日本鉄鋼産業論を何とかまとめようとした背景には、鉄鋼産業と関係者への熱い思いがあった。危機にあえぐ日本鉄鋼業に、そして苦闘されている鉄鋼関係者の方々に、少しでもお役に立ちたいとの思いを込めている。総論編の「あとがき」にしたためた次のような記述に、そうした思いを託している。

「日夜奮闘され、悩みの尽きることのない鉄鋼関係者の人たちに思いをいたし、また、これまでの現場体験を大切な財産として活かしながら、より手応えのある鉄鋼産業論をつくり上げたく思う。

本書が別著（各論篇）とともに、多くの関係者の目に留まること、そして何らかの示唆と励ましとなることを心から願う。本書を契機に多くの鉄鋼関係者の方々とのネットワークが広がることを望んでいる。」

そういう意味でも、『日本型鉄鋼システム』が出版後すぐに、日本鉄鋼連盟の機関誌（月刊）に「新刊紹介」が決まったことは、望外の喜びがあった。鉄鋼業界のタブーにも思い切ってメスを入れた研究書が、受け入れられるというのである。

　ところが、2週間後には掲載中止の連絡を受ける。何と、わが古巣の神戸製鋼所からのクレームによるという。20数年前に執筆した鉄鋼資源論文の余波が、今日にまで及んでいることを知る。これは、私にとって、大きな衝撃であった。その悲しみをじっとこらえて、数か月後に出版の予定されている各論編の最後の仕上げに傾注する。

　そして数か月後に、次のような手紙を添えて新しく出版された拙著『鉄鋼生産システム』を神戸製鋼所社長に送った。書くべきか書かざるべきか、出そうか出さないでおこうかと、思案の末の行動である。手紙を出した後も、やはり出さない方が良かったのでは？　これではあの20代の「若気の至り」と変わらないではないか、などと気を揉む。

　しかし、研究者として、また社会的に自立した人格として、率直に問いかけていくことは、大切なことではないかと思い直している。

　「ご多忙のなか、初めてお手紙を差し上げ恐縮に存じます。…

　このたび、これまでのささやかな研究の1つのまとめとして、『鉄鋼生産システム—資源、技術、技能の日本型諸相』を出版しました。製鉄所の生産現場にスポットをあて、原料、技術、技能などを通して、歴史的・今日的な問題を考えたものです。○○社長も、入社された当時は、神戸製鋼所の原料部門で仕事をされていたとのことをうかがっています。拙著についてもご理解をいただけるかもしれないと思い、あえてお送りする次第です。

　神鋼を離れて数年が過ぎましたが、鉄鋼の生産職場や仲間の皆様には、いまなお「熱い思い」があります。それらを思い浮かべつつ、また肝に銘じながら本にまとめてまいりました。

　ところで、御社との関わりで、いま心を痛めていることがございます。本書に先立って、今年の4月上旬に『日本型鉄鋼システム—危機のメカニズムと変革の視座』（同文舘）を出版いたしました。出版直後に、日本鉄鋼連盟より『鉄鋼界』に前著の「新刊紹介」を掲載したい旨連絡をいただいています。そこで、大学の先生に依頼しましたが、4月下旬になって日本鉄鋼連盟より掲載中止の連絡がありました。出版社から問い合わせたところでは、御社の編集委員からクレームが出されて掲載中止になったとの趣旨をうかがっています。…

　これまでの研究と思いを込めた著書は、研究者にとって、わが分身といえます。御社を巣立ち、研究者として社会的な自立を目指し精一杯努力しているときに、その社会的生命の発露の機会が、このような形で損なわれるとは

思いもしませんでした。

　それ以上に、悲しくさびしい思いがいたします。神鋼を離れても、神鋼への思いは募りこそすれ、忘れたことはございません。わが仕事と研究の故郷、心の故郷と思っています。その拠り所からのこのような反応に、深い衝撃を受けております。4月下旬の頃は、ちょうど9月出版の本書の仕上げの最中でした。その衝撃に耐え無念さをバネにして、本書をまとめ上げました。こうした思いは、誰よりも神鋼を愛され、人間的にも深く温かな○○社長なら、ご理解いただけるのではないかと思います。

　私自身、神鋼の21年間は処遇の問題などいろいろと人に言えないこともありました。むしろ、そうした体験も、仕事や交流とともに、わが研究の大切な糧となっているように思います。そして、それらを楽しく明るいロマンに変え、活かしながら、御社へもご恩返しをしたく願っています。

　上記のような御社の対応について、社長もご承知のことなのかどうか、少し疑問に感じています。御社の、○○社長の真意をお知らせいただき、また善処していただければ幸いです。」

71歳の眼

　意を決して出した神戸製鋼所社長への手紙であったが、返信は何もなかった。1997年当時、阪神大震災での深刻なダメージからの回復を図るべく全社を挙げて格闘していたころである。些細な手紙に振り向く余裕などなかったのであろう。

　95年の阪神大震災を機に、神戸製鋼所は拡大路線の見直しを余儀なくされ選択と集中を進める。そうした中で発覚したのが99年の総会屋への利益供与事件で、亀高素吉相談役が引責辞任を余儀なくされる。それを機に、企業不祥事が繰り返され、2017年の品質不祥事へとつながっていく。1970年代から80年代にかけて私も関わる原料部門の長が、80年代後半から90年代には経営トップを担い、企業不祥事の責任を問われることになる。70～80年代のわが処遇との不思議なつながりを感じざるを得ない。

8.3　働き学ぶロマンを形にすることの意味とノウハウ

▶ ロマンを形にすることの意味

鉄の生産現場で育まれてきた研究ロマンが、ささやかながら形あるものと

142

して社会に出る。そこから、また新たなドラマが始まるのであろう。今年の元旦に、そうしたことの意味について思いをめぐらし、日誌に次のように書きしたためている。

「自分がやってきた研究というものについて、冷静かつ客観的に突き放して見ることができるのは、本にして初めて出来ることかもしれない。

個々の論文だけでは、まだその全体像を突き放してつかめない。自分の内部のさまざまな思いと個々の論文が絡み合っていて、第3者の眼で眺めることができないのではなかろうか。

出版してみて初めて、自分のやってきたことの意味、限界、特色などが、否応なく自らに迫ってくる。また、他方では、心の踏ん張り、整理がつく。反省や種々の思いに駆られながらも、一応のメリハリをつけることができる。そこから、次のステップへの新しい旅立ちが始まる。

単著書の出版は、また、自分の内部にある子供を生み出すようなものかもしれない。その本が独り歩きし、独り立ちしていく。その「こども」を見て、わが姿を鏡に映すように見つめ直すこともできる。

自分の家を建てるようなものかもしれない。恥ずかしいが、力量不足ながら、とにかく自らの構想とエネルギーでもって設計しつくり上げる。出版によって、自らを社会の眼にさらし、またそのことによって自らも鍛えられる。そのような関係にあるものといえよう。」（97年1月1日）

▶ 「働きつつ学ぶ」活動のノウハウ

職場のなかで、仕事を通して、人は実に多くのことを体験し、感じ考える機会にぶつかる。いろいろな制約をはらみながらも、自己の表現、発露の貴重な場でもある。そこから、内面から突き上げてくる学びの心、探求心も芽生えてくるのであろう。

そうした思いが高まったときには、どうすればよいのか。ここに、私のささやかなノウハウを紹介しておく。

まず、やりたいテーマは何か、問題意識は何かを、明確にしていくことである。それを書き留めておく、出来ればワープロに打ち込むなどして、見やすい形（文章、表など）にしておく。これが、はっきりしてくると、焦点のあて方やエネルギーのもって行き場が定まってくる。

毎日、上記のテーマについて思いをめぐらすことである。思いついたことは書き留めておく必要がある。日々の仕事などで、雨散霧消しやすい。書き

留めておかないと、何も残らなくなる。帰宅後、20分でも30分でも、とにかく机に座る。ノートを開いたり、本を開いたりする。

　自分の関心のある分野について、新聞の切り抜きを続けることである。私の場合、なぜか新聞を切り抜いているときは、心が最も休まるときでもある。

　自分の経験や思いを大切にし、それを深め広げていくことが貴重な手がかりになる。そうした視点から、文献や資料にあたっていく。必ず、自分なりのユニークな視点や発想が拓けてくるはずである。

　とにかく、続けることである。諦めずに、何かと工夫を凝らし、いろいろな角度からアプローチしてみる。そうした自らのテーマ追及のプロセスを大事にする。できれば、そうした営みついても、その都度、日誌ふうに書き留めておこう。後で役に立つことが少なくない。

　同好の士と研究会をもって、多様な情報に接し、視点や発想を広げることが、研究には不可欠である。できれば、社外の人たち、例えば同業界の他社の知人や、大学の研究者、他の職種の人たちとの研究会が望ましい。同業界の他社の人たちとの交流は、企業の枠組を超えた専門性を磨く。他の業界の人たちからは、日頃とは違う新しい見方やアプローチが学べる。大学の研究者からは、研究として追究するノウハウや視点が吸収できる。

　社会人大学院などに、チャレンジする。この10年間に、全国各地で、いろいろな社会人大学院が開設されている。大学院に入ってから、研究をスタートするよりも、上記のような各種の試みを積み重ねた上で入学する方が、効果的であるのは言うまでもない。修士課程2年間を上記の活動のスタートにしたい。2年間は、あまりにも短い。働きながら研究を体系的にまとめるには、最低でも数年間は必要である。できれば、博士課程にもチャレンジしてほしい。

71歳の眼

　製鉄所時代は、会社での仕事が、生業あるいは投入時間などからみても、メインであった。アフターファイブの鉄鋼産業研究、大学院や学会参加は、投入時間に限りがありお金もかかるなど、サブ的な位置にあった。しかし、生きがい、働きがいの視点からみると、構図が逆転する。後者の研究がメインで、会社の仕事は研究ロマンを追求するための手段、いわばサブに位置する。ここに示された研究ロマンや活動ノウハウは、社会人研究者としての体験と思索から得たものである。大学に転じてからの博論指導を通してまとめたノウハウとは一味違うが、共通する面も少なくない。その土台

に位置するとみられる。

大学教員に転じてからは、教育と研究がメインとなる。（生計の源でもある）教育、（社会的使命・生きがいとしての）研究。この両者の好循環をどのようにつくり出すかという課題と向き合うことになる。「ロマン」も本職となると、やるべき範囲と課題が広がり責任感が増すなど、プレッシャーが強まる。そうしたなか、研究ロマンをどう育んでいったのか。大学定年退職を機にまとめた十名［2020］は、その課題に取り組んだ研究・教育物語である。それを編集したのが、第2部である。

9 おわりに──新たな研究ロマンへの旅立ち

・・・

十数年にわたって、毎日とはいかないがその都度、感じたことや研究の着想などをつづってきた日誌類が、30冊ほどになる。また、多くの方々からいただいた手紙、こちらから送った手紙の控え（粗書き）、会社に提出した実習レポートや「自己申告書」、雑誌などに幾度か発表した随筆、研究会で発表したレジメ、なども残っている。

わが自分史は、これらの資料を基にして、鉄鋼メーカーに入社してからの20数年間を書き綴ったものである。実は、そこに行くまでには1年間の孵化期間を要した。

1996年の夏、これらの資料に目を通し、それぞれの時代、局面での典型例やエポックなどを中心にコメントなどを付けて編集し、ワープロに打ち込んだ。原稿用紙（400字詰め）500枚ほどのボリュームになる。その時は、この勢いで、すぐに文章にしようと意気込んでもいた。それは、秋に出版予定であった日本鉄鋼産業論の単著書の3校ゲラの校正を終えた直後のことであった。

しかし、ほとんど何の進展もなく、この1年が経過した。この間、いろいろな雑誌への執筆や他の研究などに追われたとはいえ、予想外に手ごわいことに気づく。この1年、いろいろな「思い」の相対化、「心」の風化も進んだ。日本鉄鋼産業論の単著書を2冊出版して、いろいろな思いを吐き出したからかもしれない。

このままでは、このようなものが書けなくなる。そうした危機感に駆られて、わが自分史にようやく取り組む。

1997年の夏は、自分史づくりが最大のテーマであった。7月末から8月

上旬にかけての２週間の間に、「働き学ぶロマン」の大要を書き上げた。研究会の合宿を挟みながら10日間ほど没頭する。20代から30代前半の頃のまとめが一番つらい作業となる。30代前半をまとめているときは、体調も少し崩れ、軽い下痢を覚えた。30代終盤頃をまとめる段になると筆もスムーズになり、体調も回復する。まさにイメージの世界で、この20数年を生き直していたといえよう。

　黙々と机に座って、ワープロに向かっている私を見て、妻が「そんなに一生懸命になって、こんどは何をまとめているの？」と問いかけてくる。軽く笑って、「まあまあ」と曖昧に応える。

　これまで、単著書を出版するときは、妻や子供たちに本の構想や抱負を披露してきた。しかし、今度はそれが言えないのである。生半可に公開すると、「書くのをやめてほしい」と言われかねない。私の弟・姉たちも同様であろう。完成品なら、きっとわかってくれるだろう。独り、熱いものをそっと胸にしまい込み、まとめに傾注する。

　鉄鋼メーカーに就職してから今日までに、20数年が経過した。その時々に感じたことのほとんどは忘却の彼方にある。いくらかは心の襞、深層心理のなかから掬えるかもしれない。しかし、今日的なメガネを通した無意識の色付けがどうしても避けがたい。厳密にいえば、20数年前、あるいは十数年前の自分とは、ある点では別人格と言わねばなるまい。

　そこで、その折々に書き綴ってきた各種資料を丹念にフォローし、それらを総動員しながら、自分史として編集し直し、まとめあげるように心がけた。このため、日誌などで詳しく書き綴っている時期の事柄が、どうしてもクローズアップされてしまう。それでも、今日の時点から過去を脚色するよりは、まだましではなかろうか。

　なお、現職のサラリーマンの方々に何らかの悪影響が心配される事柄については、思い切って割愛することにした。また、手紙類については、プライバシーの侵害にならないよう最大限の注意を払っている。

　やはり、自分史の全体像を描き切ることは実に難しい。しかし、ここで書き綴った事項に関しては、精一杯、実像に迫るように心がけた。

　いわば、サラリーマン研究者の眼から見た鉄鋼の職場社会史といえるかもしれない。自分史と職場社会史のハーモニーを奏でることができれば、本望である。さらに、新たな研究ロマンの旅立ちへの記念碑にすることができればとの願いを込めて、筆をおきたい。

71 歳の眼

　本作品（「働き学ぶロマン」）があるからこそ、第 2 部（「働・学・研」協同の理念と半世紀の挑戦）をまとめることができた。さらに、それを第 1 部とすることにより、1 部と 2 部をつなぐ知的なアイデアと活力を引き出し、本書にまとめることができたのである。まさに「働き学ぶロマン」が、本書の起点となり原動力になったのである。

　今となっては、20 代、30 代の大半は思い出すのが簡単ではなく、臨場感をもって詳細を語ることはできない。定年退職による大整理や引っ越しに伴い、研究室や自宅書庫に埋もれていた資料類の多くは処分した。百冊を超える日誌ノート類の大半は残しているが、そこから掘り起こすのも今や至難となっている。

　それゆえ、幻の作品と化していた「働き学ぶロマン」の発掘（2019 年 1 月）が、第 2 部を、さらに本書をまとめる勇気と知恵をもたらしてくれたのである。

　当時でしか書けないことがあり、70 代の今だからこそ書けること、書きたいことも少なくない。「働き学ぶロマン」は、40 代と 70 代の対話とハーモニーを生み出し、本書を紡ぎ出したといえよう。

注 記

(1) 波佐間義之「製鉄マン作家　鍛えた職場」日経 2019.12.19

(2) 十名直喜［1997］「働き学ぶロマン」『第 8 回 北九州市自分史文学賞』投稿作品（84 千字）。

(3) 十名直喜［2020］「「働・学・研」協同の理念と半世紀の挑戦―仕事・研究・人生への創造的アプローチ」『名古屋学院大学論集（社会科学篇）』Vol.56 No.3。

(4) 神谷美恵子［1966］『生きがいについて』みすず書房。

(5) 芝田進午［1966］『現代の精神的労働（増補版）』三一書房および芝田進午［1971］『科学＝技術革命の理論』青木書店。

(6) 十名直喜［1973, 74］「大工業理論への一考察―芝田進午氏の所説に触れつつ（上）（下）」『経済科学通信』第 7, 8 号。

(7) 中村静治［1975］『技術論論争史（上）（下）』青木書店。

(8) 十名直喜［1973］「働きつつ学び研究することの意義と展望」『経済科学通信』第 7 号。

(9) 十名直喜［1975, 6］「資源危機における日本鉄鋼業の原料炭問題と今後の動向（上）（中）（下）」『経済科学通信』第 11, 12, 14 号。

(10) 雀部高雄［1968］『鉄鋼技術論』ダイヤモンド社、大橋周治［1971］『鉄鋼業（改訂版）』東洋経済新報社。

(11) 黒岩俊郎 [1964] 『資源論』勁草書房。

(12) 十名直喜 [1976] 『現代資源論』構想レジメ（A4、160 枚強）。

(13) 坂口正義・森重忠 [1979] 『溶鉱炉と共に半世紀』六甲出版。

(14) 田部三郎 [1963] 『鉄鋼原料論』、同 [1969] 『鉄鋼原料論Ⅱ』、いずれもダイヤモンド社。

(15) 十名直喜「原燃料事情の変遷と政策の歴史―戦後編」（日本鉄鋼協会　鉄鋼科学技術
史委員会製銑ワーキング・グループ編 [1984] 『原燃料からみた我が国製銑技術の歴史』
日本鉄鋼協会）。

(16) 中野孝次 [1988] 『人生を励ます言葉』講談社現代新書、151 ページ。

(17) 森田理論に関する文献のうち、むさぼり読み、今も書庫にある幾つかをあげておく。
森田生馬（水谷啓二編）[1959] 『自覚と悟りへの道』、森田生馬（水谷啓二編）[1960]
『神経質問答』、水谷啓二編 [1970] 『森田療法入門（下）』、鈴木知準 [1960] 『一つ
の生き方』、鈴木知準 [1974] 『ノイローゼの治し方』、高良武久 [1959] 『人間の性格』、
高良武久 [1978] 『どう生きるか』、いずれも白揚社。鈴木知準 [1977] 『森田療法を
語る』、鈴木知準 [1984] 『ノイローゼ全治の道を語る』、いずれも誠信書房、長谷川
洋三編 [1981] 『実践　森田式精神健康法』ビジネス社など。

(18) 島恭彦監修 [1981] 『講座　現代経済学　第 5 巻』青木書店（「第 5 章　技術論論争」執筆）。

(19) 置塩信雄・石田和夫編 [1981] 『日本の鉄鋼業』有斐閣（「9　日本の鉄鋼業と資源」執筆）。

(20) 十名直喜 [1984] 「戦後日本の鉄鋼労働者像」（基礎経済科学研究所 15 周年記念懸賞
論文　佳作）『経済科学通信』第 44 号。

(21) 敷島妙子 [1983] 『おじいちゃんが笑った』現代出版。

(22) 十名直喜 [1989] 「戦後日本鉄鋼業の技術開発体制」（修士論文、6 万字強）

(23) 十名直喜 [1990] 「「働きつつ学ぶ」経済学研究に魅せられて―わが 20 年の軌跡と展望」
が、第 4 回ジェック「ま・な・び・す・と大賞」入賞。

(24) 十名直喜 [1993] 『日本型フレキシビリティの構造―企業社会と高密度労働システム』
法律文化社。

(25) 十名直喜 [1996] 『日本型鉄鋼システム―危機のメカニズムと変革の視座』、同 [1996]
『鉄鋼生産システム―資源、技術、技能の日本型諸相』、いずれも同文舘）。

第2部

「働・学・研」協同の理念と半世紀の挑戦

仕事・研究・人生への創造的アプローチ

① はじめに

・・・

1.1 製鉄所と大学をつなぐ仕事・研究・教育

　製鉄所および大学という両舞台を中心に、試行錯誤しながら「働・学・研」協同にトライし、そのあり方を探求してきた。半世紀にわたり続けてこられたのは、時の利・人の利・地の利のおかげである。

　主要な舞台は、第1部では製鉄所であったが、第2部では大学となる。大学に転じた頃は、製鉄所とは異次元の世界のように感じられ、すべてが新鮮で学生たちがまぶしく映った。それにとまどいつつも、研究と教育の結合という新たな課題と懸命に向き合う。そして、いつの間にか28年近くが過ぎようとしている。

　学部授業を通しての学生たちとの交流、学部と博士課程との連携授業、最終講義での統合なども思い出深い。定年退職および本特集を機に、「働・学・研」協同の半世紀をふり返る。自らの3次元体験のみならず、博論指導を通して、社会人研究者の多様な思いや実践モデルにも触れることができた。彼らの自己実現への支援、いわば他者実現を通して、自己実現を追求してきたプロセスでもあった。これまでの歩みと思いを手がかりにして、仕事・研究・人生を創造的に探求する「働・学・研」協同の理論とモデルを問い直し深めてみたい。

　「働く」とは何か。その意味は多岐にわたり、限りなく深いものがある。内容やスタイルは時代とともに変わるも、「働く」ことが人生の基本をなすことに変わりはない。働くことの意味やあり方が改めて問われる、内省の時代を迎えている。「働く」ことは、「学ぶ」ことであり、さらには「研究する」ことでもある。「働く」、「学ぶ」、「研究する」は、「働きつつ学び研究する」という個々人の主体的な活動を通してダイナミックにつながっている。本書では、これを「働・学・研」協同として捉え直す。

1.2 「働・学・研」協同の半世紀を捉え直す

　2020年1月発刊の名古屋学院大学論集（社会科学篇）56 − 3号は、「十名直喜教授退職記念号」にしていただいた。記念号には、退職者の経歴や研究業績一覧などが掲載され、学外関係者も投稿できる。そこで、共通テーマを軸

に小特集を組み、産業システム研究会（博士課程十名ゼミ）にご縁のある方々に投稿をお願いした。

共通テーマ「「働・学・研」協同の仕事・研究・人生」（仮）をベースに、各位のテーマは自由に設定していただくというものである。

博士論文を仕上げて学位を取得された方だけでなく、挑戦中の方も含まれる。各位の「働・学・研」の思いや実践、学位取得に向けてのドラマ、そうした挑戦が仕事や人生などにどのような影響をもたらしてきたか。そうしたことを、ご自由に書いていただこうという企画である。各位の仕事・研究・人生の記念碑として、あるいは今後の羅針盤となることを願っている。

AIやIoTなど制御通信技術の急速な発展に伴い、仕事の種類やスタイルが大きく変化しつつある。品質不正や過労死などの企業不祥事、働き方改革なども重なって、「働く」ことが改めて注目され、根底から問われるに至っている。

そうした時代であるからこそ、「働く」ことを大切にし、自らの人生に活かす創意工夫（いわば「学び」や「研究」）も求められる。「働きつつ学び研究する」生き方は、そうした文脈のコアに位置づけることができよう。

その内奥に切り込み、深い知恵と示唆を汲み出そうとの思いを込めたシンポジウム「"働きつつ学ぶ"現場研究のダイナミズムと秘訣」を開催したのは、10年前（2009年12月）のことである。

その契機となったのは、名古屋学院大学大学院での発足以来10年間にわたる社会人研究者育成（博士論文指導）の試みである。それを通して、製鉄所時代の体験を起点とする「働・学・研」協同の理念とモデルは、鍛えられ深められてきた。そこに光をあてたのが、2009年シンポジウムである。

2009年シンポジウムは、わが「働・学・研」協同論の画期をなす一歩となった。「働きつつ学び研究する」活動を、「働・学・研」融合として捉え直し、その理論化・体系化を図ったものである。

さらに、それから10年が経ち、大きな転機が訪れる。2019年1月の最終講義は、学部授業と博論指導の融合フィナーレの場となる。同年3月、筆者は（70歳）定年退職となり、大学院での博士論文指導も幕を閉じることになる。後半10年間、「働・学・研」協同の歩みはどうだったのか。

前後合わせると、20年余にわたり社会人博士の育成に携わってきたことになる。それは、指導教員からみて、あるいは社会人挑戦者にとって、どのような意味をもったのか、どう総括するか。さらに、製鉄所時代の「働・学・研」

協同とはどうつながり、何が違うのか。そうした点が、改めて問われている。

　製鉄所時代（21 年間）の「働・学・研」協同は、自らの「自己実現」をめざすものであった。博論指導の 20 年間は、社会人博士の育成を通して他者の自己実現をめざすものなる。「他者実現」を支援する活動に昇華したといえるかもしれない。その理念および理論として打ち出したのが、「働・学・研」協同論である。

　この 2 つの時代をつなぐ架け橋となったのが、1990 年代半ば（大学教員に転じた直後）の数年間である。製鉄所時代の「働・学・研」協同を体系化し 3 冊の単著書として出版することで、「自己実現」の試みを有形化する時空間であったといえよう。

　第 2 部は、定年退職および本特集を機に、「働・学・研」協同の半世紀をふり返り、社会人研究者の多様な実践モデルをふまえて、「働・学・研」協同の理論と思想を問い直し深めようとするものである。

❷　「働・学・研」協同の歩みと転機

2.1　「働・学・研」協同の生き方への思いと眼差し

　2018 年 8 月に亡くなられた森岡孝二氏は、わが「働・学・研」協同の人生の扉を開いてくれた人で、第 2 の恩師にあたる。企業社会論の第一人者である彼の人生こそ、「働・学・研」協同そのものであり、比類のない体現者であった。2019 年 9 月 21 〜 22 日に開催された基礎経済科学研究所の研究大会は、「森岡孝二の描いた未来—私たちはなにを引き継ぐか」がテーマとなった。共通論題において、筆者は「挑戦と思いやりが育んだ森岡企業社会論—到達点と課題」のテーマで発表した。

　森岡孝二氏は、第 1 級の精力的な社会活動家にして第 1 級の優れた研究者で、両面を兼ね備えて類まれな研究教育者であった。両者のダイナミックな融合を図ってきた人である。社会活動での熱く深い信頼と幅広いネットワークが調査・研究にプラスされ、また研究の成果や洞察力が社会活動にもフィードバックされ、社会活動をリードし押し上げていく。社会活動と研究の好循環が実現していた。

　彼の「働・学・研」協同の壮絶な生き方に比べると、わが「働・学・研」協同の人生はあまりにも小さく地味な感がする。しかし、自分なりに全力を

尽くした半世紀でもあった。自らの生き方への確かな手応え、とりわけ社会人博士の育成と彼らへの伴走を通して学んだこと、感じたことは、限りなく深いものがある。そうした生き方の起点となり原点となったのが、青・壮年時代の生きざまであった。まずはこれまでの「働・学・研」協同の人生を、その原点からふり返ってみたい。

2.2 「働・学・研」協同の活動に踏み出す──20代半ばの提唱

公害問題の深刻化など高度成長のひずみが顕在化したのは、1960年代後半から70年代初めのことである。大学紛争もたけなわで、それを体験した若者が企業に一斉に就職していった。勤労者の学習運動が、労働組合や革新勢力によって組織され高揚した時期でもあった。社会の法則や変革のあり方について知識人から教えてもらい、組合運動などに結集し活動する。勤労者は、教えを受ける対象であり、教えられたことを実践する主体とみなされていた。大学への進学率が高まり企業に就職する大学卒が急激に増えるなか、変革主体としてのインテリゲンチア論も出てくる。しかし、彼らが企業などでどのような知的活動と役割を担っていくのかについて議論されることは、きわめて少なかったとみられる。

こうした社会状況に、物足りなさを感じていたのは、筆者だけではあるまい。民間大企業のなかにあって、どのように働き、どのように成長していくのか。その理論もモデルも見当たらなかったのである。

随筆「働きつつ学び研究することの意義と展望」が、わが最初の論文とともに学術誌に掲載されたのは、1973年11月のことである。「自分の生活と労働を深く捉え、それを変革の展望のうちにつかみ直さないと、巨大な流れの中に、ただ押し流されてしまうのではないか」。そのような危機感をバネに、次のような課題を提示した。[2]

「積極的に理論化をはかりながら、政策形成能力を各分野で培っていくこと…労働者の中に研究者・書き手・講師を育成し、諸産業分野の労働者が自らの手でもって、内在する諸問題を解明し、政策化し、積極的に組織化していく」。

労働者みずからが、「研究する」ことによって、「内在する諸問題を解明し、政策化し、積極的に組織化していく」ことの歴史的な意義と必要性を訴え、そのモデルとして最初の論文を位置づけたものである。鉄鋼メーカーに

入社して3年目、25歳の若造が公示した決意表明でもあった。

「働きつつ学び研究する」という標語は、その後40数年にわたり、自らの働き方、生き方、研究スタイルの羅針盤となり灯台となってきた。「働きつつ学び研究する」は、『資本論』第1巻第13章の「労働は生命のランプに油を注ぎ、思考はそれに火を点ずる」（ジョン・ベラーズ）から閃いたものである。

その後の40数年間の歩みは、「働きつつ学び研究する」ことを実践し検証するプロセスでもあった。何度も壁に跳ね返されながらの「七転び八起き」の挑戦であったといえる。「働きつつ学び研究する」活動を「働・学・研」融合と命名したのは、2009年のことである。

「七転び八起き」は、わが仕事と人生だけでなく（そのエキスとしての）単著書についてもいえよう。これまでに7冊を出版し渾身の思いを込めて世に問うも、叶うことなく、まさに「七転び」となる。そして満を持して「八起き」を託すのが、本書である。

しかし1970〜80年代にあっては、そうした「働・学・研」協同の研究スタイルは、日本の財界リーダーであった鉄鋼業とくに大手高炉メーカーにおいて労務管理の枠組みを踏み越えていたとみられ、厳しい処遇を余儀なくされる。そうした悩みは、研究や生き方などの悩みへと波及する。何とかギリギリで凌ぎつつ、鉄鋼産業をモデルとする実証研究により深めていった。

製鉄所勤務21年を経て1992年に、神戸製鋼所を退職し、名古屋学院大学に転じる。そして、27年間の大学勤務を経て、2019年3月末に定年退職を迎えた。大学では、「働きつつ学び研究する」活動をどのように継承・発展させたのか。それをふまえて、この半世紀の活動をどのように総括するのかが問われている。

2.3　青・壮年期の仕事・研究史──40代末の総括

▶ 幻の拙稿「働き学ぶロマン」との思いがけない再会

退職に伴い研究室と自宅の書庫を大整理していた際、埋もれた資料類の中から、拙稿「働き学ぶロマン」を見つける。8万字強（90ページ：30字×40行/ページ）で、1997年の「自分史文学賞」に応募するも、あえなく落選となった作品である。[3]

長らく行方が分からず、幻と化していた拙稿（自分史）と22年ぶりに再会したのである。当時のワープロで編集したもので、そのファイルは残ってお

らず、残っていても使えない。印刷した原紙も、日光で変色し、ほとんど読めない。今や資料として使えるのは、コピーした分のみである。少し茶色じみているが、十分に読める。22年前のわが分身との思いがけない再会に、心躍る気持ちが抑えきれない。

　40代末に、四半世紀にわたる仕事・研究史を、自分史としてまとめていたのである。しかも、定年退職直前にそれを発掘し、再会に至る。そのいずれも奇跡のように映るが、じっくり振り返れば、必然のようにも感じられる。

▶ 自分史文学賞（1997年）への挑戦

　30代から40代初めにかけては、論文や随筆で3回応募し、いずれも一定の評価をいただいた[4]。1990年の「ま・な・び・す・と大賞」入賞作品は、「企業社会に生きる「二足のわらじ」論」（十名［1993］『日本型フレキシビリティの構造』補論）へとつながる。さらに数年の時空を経て、「働き学ぶロマン」へ発展したといえる。

　鉄鋼3部作出版の余韻が冷めやらぬなか書き上げ、応募したものである。しかし、その意気込みと期待もむなしく、落選となる。そのショックもあって、作品はどこかに放り込んでしまっていた。その後、折々に思い出しては探してみるも見当たらず、あきらめていた。

　それが、定年が近づき、研究室と自宅の書庫を整理するなかで、研究室の片隅から、さらには自宅書庫の奥深くから、ひょいと出てきたのである。

▶ 研究への執念と会社との葛藤──文学賞落選の背景

　一読すると、20代から40代半ばにかけての出来事や歩みが時系列に沿ってビビッドに描かれている。いま書こうとしても、当時のことは年々歳々薄れゆくなか、これほど臨場感を持って詳しく書くことは難しい。その点では、歴史的にも貴重な資料になると感じている。追い風になるかもしれない。

　それでは、なぜ落選したのか。作品を再読して、その謎がわかるような気がする。読み物としての文学作品に洗練化しきれていないのである。時系列的な叙述に終始していて、後半部分になると単調な運びも感じられる。ドラマ的な表現も少なく、淡々と描かれている。文学的な工夫や洗練化が不十分で、興味をそそる物語になっていないのである。質的には、人生そのものの起伏や深みがまだまだ不十分だったのかもしれない。

　22年前に、小論を読んでいただいた大学人のコメントがあった。「なぜ、

それほど研究にこだわったのかがわからない」と。根幹に触れるところへの問いかけである。

　その問いに懸命に応えているはずなのに、うまく伝わっていないのである。評価されなかった一因かもしれない。

　一介の文系サラリーマンが、会社の仕事でもない「研究」に、なぜそれほどこだわったのか。それは、企業のなかで働きつつ学び研究することが、わが人生のアイデンティティになっていたからである。そして、研究をあきらめることは、自らの生きる意味と価値を見失うことにつながると感じていたからである。

　「働き学ぶロマン」には、製鉄所に働きながら研究へと突き進む動機とプロセスが描かれている。

　「このままでは自分が見えなくなってしまう」、「巨大な流れに押し流されてしまうのではないか」、「自分の生活と労働を深く捉え、それを変革の展望のうちにつかみ直したい」といった不安と欲求が交差する。そして、不安定な操業に振り回され、原料計画の見直しがエンドレスに続く仕事のむなしさを痛感する。

　ところが、研究論文では、自分１人で勝負ができるし、渾身の力をふりしぼってまとめると、それが活字になり後にも残る。しかも最初の論文が、思わぬ反響を呼び、高い評価と注目を浴びる。その手応えが、その後の「働きつつ学び研究する」活動を続けるエネルギーとなり、支えの原点になっていく。

▶ 逆風下での研究と生きがい探求

　どんなにつらくても、鉄鋼メーカーにいるからこそ、生きた情報に接し多様な体験ができるし、それが研究の源にもなる。それゆえ、鉄鋼メーカーを辞めることは、研究を放棄することにつながりかねない。そのような思いが、会社に踏みとどまらせ、執念の如く研究を続けさせていたといえる。

　企業社会の中で、「働・学・研」協同の生きざまが企業からにらまれ、キャリ形成の道を閉ざされていく。処遇と研究の壁に阻まれて、もがけばもがくほど、袋小路に陥っていく。その袋小路から脱出する方策を、ひたすら探し求めていた。それはまさに、生きがい、働きがいの探求であった。自分の生きがい、働きがいの核にあったのが、「研究」である。研究を放棄することは、生きがいの放棄（文化的な自殺）を意味する。会社、研究のずれもやめるわけにはいかない。何とか持ちこたえながら、活路を模索していた。そうしたも

がき、あがきが、作品には描ききれていないのである。

　どんな人でも、何かにこだわりを持つ。そのこだわり方が、サラリーマン的でなく、研究者的であったといえよう。そのこだわりは、多感な青年期に育まれた。1960年代後半から70年代における日本社会の激動、変革の息吹を反映しているといえるといえよう。さらに、80年代から90年代にかけての構造的変動期を駆け抜けた壮年期に、こだわりはより強固なものになっていく。

2.4 「働・学・研」協同の新たな段階──後半期半ばの挑戦

▶ 「自己実現」から「他者実現」へ

　十名［1997］「働き学ぶロマン」は、仕事と研究の両立を図りながら「自己実現(5)」をめざした四半世紀の歩みをふり返ったものである。いわば「働・学・研」協同の前半期版にあたる。

　ほとんど時を同じくして1997年に、名古屋学院大学では社会人大学院経済経営研究科（修士課程）が開設され、続いて1999年には（経営政策専攻）後期博士課程もスタートした。当初から、文科省のお墨付きのＤマル合教授(6)として、社会人の博論文指導に携われたのは幸運なことであった。伝統のある大学院では、社会人出身者が博論指導を担当することは難しかったと推察される。

　こうして、「働・学・研」協同の試みは新たな段階に入るのである。自らの自己実現探究にとどまらず、社会人研究者（博士）の育成を通して彼ら（他者）の自己実現すなわち「他者実現」を支援するという新たな課題が加わったのである。

　なお、「他者実現」は、筆者の造語である。一般的には使われていないとみられる。社会人の博士論文作成・学位取得さらに社会での活躍を「彼らの自己実現」すなわち「他者の自己実現」とみなし、「他者実現」と名づけたものである。

　マズローは自己実現の先に社会貢献を見ているが、ユングは他者や社会への支援・貢献（いわば利他）も含んで自己実現の道と考えていたとみられる(7)。ユングによれば、他者も自己の一部である。「情けは人の為ならず」という日本語のことわざもある。他者に情けをかけることは、いずれ巡り巡って自分に返ってくるという循環の思想が、そこに息づいている。

157

「利他実現」という表現も考えられるが、広義には「自己実現」に含まれるという見方もできる。一方、「利己」と「利他」、「自己」と「他者」は対義語とみられる。そうした点を鑑み、「他者実現」と命名したものである。

「他者実現」を通して「自己実現」を追求するという生き方は、社会人の博論指導において、筆者が心がけてきたものでもある。彼らの挑戦や創造性に深く学び、自らの研究にも長い目で活かしていこうというスタンスは、ユングの考え方や日本の循環思想にもつながっている。そのことに、あらためて気づいた次第である。

▶ 自分史から現代産業論への昇華

「働きつつ学び研究する」こと、すなわち「働・学・研」協同の探求は、自らの働く職場・企業・産業と向き合うことになる。仕事の過程や組織の目的の全体像を把握し、仕事の位置と意味を理解して、全体を思慮できるようにすることにつながる。それは、本来の仕事や企業、産業のあり方の探求とも深く関わっている。それはまさに、「良い仕事」[8]の核心をなすものでもある。「良い仕事」を構成する条件は、職場の状況や仕事の内容などによって大きく左右されるが、仕事の担い手自身によって見出しうる、つくり出しうるものでもある。それゆえ、仕事への姿勢がより重要な意味をもつとみられる。

「働・学・研」協同は、本来の仕事や企業、産業のあり方、「良い仕事」の探求とも深く関わっている。わが半世紀近い歩みは、「働・学・研」協同を掲げ、その実現をめざしたものといえる。

「働・学・研」協同論を論文として公刊したのは、2010年のことである。さらに、それを理論化して、5冊目の本（［2012］『ひと・まち・ものづくりの経済学』）の第3部第10〜11章に織り込んだ[9]。

そして、人々の働き様や生きざま、そこで培われたノウハウなどは、産業の文化的（社会的）側面として位置づけ、産業の機能的（技術的）側面と対置して捉えた。それをより体系化したのが、6冊目の本（［2017］『現代産業論』）である[10]。

わが「働・学・研」協同論は、「自分史」でもある。その自分史は、この半世紀の社会・経済の移り変わり、とくに1970〜90年代の鉄鋼メーカー、21世紀の大学が置かれた状況を反映している。その中から紡ぎ出されたのが、独自な鉄鋼産業論であり、ものづくり経済学の提唱、現代産業論の体系化である[11]。

　そういう視点から見ると、「働・学・研」協同論は、自分史であるとともに、自分史を越えている側面もはらんでいる。別の言い方をすれば、「働・学・研」協同論という「自分史」を、現代産業論の文化的側面として理論化し、捉え直したのである。それは、自分史から現代産業論への昇華、とみることができよう。

▶ 社会人研究者育成の「働・学・研」協同モデルを提示─ 2009 年シンポジウム

　2009 年 12 月に開催されたシンポジウム「"働きつつ学ぶ"現場研究のダイナミズムと秘訣」は、名古屋学院大学大学院（経済経営研究科）後期博士課程の開設 10 周年を記念して開いたものである。

　働く現場で育まれ培われた問題意識やノウハウなど巨大な暗黙知の鉱脈は、働く人たちの知的資産でもある。それを掘り起こし、創造的な研究へとまとめることは、現場に生きる人たちの知的生き甲斐、ライフワークとなるものである。まさに、"働きつつ学び研究する"醍醐味がそこにあるといえよう。それらに果敢に挑戦し、独創的で体系的な博士論文に仕上げた人たち、あるいは佳境に入った人たちがいる。

　後期博士課程では、開設以来の 10 年間(1999 〜 2009 年)に 12 名の博士(経営学)を送り出した。その内の 3 名に加えて最終審査をパスされたばかりの 1 人、また博士論文を仕上げ中の 3 名にパネリストとしてご参加いただき、さらに基礎研など在野にて独自なスタイルで活躍されている 3 名をお招きした。いずれも、"働きつつ学ぶ"現場研究を自ら創意的・精力的に実践してこられた方々である。

　シンポジウムは、基調報告（筆者）とそれを受けて各体験モデルを語る 3 部構成（第 1 部「創造的な人生と仕事の新地平─博士号を超えて─」、第 2 部「仕事と博士論文への創造的挑戦」、第 3 部「在野に息づく "働・学・研" 融合モデルの創造」）からなる。各パネリストには、"働きつつ学ぶ"現場研究のダイナミズムと秘訣をそれぞれの思いを込めて語っていただき（各 15 分）、フロアからの忌憚ない意見や質問に応えるなど、率直かつ多様で深い交流を図ろうというものである。硬いテーマゆえ 30 名も集まれば御の字かもという予想をはるかに上回る 60 名近い参加者を得て、4 時間に及ぶも、多くの方が最後まで耳を傾けておられたのが印象に残る。中日新聞の取材もあり、翌日の同紙朝刊にシンポジウムの状況が掲載された。

　このようなテーマに正面から取り組むシンポジウムは、日本でも先駆をな

す画期的なものといえる。上記11人の「働・学・研」協同の実体験と奥義をコンパクトにまとめた冊子は、70数ページに及ぶ。参加者に配布（マスコミ関係者には事前配布）したが、そこに溢れる思いの深さ、創造的な生き方と努力には、圧倒されるものがある。この冊子は、後に『経済科学通信』で特集として2回にわたり掲載された[12]。

▶ 「働・学・研」協同シンポジウムが持った意味

2009年のシンポジウムが持った意味は何か。それは、「働きつつ学び研究する」活動に社会科学の光をあてたことである。「働・学・研」協同として捉え直し、その意味は何かを理論的に整理する、大きなきっかけになったことである。それを検証するために、3次元の視点から自らの歩みを歴史的に総括する。さらに、産業システム研究会（十名ゼミ）や基礎研に集う社会人研究者に「働・学・研」協同体験を語っていただき、検証したことである。

そこで提示した「働・学・研」協同論は、その後10年間において基本的な視点となり、産業の文化的側面として位置づけるなど、現代産業論における重要な一翼をなすに至っている。

▶ 歴史的背景──研究・教育の転機としての2008〜9年

2009年に、なぜこのような試みをしたのか、できたのか。その契機になったのが、十名［2008.4］『現代産業に生きる技──「型」と創造のダイナミズム』勁草書房の出版である。学部の講義科目名を（「工業経済論」→）「現代産業論」へ、（「技術論」→）「ものづくり経済論」へと変えたのも、2008年のことである。

1990年代までの鉄鋼産業を軸とするグローバル大企業研究から陶磁器産業をはじめ地場産業・中小企業研究へとシフトして10年、ようやく理論化・体系化に至ったのが、十名［2008.4］である。地場産業・中小企業研究の拡がり、産業研究の理論化・体系化に踏み出すに至る。そうした研究の手応えをバックにして、これまでの研究活動のあり方を文化的に捉え直しまとめたのが、「働・学・研」協同論であり、2009年シンポジウムであった。

社会人博士育成（博論指導）の20年は、（彼らの自己実現いわば）「他者実現」へと力点をシフトした時空間であった。その中間点にあたる2009年シンポジウムは、「働・学・研」協同の意義を自覚し、その理論と政策に踏み出すスプリングボードとなったのである。

▶ **後半 10 年の歩みとトライ**

その後 10 年を経て、何がどう変わったのか。定年退職を迎えた今、見える視野や心象風景は何か。

「他者実現」のより意識的な追求は、自らの「自己実現」ともいえる産業研究に弾みをつける力にもなった。ものづくり経済学、現代産業論として体系化し、2 冊の本にまとめる。さらに、日本的経営、労使関係論として 7 冊目の本に集大成し、定年直前に出版する。

この間、「働・学・研」協同論は、バックグラウンドミュージックの如く静かに響いていた。十名［2012.4］の第 3 部（「「働・学・研」融合とひとづくり—労働と人生の文化的創造」）は、シンポジウムでの「働・学・研」協同論を産業論として編集したものである。また十名［2017.11］では、等身大の産業・地域づくりとして理論的に整理し織り込んだ。

十名編［2015］の後、「働・学・研」協同論をベースにした本づくりを構想し、進めようとしたが、頓挫する。むしろ、6, 7 冊目の出版を先行させたのである。それらは、現代産業論における機能的アプローチと文化的アプローチのうち、機能的アプローチの面に主として応えたものと見ることができる。

これまで、正面から取り組めなかった課題、すなわち「働・学・研」協同論をベースとする本づくりが、今や定年後の研究人生を切り拓くテーマとして提示されている。それに応えようとしたのが、本書である。

▶ **「働・学・研」協同と産業・地域づくり**

2016 年の春季研究交流集会が、「「働・学・研」融合型の持続可能な産業・地域づくり」のテーマで、3 月 12 ～ 13 日に名古屋学院大学さかえサテライトで開催された。

「働きつつ学ぶ」は、基礎研の理念あるいは道標として半世紀近くにわたり基礎研を支え、それを体現する多彩な研究者や創造的な共同研究を育んできた。「働・学・研」協同は、その思いと歩みを明示化したもので、「働きつつ学び研究する」活動のコンパクトな表現である。そのキーワードを、春集会のキーコンセプトとして捉え直し、産業・地域の 21 世紀的課題と結びつけ、「働・学・研」協同による持続可能な循環型社会づくりを展望する。それを具体化したのが、2 つの共通セッションである[13]。

共通セッション 1 は、「「働・学・研」融合の理念と実践」である。基礎研に集い研究を続け社会人大学院などでも磨きをかけてきた社会人をはじめ、

彼らと学び合い研究を発展させてきた大学人も含めて、半世紀に及ぶ協働の試みと思いについて語り合い深める。このようなテーマを共通セッションの軸とすることは、学会としても稀なこととみられる。当初、心配する空気も感じられたが、むしろ基礎研にふさわしい挑戦と考える。多様な実践に光をあて、理論的な新地平を切り拓こうというものである。

2.5 退職記念号で試みる「働・学・研」協同の総括と新地平

　2019年3月末、定年退職を迎えた。経済経営研究科後期博士課程も、開設20年となる。これまでに30人の博士（経営学）を生み出している。博士課程十名ゼミ（産業システム研究会）から送り出した14人の博士（社会人10人、留学生4人）も、そこに含まれている。10年前のシンポジウム時は4人の博士（社会人3人、留学生1人）であったのが、この10年で10人の博士（社会人7人、留学生3人）を十名ゼミから送り出している。後半期の10年をふまえ、博論指導の20年をどう総括するかが問われている。

　『名古屋学院大学論集（社会科学篇）』56〜3号は、「十名直喜教授退職記念号」として発刊される。せっかくの記念号でもある。ここは思い切って「十名ワールド」とさせていただく。産業・企業研究については、6・7冊目の本（十名［2017］［2019］）で開示した。そこで記念号では、研究の中身よりも、そのバックグラウンドである考え方や方法論を軸に「仕事・研究・人生」に焦点をあてる。

　特集「「働・学・研」協同の仕事・研究・人生」を企画し、十名ゼミの博士OBをはじめ産業システム研究会に参加された方々に、特集へ寄稿していただいた。「他者実現」は、果たしてどこまでできたのか、どのようにしてできたのかが問われ、検証されることになる。

　本特集は、博士論文と向き合ってこられた社会人研究者の方々と、指導教員としての筆者との、締めくくりとしての協働作品である。彼らの果敢な挑戦に伴走しながら駆け抜けた全力疾走の四半世紀であった。私自身も、この四半世紀を起点にして、（自らの自己実現に懸命に取り組んだ）製鉄所時代からの半世紀にわたる「働・学・研」協同の仕事・研究・人生を総括する。

　本節は、「働・学・研」協同論を特集するにあたり、その趣旨も含めて提示した小文を編集したものである。「働く」「学ぶ」にとどまらず、「研究する」をしっかりと位置づけ、より多様な視点から深めることで、「働・学・研」

協同論の新地平を切り拓きたい。

③ 定年退職を機に振り替える仕事・研究・人生

・・・

3.1 最終講義——仕事・研究・教育の総括

▶ 「生前葬」としての最終講義

　最終講義を行うかどうか。その問い合わせが教務課からあったのは、2018年9月末、定年5カ月前のことである。最終講義は、27年間の締めとして欠かせないが、セレモニーとして学内外に公開される。それなりに心して対処する必要もある。

　最終講義は「生前葬」ともいわれているが、名古屋学院大学でも、その雰囲気が漂う。わが最終講義でも、それに違わない。司会・進行役がいて、お祈り、あいさつ、略歴紹介がなされる。続いて「最終講義」70分が行われ、花束贈呈、記念撮影で締め括りとなる。

　そこで、最終講義をわが「生前葬」と見立て、準備にも力を入れることにした。最終講義の題目は、その直後に出版される本のタイトルとする。本のエキスを軸にして、製鉄所21年、大学27年、計48年にわたる産業・企業研究の総括を織り込む。「生前葬」ということで、当日は家族（妻と次男）も呼び寄せた。次男は会社を休んで東京から、妻も明石から駆けつけてくれた。

　最終講義は、2019年1月11日（金）1限目に、「現代産業論」（1限目）と「産業社会学」（2限目）の合同講義として行われた。大教室でも収容しきれないとみて、一番大きな「クラインホール」を確保したのは、正解だった。出席者は、学部受講生の9割近い250人、OB・学内外教員・一般50人の計300人近くに上った。

　最終講義の柱は、27年間の研究・教育を総括し、さらに製鉄所時代を含む半世紀の仕事・研究を総括することである。それを70分で行うことは、至難の業である。その難題をどうクリアするか、少ない知恵を絞る。出席者の中で、一番の苦手は家族である。チョンボをしようものなら、面白おかしく脚色され、後々まで語り継がれよう。何よりも学生の前で、満足のいく講義をして花道を飾りたい。そんな思いから、リハーサルを数回行い、本番に備えた。これまで27年間の講義において、リハーサルをしたのは最終講義のみである。

お祈り、あいさつ、略歴紹介を経て、壇上に立つと、いつもとは違う厳粛な雰囲気が漂う。それに臆することなく、むしろベストに近い形で70分の講義を全うすることができた。

　講義が済むと、花束贈呈へと進み、学部生2人と大学院生2人から花束をいただく。最後の舞台となったのが、記念写真である。会場は、後方にせりあがっている。この構図を生かし、筆者や家族、花束贈呈者などが最前列に、参加者300人は座ったままで、オーケストラの如くバックに収めたすばらしい記念写真を撮っていただいた。

　なお、最終講義の全容はDVDに収められ、2セット分が退職者に記念品として贈られる。せっかくなので、それをユーチューブに流してもらうことにした。しかし、最終講義をユーチューブに流すことは、名古屋学院大学では初めての試みである。

　そこで、お祈りやあいさつなどをしていただく先生方にお伺いすると、ユーチューブに登場するのは控えたいご様子。そこで対象は「最終講義」70分に限定し、学生など出席者の顔が映らないように、パワーポイントの映像と講義者のみ撮影する。こうして苦心の末、最終講義のDVD（全体版とユーチューブ版）ができあがる。そして、ユーチューブ版がオンラインに流されている。すでに実施されている大学もあるようだが、本学では初の試みである。

▶ 最終講義の柱──半世紀の総括と即出版本

　最終講義の準備と並行して進めたのが、7冊目の単著書づくりである。十名［2017］『企業不祥事と日本的経営─品質と働き方のダイナミズム』晃洋書房が出版されたのは、最終講義の直後（3週間後）のことである。

　本のタイトルを最終講義の題目とし、本のエキスを講義の柱（7割）とし目玉にした。

　さらに、仕事・研究・教育人生論（3割）を織り込み体系的に提示したことが特徴的である。名学大27年間の研究・教育（図表1）と、製鉄所21年間の仕事・研究を含む「働・学・研」協同の半世紀（図表2）を提示する。

　「図表3　名学大での研究と教育の推移（1992～2018年度）」は、縦方向（時代）に沿って1990年代と21世紀に大別し、横方向（内容）では研究と教育に分けて、わが研究・教育の歩みを俯瞰したものである。

　「図表4　「働・学・研」協同の仕事・研究・教育ダイナミズム」は、丸い円を4コマ（現場体験・調査、研究、学部教育、博論指導）に分割し、4コマのフィー

図表3　名学大での研究と教育の推移（1992～2018年度）

	研究（単著書）	学部教育	備考
90年代	1993『日本型フレキシビリティの構造』法律文化社 1996.4『日本型鉄鋼システム』同文舘 1996.9『鉄鋼生産システム』同文舘 〈以上、鉄鋼3部作〉	1992「工業経済論」 （その後「産業経済論」） 1992「技術論」 （その後「現代技術論」）	1992 就任 　経済学部 大学院経済経営研究科 　97 修士課程 　99 博士課程 〈博論指導〉
21世紀	2008『現代産業に生きる技』勁草書房 2012『ひと・まち・ものづくりの経済学』法律文化社 2017『現代産業論』水曜社 〈以上、産業3部作〉 2019『企業不祥事と日本的経営』晃洋書房 〈7冊目、原点に戻る〉	**2008「現代産業論」** 2008「ものづくり経済論」 　（全国唯一の科目） 2016「産業社会学」 2017「人間発達の経済学」 　（全国唯一の科目） **2019.1　最終講義**	2015 発足 現代社会学部 『論集』退職記念号 　十名［2020.1］ 「働・学・研」協同の理念と半世紀の挑戦

図表4　「働・学・研」協同の仕事・研究・教育ダイナミズム

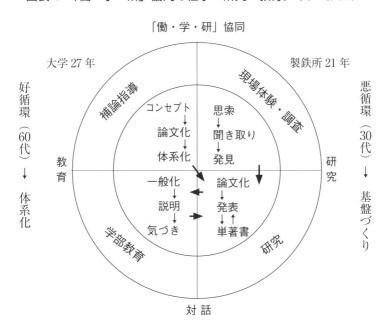

ドバック循環を通して、「悪循環（30代）→基盤づくり」（右側）から「好循環（60代）→体系化」（左側）へとシフトするプロセスを示したものである。

いつもの講義スピードで話すと、2時間以上かかってしまう。それを70分に収めることができるかどうか。最後を飾るにふさわしい挑戦となる。

▶ 最終講義への珠玉のコメント

最終講義について、いつもは辛口の家族は、どう感じたのか。「吃音も出ずに滑らかに話していたのが不思議」（妻）、「格好良かった」（次男）との一言に安堵する。

250人の学部受講生が、静かに聞き入ってくれたことが有難かった。彼らのコメントは、温かい眼差しと深く熱い思いが溢れている。最後ということでリップサービスもあろうが、何よりも嬉しい贈り物をいただいた感がする。下記は、その一部をピックアップしたものである。

「現代産業論は、とても広い分野を扱うので、最初、難しいな…すべてが1つの物語なっていた」。「毎回の…授業が今思い返すと、とても不思議な空間だった…「十名ワールド」だった」。

「話す言葉には生きた時代、歴史の重みがあり、説得力を感じ…」。「人生という深さを感じた」。「生前葬を行い、新しい自分、新しい道へ進もうという姿は格好いいな…」。

「周りから何と言われようと自分の軸を持ち、粘り強く何事にも全力で取り組むという姿勢」。「私も常に挑戦して仕事を楽しめるようになりたい」。

他にも教師冥利に尽きるコメントが多く寄せられており、それらを「最終講義」でいただいたことが有難い。

3.2 学部授業と産業・企業研究

▶ 学部講義の独自性と体系性

学部では、「現代産業論」「ものづくり経済論」「産業社会学」「人間発達の経済学」などの講義科目を通じ、数千人の受講生と接することができた。「ものづくり経済論」「人間発達の経済学」は、他大学にはない本学独自の科目である。カリキュラム（科目）に、自らの研究・教育成果を反映できたことが有難い。

4科目の計60コマ（15コマ×4科目）を、いかにわかりやすく体系的に提

示できるか。いかに興味深く話すことができるか。なかなかの難題である。

　これまで産業・企業研究とくに7冊の単著書のエキスを、講義に織り込んできた。各科目には、他大学にはない独自性と体系性を持たせるように心がけた。しかし、学部生にそれが伝わるかどうか。講義はいつもプレッシャーとの闘いであった。それは、自らの産業・企業研究と学部講義をどう循環させていくかという課題とのせめぎ合いであったといえる。

▶ 講義でのプレッシャーと醍醐味

　講義の直前は、学会発表以上に緊張することも少なくなかった。論旨の展開や話し方、学生の反応など、授業の手応えは、次の講義に反映させていく。そうしたなか、面白さよりもプレッシャーをより強く感じていた。

　それが、定年が近づくにつれ少しずつプレッシャーも薄れていく。むしろ、リラックスして臨み、ひらめきや楽しさも感じるようになる。プレッシャーとのせめぎ合いの象徴となりフィナーレとなったのが、最終講義である。

　定年後は1年限定で、上記4科目の講義を非常勤で行う機会を得ている。心を込め蘊蓄を傾けて語りかけ、若者の反応を肌で感じるなか、講義の面白さやダイナミズムに触れるなど醍醐味をかみしめている。

▶ 学部ゼミでの論文指導

　学部ゼミで指導した卒業論文は、400本に上る。彼らとの対話・交流から、実に多くのことを学んだ。博論指導などが比重を増すにつれ、卒論指導などにしわ寄せが及ぶようになる。そうした反省から、卒論指導をより丁寧に行い、卒論冊子を発行し、彼らから積極的に学ぶように心がけた。定年直前の数年間のことである。

　また2年ゼミさらに1年ゼミ（半年）でも論文指導を行い、小論文を書かせる。全員がノートパソコンを開き、1人数分ずつ巡回指導する。画面を一緒にみながら校正し、文章や論文のコツを伝えていく。1年生でも、1か月ほどでびっくりするように変身することも少なくない。

　学部ゼミは、全体として地味で平凡な活動にとどまり、反省することばかりの感がする。ゼミ生とは、ゼミでの議論や論文指導を通してだけでなく、講義の中で心の対話をしていると感じることもあった。

なお、学部講義およびゼミでは、現場見学や経営者を招いて第一線現場の息吹を伝えることが思うようにできない。そこで、企業連携プログラム（講義科目：企業研究1・2）を立ち上げた。

会社・工場見学（企業研究1）、経営者・専門家のリレー講義（企業研究2）を隔年で交互行うというプログラムである。

ゼミ活動だけでなく、講義科目（現代産業論、ものづくり経済論）とも補完し合い、さらに学部全体にもまたがるようにした。

企業研究2のリレー講義では、博論ゼミで博士号を取得した経営者や専門家も多数招聘した。こうして名学大の博士課程と経済学部・現代社会学部の教育・研究連携が実現し、10年以上にわたり発展させてきた。企業連携プログラムを円滑に運営・維持することは、かなりの労力を伴う。経済・現代社会の両学部教員が数名チームを組み、協力し合い協働で運営することにより乗り越えてきたのである。

3.3　定年退職「狂騒曲」

▶ 定年退職に至るプロセス

製鉄所21年、大学27年の計48年、この半世紀近い勤務生活に別れを告げる時が来た。これまで紡いできた生活・仕事空間にはさまざまな思いや痕跡がつまっている。そこから出ていくのは、物理面・精神面のいずれも辛いものがあり、それなりの覚悟が求められる。

2019年3月末でもって退職した今、心象風景や生活リズムなど様変わりした感がある。「狂想曲」は鳴りやみ、これまでにない静寂のひと時も顔をのぞかせている。定年退職に至るプロセスそのものが、定年の足音から「狂想曲」へ、さらには静寂へと変貌を遂げていく舞台にもなった。

そこで、まずは退職前の道のりをふり返ってみたい。残り3年を切る頃に、カウントダウンの鐘の音が静かに響き始めた。その響きは、月日が経つにつれて大きくなり、月日の過ぎるスピードもアップし、「狂想曲」へと化す。定年直前の数ヶ月は、「狂想曲」が鳴り響く、嵐の如き時空間を突き進んだ感がする。

退職前の半年は、予想よりもはるかに大変だった。最終講義（1月11日）、研究室＆マンションの引っ越し（3月8〜14日）だけでも、大仕事である。学

部、教員組合、研究会、有志など各種送別会も催していただいた。

そこに、7冊目の本の出版に向けた仕事が加わる。7冊目の取り組みは、（出版の1年前の）2018年2月に着手した。半年間かけて原稿を仕上げ、出版社に持ち込んだのが夏場で、出版社が確定したのは2018年9月末のことである。出版原稿の編集そして校正にさらに3〜4ヵ月かけ、2019年2月初めに出版にこぎ着ける。この1年間で、（学会や研究会での発表や出版社との調整なども含め）約1000時間を投入したことになる。

▶ 本・資料類・生活用品の大整理──研究室＆マンションの引っ越し劇

研究室＆マンションの引っ越しに向けた一連の作業は、最終講義よりもはるかに大変だった。肉体的にハードで、精根尽きるほど傾注する。引っ越し品を収容できるように、自宅（書庫と書斎）の大整理も並行して行う。27年間（瀬戸15年、名古屋12年）にわたる週ごと単身赴任生活のツケが溜まり、4拠点（研究室、マンション、自宅の書庫、書斎）は、ジャングル化していた。

「ジャングル」にしばしたじろぐも、気合を入れて立ち向かう。研究室とマンションの本・資料、そして生活用品は7割、自宅（書斎・書庫）の本・資料は4割、の処分（「断捨離」）を決意する。大整理に向けて、まずは、コピー類や雑誌・冊子などを中心に全体の2割近くを処分してスペースを確保する。残した本・資料は、ジャンル別に揃え、要・不要に仕分け、本棚も別にした。「不要」分については、本棚ごと処分する。出張買取りで、古書専門業者に大学と自宅に来てもらい、7段詰めの本棚7本（研究室4本、自宅の書庫3本）を引き取ってもらった。

大整理と引っ越し（出し、受け、収納）は、200時間に上った。蔵書では、冊子を含め3000冊以上を処分した。惜念の情と反省に駆られつつ。2007年1月、瀬戸市から名古屋都心へのキャンパス移転に伴う引っ越しでは、腰痛を患った。その12年後となる今回の大整理・引っ越しは、数倍大変であったが、腰痛も出ず元気に乗り越えた。

▶ 定年退職の「ごあいさつ」と手続き

定年退職の「ごあいさつ」をする機会も、最終講義＆お別れ会、組合総会、退職辞令交付式＆昼食会、教授会、各種送別会など10回以上に上った。

定年退職に伴う諸手続きは、遠方への引っ越しに伴う手続きも重なり、思いのほか煩雑であった。

この間、通常の授業や雑務などをこなしながら、何とか済ませ、元気に定年を迎えることができた。2019年の1～3月は、定年退職・引っ越し「狂想曲」が鳴り響くなか、それらへの対応にかかりきりで、新たな研究などほとんど手つかず仕舞いで終わる。

3.4 「思えば遠くへ来たもんだ」──「狂想曲」を経ての感慨

▶ スペース・タイム・スリップ（Space-time slip）

　退職に至る数ヶ月間の嵐そして「狂想曲」を経て、これまでとは違う時空間に一気にスリップした感がする。新年早々の1月初めと3か月後の4月初めとでは、心象風景が大きく異なり、別次元のような感もする。

　「現役を退く時期に感じる、時間・空間そして人間関係などでの今までとは何か違う異次元空間の感覚は、私もまったく同感です。2009年に社長職を引退し顧問職に転じた折によく感じました。皆さんも同じような思いをされているようです。」（太田信義・博士、2019.4.9）

　この感覚は、サラリーマンも同じなんだと納得する。現役時代への思い入れが強いほど感じるのかもしれない。

　この1年余、夢中で駆け抜けた。そして、異次元の時空間へスペース・タイム・スリップしたのである。「思えば遠くへ来たもんだ」（海援隊、1978年）の歌詞がぴったりで、なつかしい曲が静かに聞こえてくる感がする。「思えば遠くへ来たもんだ…ふるさと離れて30年…この先どこまで行くのやら」。

　この1年余、原稿執筆から出版まで7冊目の本に傾注した時間は、約1千時間に上った。直前の3か月（1～3月）は並行して、研究室＆マンション退去に向け本・資料類の大整理に明け暮れ、約200時間に上った。最終講義、退職の送別会・あいさつ等々も重なり、まさに嵐の中を潜り抜けてきた感がする。さて、これからどこへ向かうのか。

▶ 退職前のほろ苦い洗礼

　7冊目の本（十名 ［2019］）を退職直前（2月）に出版した。「逆転の一打」としての思いと期待を込めて送り出したが、売れ行きなど芳しくない。そのショックは大きく、定年後以降の研究人生を切り拓くうえで壁として立ちはだかっている。

　社会や学会、職場などにどこまで広く深く配慮できているか。退職までに

出版しようと急ぎ過ぎて、詰めが甘くなったのかもしれない。厳しい現実を突き付けられた感もしている。

　定年退職ショックに出版ショックが加わり、増幅されてのしかかってくる感がする。敢えて挑戦した結果とはいえ、退職直前直後のほろ苦い洗礼といえる。それを、今後の生き方、処し方、そして研究のあり方に活かしていくようにしなければと思う。

　足らざるを嘆くだけでは、未来は切り拓けない。これまでやってきたことの成果もしっかりと見据え、その挽回も織り込んでの生き方・研究へ新たに挑戦していきたい。

▶　自宅の書庫と書斎の再発見──新たな可能性に気づく

　研究室、マンションのいずれもなくなり、残ったのは自宅の書庫と書斎だけである。思い切った整理を行った結果、書斎と書庫も見通しが良くなり、予想を超えた収容能力が浮かび上がってきた。本棚に目を転じると、書庫に11本（実質13本）、書斎に2本、計13本（実質15本）の本棚が並ぶ。大学の研究室には7本の本棚を入れていたが、その2倍の収容力がある。蔵書も仕分けが進み、これまで以上に活用できる体制になっている。

　大整理を行う前は、これほどの収容力が自宅にあるとは気づいていなかった。とくに書庫はジャングル化していて、スペースも研究室の2/3ぐらいと感じていた。本の収容力も2/3程度とみていた。

　書庫は、本棚が並び通路があるだけである。本棚には、各分野の本が交錯し、2列置きで奥の本が見えにくい段も多い。英国留学から持ち帰った数百本のテープや資料は、20年手つかず。また鉄鋼や陶磁器関係、その他の調査資料など10年以上手つかず。それらの資料・冊子などが、書庫のスペースを占領していた。通路には、妻が持ち込んだ生活用品も置かれ、行く手を阻んでいたのである。それらの大部分を処分してスペースを空け、残りの本・資料も4割を断捨離すると、元来の大きな収容力が見えてきた。

▶　書庫と書斎は快適な研究空間に変身

　書庫は、研究室の2倍近い本棚が配置され、分類化された本が1列に並ぶ。小さな図書館の様相を呈するなど、魅力的な知的空間へと変貌を遂げている。

　書斎も、大きく変わりつつある。書斎の本・資料はスリム化し、さらに残った分の1/3は書庫に移して、本棚のスペースに余裕を持たせた。これまであっ

た机2つ、椅子2つ、旧いプリンターなどは、処分する。その代わりに研究室とマンションから持ち込んだのが、大きな机と立ち机、快適な椅子2つ、デスクトップのパソコン1機などである。それらが、書斎の快適性を高めている。

　持ち込んだ生活用品など、整理しきれていないものもある。それでも書斎は、余裕のある本棚に、大きな机と立ち机、パソコン2機が加わり、快適な知的空間へと変貌する。大きな机と立ち机には、デスクトップを1台ずつセットし、「座ってよし、立ってよし」となっている。読書や論文・資料・メモの作成などは、座ってできるし、立ってもできる。

　大きな机では、座ったまま落ち着いて作業する。運動不足を感じるときや、リズムが出てくると立ち机に向い、立ったまま本を読み、執筆などを進める。忙しくても、座り病などの運動不足を防ぐようにできる。

　研究室ではできなかったような作業環境が整い、研究ができるという状況が生み出されている。それを活かすような課題や仕事が見いだせるかが、問われている。

3.5　定年退職（70歳）後の視座と再挑戦

▶　1997年と2019年——立ち位置と視界の変化

　「働き学ぶロマン」の投稿から、さらに22年経過した。大学に転じて27年となり、定年退職を迎えた。当時と今の状況は何が違うのであろうか。人生の経験も重ね、より複眼的に位置づけ捉えることができるのではと感じている。

　1997年当時は、鉄鋼マン時代を中心に、鉄鋼3部作を仕上げた直後の高揚と反省をふまえ、それまでの社会人としての仕事と研究の四半世紀をふり返ったものである。[14]

　製鉄所時代は、企業内でのキャリア形成すなわち処遇の壁にぶち当たり、それとの葛藤が大きな負荷になっていた。研究面でも、大きな壁に直面する。企業主義のしがらみから抜け切れず、独自なスタンスを見いだせずもがいていた。30代終盤の1987年、恩師の勧めもあって新設の社会人大学院に入り、恩師の下で研究のリフレッシュを図る。企業主義のしがらみを超え、独自の視点とアプローチを見出していく。

　それが、「日本型フレキシビリティ」論と産業システム・アプローチであ

る。43歳で大学に転じるや、それまでの研究を体系化し、一気に3冊の単著書に仕上げて出版するに至る。その時の手応えと精神的高揚が、「働き学ぶロマン」を生み出したのである。しかし、そうした歩みを、理論的・哲学的に深く捉え洞察するに足る力量が伴っていなかったようである。「落選」は、その警鐘といえよう。

さらに、22年を経た。今や、70歳定年という節目を迎え、半世紀をふり返るという位置にいる。大学27年となり、鉄鋼21年も優に上回るなか、大学27年をどう総括するかが問われている。

この22年間で、わが産業・企業研究も大きな変化がみられた。鉄鋼産業を軸にしたグローバル・大企業研究から、陶磁器産業を軸にした地場産業・中小企業研究へと大きくシフトする。40歳代終盤から50歳代にかけてのことである。

そして、グローバル産業・大企業研究と地場産業・中小企業研究をふまえて、その理論化・体系化に挑戦したのが、60代であった。

7冊目の本について、多くのコメントを献本者からいただいている。産業研究の第1人者から3月初めにいただいたコメントには、「研究者としての執念」という表現がみられる。

「神戸製鋼所の品質データ改ざんのニュースに、十名さんのことを思い出していました。真面目で有能な十名さんを締め出した同社の企業体質に不祥事を起こす要因があったのだと思います。現場労働者の置かれた状況と企業体質から不祥事の要因を解明し、企業改革の方向性を提示できるのは十名さんの他にいないと思います。短期間で、定年退職前に成し遂げられた十名さんの研究者としての執念に敬服しております。」

この「研究者としての執念」とは何か、何であったかが、今やあらためて問われているといえよう。

3.6　「働き学ぶロマン」（十名［1997］）の発掘――現代的視点から問い直す

▶ 研究室と自宅の書庫から幻の作品を発掘

定年退職により、2019年3月中旬までに研究室を明け渡すことになっていた。そこで研究室とマンションからの引っ越しに向け、1月中旬からの2か月、自宅の書庫と書斎も含めて、4拠点の大整理に明け暮れる。

すると、思わぬ拾い物に出くわした。研究室だけでなく自宅の書庫から

も、22 年前に「自分史文学賞」に投稿した十名 [1997]「働き学ぶロマン」が、相次いで出てきた。旧ワープロで作成した 8 ～ 9 万字の随筆である。製鉄所に入ってから退職するまでの 21 年間、大学に転じて 5 年半、計 27 年近い「働・学・研」協同の歩みについてまとめたものである。

　これまで、何回か探すも見つからず、幻の作品と化していた。これを下敷きにして、その後の「働・学・研」協同についてまとめよう。そのような想いに何回か駆られるも、その前にやるべきことが重なり、果たせなかった。そこで、定年後の最初の仕事にしたい。そのように思っていたところに、幻の作品が出てきたのである。

　会社と研究の両立をめぐる葛藤や模索などを赤裸々に綴っており、落選になったこともあって、家族にも見せなかった作品である。突如姿を現したことや定年退職ということもあって、気持ちに変化が生じた。

▶ 「働き学ぶロマン」へのコメント

　この作品のことを、送別会などで触れたこともあって、ごく少数の方に読んでもらう機会があり、貴重なコメントもいただいた。その一部（井手芳美・博士、2019.6.22）を紹介したい。

　「「働き学ぶロマン」の醍醐味は、会社において異端の処遇と体験のなかで、それをバネとし、働きながら学び研究することで、自らの生き方を切り拓いた道程が、リアルに描かれている点にあると思います。…

　日誌が残されていて、それを文書に織り込んでいることで、とてもその時の心情が伝わってきました。とくに、仕事と研究の壁からスランプに陥って、精神的にも闇を抱えていた時、そこからの克服を綴ったところはその時の心情が伝わってきました。」

　「なぜ会社は、このような人事を許したのか、どんな不安と怯え、妬みなどがあったのか。それは会社のどんな体質からなのか」

　「大学への転職が決まった時、先生の知人の方が「"働きつつ学ぶ"活動の終わり、挫折」と言われたと書かれています。私にはこの意味がわかりませんでした。…「退職時の無念」ということをおっしゃっていましたが、何が無念と思われるのか…」

▶ コメントに対するリプライ

　下記は、コメントへのリプライとしてまとめた一部で、コメンテーター

にもお送りしたものである。半世紀近い葛藤と相克を率直につづられている。少し長くなるが、紹介したい。

「 「怨念」から「無念」さらに「執念」へ

実に面白く刺激的なコメントをいただき、ありがとうございます。

会社での「異端の処遇と体験」は、実に辛くやるせない体験でした。その傷は深く、うずきを感じることが今もあります。大学に赴任して間もない頃、若い先生から「なぜ、それほど精力的に研究されるのですか。その推進力は何ですか」と聞かれたことがあります。「怨念です」と応えたとのこと。「衝撃的な返答で、今も覚えています」と当先生から言われたのは、退職時のことです。四半世紀を経てのことですが、今の私なら「無念」あるいは「執念」と応えるかもしれません。

今にして思えば、製鉄所での21年間は珠玉のような体験でもあったといえるでしょう。それは、深い影ともセットになっていました。30歳代になると、会社の処遇は厳しさを増して無念なこともあり、「見返してやるぞ」という思いに駆られることが少なくありませんでした。自らの拠り所とする研究面でも、思うように進まなくなり焦りが強まります。会社と研究という2つの壁にぶちあたり、悩みが高じて精神的な不調にも陥ります。その袋小路から脱出しようと必死にもがいたのが、30歳代でした。

その逆風の時代を、挫けずに全力で立ち向かったことが、30歳代末からの反撃の土台になったと感じています。

「怨念」という表現には、「会社の仕打ち」への無念、「こんなはずではなかった」という自責の念、「見返してやるぞ」といった種々の思いが、込められていました。

一方、「無念」という言葉には、精神的に追い込まれスランプを招いた自らの弱さや至らなさへの反省がより大きな比重を占めています。

大学に転じて間もない40歳台の頃は、「怨念」がピークに達していたようです。しかし、年を重ねるごとに、自らの非力さや至らなさへの反省が高じ、「怨念」から「無念」へと変質していったように感じています。「怨念」は、自らへの過信によって増幅されるといえるかもしれません。「過信」というメッキも、年を経るごとに剥げていきます。自らの至らなさを思い知り、「無念」へと収斂されていったといえるでしょう。

今や「無念」は、大学27年間の仕事・研究・人生にも当てはまるように感じています。全力を尽くすも、その思いやエキスは数分の一しか果せず仕

舞い。すべて自らの研究力と人間力の至らなさと感じています。

この「無念」を、70歳代の研究を支えていく力にできればと思っています。それは、「無念」をはらそうとする「執念」に他ならず、「執念」という方が、よりふさわしいのかもしれません。

小が大を制す醍醐味と研究力

「会社と闘い勝利を収めたストーリー」「小が大を制す」は、身に余る評価といえましょう。半ばそう見えるかもしれませんが、しっくりこない感もします。

会社の理不尽と必死に闘っていたのは確かです。ただ、その矛先は1つの会社だけでなく、鉄鋼産業さらには日本的経営へと向けていきました。その視点や方向性がより明確になったのは、30歳代終わりに社会人大学院に入ってからのことです。大学に転じて数年間のうちに出版した3冊の単著書は、いずれもそのような視点から掘り下げ体系化したものです。研究の推進力としての「怨念」は、1会社を超えて鉄鋼産業システムさらに日本的経営を軸とする社会経済システムへと向けられていました。

鉄鋼マンが大学に転じて、「自由」になるや即、高炉メーカーの主導する鉄鋼産業システムおよび日本的経営への批判と再生への処方箋を出版しました。「小が大を制す」とまではいかないが、一矢報いたといえるでしょう。

理論的には、「怨念」から「無念」へとシフトしつつある段階であったといえます。ただ、感性レベルでは、また体感的には、なお「怨念」が鳴り響いていたといえるでしょう。

「小が大を制す醍醐味」は、「働きつつ学び研究する」活動がもたらすパワー、社会人研究力といえるかもしれません。

仕事の本質や面白さは、深く研究する中で見出されることが少なくありません。職場や経営のあり方、産業全体の流れを俯瞰し、歴史的・理論的に捉える力にもなります。そうしてこそ、「小が大を制す」ことも可能になるでしょう。

なお、社会人研究者の魅力や彼らの博論を指導することの面白さや苦労については、これまで何回か論じてきました。十名［2012］『ひと・まち・ものづくりの経済学』第3部10～11章は、それらを編集したものです。

大学人の社会人研究者観——アカデミズムの壁と現場力

社会人研究者を見る目は、この30〜40年間で大きく変わってきているように感じられます。20歳代の頃の風当たり、壁の高さは、想像を超えるものがあったようです。

最初の論文「大工業理論への一考察（上）」が『経済科学通信』に掲載されたのは、1973年秋、25歳のときでした。京大の修士論文を凌駕しているとの評価もいただきました。当時の修士論文は、今の博士論文並みかそれ以上の価値がありました。多くの人は、修士論文の力で大学に就職していったのです。幾つかの学会でも、発表しました。

そうした活動は、民間労働者ではありえないこと、とみられていました。基礎経済科学研究所でも初の快挙で、70〜80年代における基礎研の快進撃への弾みとなりました。

そうした活動を快く思わない大学教員もおられたようです。さる学会でのこと、若い大学教員から「君のような民間人が活躍すると大学教員の存在価値が危うくなる」と批判されたことを今も覚えています。

一方、基礎研での労働者研究者のモデルともなされてきました。「働きつつ学ぶ」という理念も、25歳のときのわが随筆のタイトルが起点になったとみられます。在野で研究することの意義を論じていた者が大学に転じる、それこそ「在野研究者の敗北」だと追及されたこともあります。

当時は、どう応えたらいいか、とまどいもありました。今なら、次のように応えることでしょう。

「在野で研究することの意味は、大学教員という立場に転じ、研究・教育に精一杯取り組むなかで、両者の深い体験と思索を通して、初めて見えてくるものです。両分野を深く体験した者でないと、見えない地平といえるでしょう。その知見と研究成果を、大学に社会に後進に還元していくことこそ、先進的な在野研究者の役割ではないでしょうか。」

それから40数年が経ち、企業など現場出身者の大学教員もずいぶん増えました。今もなお、現場出身の大学教員を見るアカデミズムの目は厳しいものがあると、恩師から幾度となくお聞きしています。プロパー出身の大学教員の何倍もの研鑽や研究成果などを重ねることで、そうした壁を超えていけるのかもしれません。

研究へのこだわりと情熱はどこから来たのか

「働き学ぶロマン」を投稿した頃（1997年）、理解のある名学大教員にそっと見てもらったことがあります。「働きながら研究になぜそれほどこだわったのか、わからない」とのことでした。「研究しか自分を生かす道はない」と感じていたからでしょう。今だから、明言できるのかもしれません。

1960年代後半の学生紛争がピークの時代に、マルクス経済学を学び、学生運動にも参加しました。大企業に就職すると、それらと決別し、サラリーマンとして処していく。活動家の中には、変身を遂げ出世した人も少なくないようです。

私のような不器用な人間は、それが出来ませんでした。むしろ、企業に就職し製鉄所の現場に入ってから研究に目覚める、という全く逆のコースをたどったのです。会社の独身寮にいたので、そうした生活スタイルは、人事・労務管理に筒抜けとなり、にらまれるようになったのです。それだけであれば、まだ許せたかもしれません。学術誌や学会誌に寄稿するようになり、これは許しておけないとなったのでしょう。

生き方としては、軸のところはぶれずに貫けたのではと思っています。それは、不器用な生き方のゆえでもありました。

なぜ現場にあって研究にこだわったのか。幾つか、理由もあげられます。アイデンティティとなるものを、他に見つけられなかったから。愚妻は言います。「世渡り上手で、会社でもうまく切り抜けて出世していたら、研究は続けられなかったはず」だと。

25歳で「働きつつ学び研究することの意義と展望」を発表し、「働きつつ学ぶ」という理念を羅針盤にしてきたことが、精神的な支えとなりました。基礎研や学会、研究会などで多くの先生方から支援していただいたことも、続ける大きな力になりました。

生き方・研究日誌の効用

30歳代前半に力を入れた日誌ではありますが、精神的な苦境が薄らぐにつれ、まだらになっていきました。

日誌を本格的に再開したのは、英国留学から帰国後の50歳代前半のことです。カルチャーショックから立ち直り、研究の遅れを取り戻したい、という危機意識が促したのです。研究だけでなく、生活のことも大いに綴ります。月1冊ペースの頃もありましたが、今では年に数冊程度となっています。

研究のことや生活のことで少しモヤモヤしてくると、メモして整理する、着想を拾い上げる。そうすると、心が落ち着くし、研究の方向性も見えてくる。込み入ったメールの場合も、同じです。ノートにスケッチし、イメージが膨らんできてから、パソコンに向かうのです。

60歳代になって、併行して本格化したのが手帳メモです。大まかな予定を書き込むのも大切ですが、毎日何をしたのかという記録、おこなった仕事項目を箇条書きにメモするようにしました。手帳を見れば、1年前、2年前の何月何日に何をしたのかが追跡できるのです。

むしろ、記憶力がそれだけ減退し、メモを見ないとフォローできなくなったためといえるでしょう。

今回のリプライも、日誌ノートで粗いスケッチをし、パソコンに向かいました。30歳代の苦境時に始めた日誌ノートは、今や70歳代の友として大いなる力になっています。

数年前、あるいは十数年前のことを、手帳や日誌を手がかりに探すことがあります。殴り書きのようなノートですが、直筆を見ると当時のことが甦ってくることも少なくありません。」

▶ タイトル再考──「働き学び研究するロマン」をめぐって

「働き学ぶロマン」のタイトルは、「働き学び研究するロマン」の方が良かったのでは、と反省することもある。その方がより本質的でわかりやすかったかも。企業だけでなく行政、大学などで創造的な仕事を探求している人たちにより深く響くかもしれない。

「研究する」を外したのは、なぜか。鉄鋼マン時代とくに30代の危機体験の残像と心の傷跡が拭い切れず、「研究する」をメインに掲げることにとまどいや躊躇も残っていたからである。むしろ、あえて外したことにより、タイトルのインパクトがより強まり、本書において第1部と2部の独自性、対照性を鮮明にすることになったのではないか。そのように感じるに至っている。

「なぜロマンなのか」と問われることがある。「ロマン」とは、夢や冒険心のことである。生産現場で働きながら、働くことの意味や価値を追求する。いわば、働きがい・生きがいの探求として研究活動がある。そうした心躍る冒険心、逆風に抗し乗り越えていこうとする仕事と研究への挑戦を、「ロマン」と呼んだのである。

▶ 定年後の再挑戦に向けて

社会人生活48年（1971～2018）をふり返れば、「働き学ぶロマン」が対象としたのは、その前半期（1971～97年）、いわば青・壮年期にあたる。

今、直面しているのは、その後半期（1998～2018）、いわば中高年期をどう総括し編集するかである。それは、今後とも研究を続けていけるかどうかの試金石にもなるであろう。そのノウハウと情熱を、青・壮年期の苦闘、そして中高年期の新たな挑戦の中から見出したい。

しかし、何よりも大切になるのは、社会人が手に取り関心を持つ作品に編集することができるかどうかである。「働き学ぶロマン」に欠けていたのは、青年、壮年、老年へのメッセージではなかったか。働き方、学び方、生き方についてのわかりやすいメッセージを、各世代に示すことである。

わが「働・学・研」協同論、自分史は、そのノウハウと哲学を導き出したエビデンスとして位置づけるのが良いのでは、と感じている。

大学卒業までの幼少期～青年前期（～22歳）が「人生の序盤期」とすれば、鉄鋼メーカーに就職してから大学を定年退職するまでの48年、ほぼ半世紀（23～70歳）が「人生の中盤期」にあたる。そして、定年退職を機にスタートする71歳以降は、人生の終盤期といえよう。人生の終盤期がどのようなものになるかは、これからの奮闘如何にかかっている。人生百年時代を生き抜くことができるか。10年、20年単位で、元気に研究を続けることができるか。研究成果をまとめることができるか、新たな境地を切り拓くことができるか。そして、この終盤期を研究と人生の熟成期にできるかどうか。「働・学・研」協同の真価が問われることになるであろう。

④ 日本における「働・学・研」協同の伝統と創造

・・

4.1 勤勉と学び心の伝統

かつて勤勉と向学心は、日本人のアイデンティティとみなされてきた。遣唐使の留学生にみる学びの覚悟から、江戸時代の寺子屋の隆盛に至るまで、仏教に学び、漢字を受容しつつ生み出した仮名（ひらがな・カタカナ）を活用し、洗練された独自の文化と技術をつくりだしてきた。仮名の創造は、シンプルを旨とする日本文化とくに「型」文化の源となり、漢字と融合して学びをより容易に楽しくするなど庶民の学びを支えてきたのである。

幕末維新期に日本を訪れた外国人の多くが、日本人の識字率の高さを称賛しているように、江戸時代の日本人の識字率はすでに世界一で、幕末期には（農村部を含む）江戸府内において江戸生まれのもので85％、江戸市中ならばほぼ100％に達していたとみられる[16]。

庶民にも教育の必要性が語られ始めるのは、市場経済の影響が顕著になりつつあった17世紀末の都市においてである。寺子屋の普及も都市から始まり、農村へと普及していった。江戸時代は文書社会となり、幕府や藩から村や町への指示も文書で、商売にも文字や文書が欠かせない。必要に迫られての寺子屋教育は、読み書き能力と生活道徳の学びが密接に結びついていたが、次第に儒教の影響を強めていき、道徳的で主体性を尊重するおおらかな学習観が一般的となる。寺子屋の普及に伴い、文字を駆使した文化が成熟し、生活の折々に俳句を詠む習慣など、学びを楽しむ洗練された文化が生活の中に根づいていくのである[17]。

江戸時代の学び文化をリードした3巨星として、前期の貝原益軒（儒学者、教育家）、中期の石田梅岩（石門心学の祖）、江戸末期の二宮尊徳（篤農家、605町村を復興）があげられる。貝原益軒の朱子学的な理想主義は、後世の庶民教育思想に大きな影響を与える。封建社会における商人の道を説く石田梅岩の石門心学は、勤労・勤勉・質素・倹約を主張する一大教化・学習運動として展開され、農村や武士階級にも浸透していった。

農村復興を成し遂げた二宮尊徳の手法や精神を学ぶ報徳運動は、勤勉・勤労を説く精神運動の二度目の波であった。勤労・勤勉によって生まれた剰余は、石門心学のように否定されるべきものではなく、「推譲」により拡大再生産をめざして投資される経営資源とみなされたのである[18]。

4.2 戦前日本の児童教育にみる生活と学びの結合
——貧困に立ち向かう生活綴方運動

工業化が進行する戦前日本において、資本主義的貧困と封建的因習が広がる環境の中、恐慌によって悲惨な状態におかれた子どもたちを救おうとする教育運動がみられた。教師たちによる生活と学びを結合させる運動である。子どもたちに生活事実を直視させ、それを綴らせ、教室で検討することにより、社会認識を育てようとするものである。それは生活綴方運動といわれ、全国に広がったが、とくに貧しい東北地方で活発であった。

子どもを「奔放な吸収力と、同時に猛然とした消化力を持つもの」として捉え、もっとも必要なのは、「意欲性」が「知性」をとらえ「生活的知性」を獲得することにあるとみる。現実の暗さから目を背けるのではなく、生活の事実を把握させることにより、その事実を克服する力を獲得させようとしたのである。[19]

　戦後、生活綴方運動は再興されるが、高度成長に伴い管理と効率が進むなか、後退を余儀なくされていく。

4.3　「働・学・研」協同の試みとポスト工業社会

　「働・学・研」協同とは、「働きつつ学び研究する」ことである。これらは、資本主義の発展に伴い、それぞれの効率性が追求されるなか、相互に分離・分化して独自な発展をたどってきた。分離・分化が極限的に進行するのに伴い、働くことや学ぶことそのものの疎外も深まり、働くことや学ぶことの意欲や活力の低下をもたらしている。

　かつて、勤勉と向学心は日本人の拠りどころ、DNA とみなされてきたが、今や神話と化しつつある。「勤勉」には、「額に汗して働く」という生産労働のイメージも含まれている。直接的な生産労働が減少するなか、勤勉倫理は大きく後退し、精神的報酬の希求へとシフトしてきている。[20]また向学心も萎え、むしろ「学び嫌いの日本人」としての様相が目立つようになる。小中高生の多くは家庭でさほど勉強せず、家庭での学習時間は先進国でほぼ最低の部類に属し、大学生の本を読まない傾向も顕著になる。[21]

　学ぶ意欲の低下は、生き抜く力の低下となり、国の未来を危うくする。しかし、他面からみると、日本社会には、江戸時代にみられた学びと生活の一大結合運動、工業社会における労働との新たな結びつき、さらには近年における仕事と学び、研究を結びつけようとする社会的な流れなど、学びの欲求と伝統は今も脈打っているとみられる。まさに、「働・学・研」協同の思想と実践は、日本社会の伝統に深く根ざしたものといえる。そして、今日のポスト工業社会（いわゆる知識社会）において、「働きつつ学び研究する」という人間発達の新しいスタイルとして甦りつつあり、日本の知的再生に向けた確かな水脈と捉えることができる。

　東西に共通することわざに「よく学びよく遊べ」（「Work hard and play hard」）があるが、そこでは学ぶと働くが同義一体のごとく使われている。「働

きつつ学ぶ」は、本来一体のものとみることができる。「よく働く」ことは、「よく学ぶ」ことを促すなど「よく働きよく学ぶ」道につながり、さらに「よく学びよく遊ぶ」ことを可能にする。「働・学・研」（さらに「働・学・遊」）は、本来一体のものといえよう。「働・学・研・游」の協同さらには融合が本来的な姿とみられる。しかし、資本主義の発展とともに、それらも分離・分化し多様化するなか疎外を深めてきた。

　再結合・融合化に向けた「働・学・研」協同の試みは、人間らしい仕事や生活・人生を取り戻し、その質を高める創造的な挑戦であるといえよう。

4.4　戦後の品質管理活動にみる生産現場の「働きつつ学ぶ」運動
──経営主導の光と影

　明治維新以来、とくに第2次世界大戦以降の日本の歩みは、試行錯誤を伴いながらの「創造的な学びのプロセス」であった。「ラーニング・ソサイエティの構築」を掲げるスティグリッツは、日本の歩みを「ラーニングとイノベーションの歴史」と捉える[22]。

　戦前から戦後復興期にかけて、日本製品といえば「安かろう　悪かろう」のイメージで、安物・低品質の代名詞とみなされた。それを根底から覆す契機となったのが、デミング・システムと呼ばれる品質管理の思想と実践である。企業を中心にまき起こった経営主導の品質管理活動は、日本的にアレンジされ、現場発学びの大運動の起点になった。

　デミングの品質管理論は、職務枠を超えた協働を求め促すものである。それは、日本の大企業が志向した経営主導の協調的労使関係とも共鳴する側面を有し、階級的から労使協調的な労使関係へとシフトする推進役（踏み絵）としても機能した。

　日本的な品質管理活動は、①品質のつくり込み、②全員参加、③継続的改善などに特徴がある。

　設計・各工程での「品質のつくり込み」は、高品質と低コストを同時に達成することに眼目があった。両者の関係を「品質とコストのトレードオフ」とみなす欧米とは、一線を画すものである。なぜ日本で品質とコストの同時達成が可能になったのか。

　それを解く鍵の1つが、小集団活動である。「全員参加」のもと、作業者が品質管理に参加し、小集団活動として、各職場丸ごと参加の形で行われた。

現場の監督者・作業者が、基礎的な品質管理手法を学習し習得しながら、改善活動を進めていく。それらの大半は、時間外に行われたが、彼らの自己実現欲求などを刺激し、仲間との連帯感なども高めて士気の高揚につながった。

QCサークル活動は、「自主参加」とされ、長きにわたり残業代も支払われなかったが、その成果は勤務評価に反映されてきた。生産現場を中心とする学びと高い労働意欲、改善・改良は、コストをほとんどかけることなく経営の成果とされたのである。

それによって、高品質・低コストのメイド・イン・ジャパンとしてブランド化され、他の先進諸国の追従を許さない期間が30年あまり続いた。

しかし、日本的な品質管理活動には矛盾も少なくなかった。「全員参加」と「自主参加」は、本質的に矛盾する。それでも高度成長期には、国民がさらなる豊かさを求めて目的を共有化できたので、「全員参加」のスローガンもそれなりに「効果」を発揮した。80年代に入ると、人びとの欲求が次第に多様化していくなか、「全員参加」は吸引力を失い、個性と創造性の発揮が重視されるようになる。

1980年代中頃〜90年代になると、日本的品質管理活動の衰退期へと転じる。限界や問題が顕在化し、QCサークルの解散など全社的な品質管理活動からの撤退が相次いだ。減量経営の下、「品質管理はマスター済み」というおごりや錯覚とも重なり、脱デミング現象など品質軽視の動きも顕著になる。

それらは、欧米でのデミング重視の動きと好対照をなしており、日米再逆転の呼び水ともなる。[23]世界がデミング・システムに邁進しだしたのち、日本の産業、社会、経済、文化、教育における競争力は相対的に低下していく。

2000年代に入ると、コスト重視・品質軽視の経営がいっそう強まる。一方での現場軽視、他方での「強い現場」への依存、いわば形を変えての無理難題の押しつけが常態化する。現場の疲弊が進むなか、倫理の低下さらには現場力の劣化が広がり、重大な品質事故や品質不正が相次いで発覚するなど、深刻な様相を呈するに至っている。

4.5 「ふだん記」（自分史）運動にみる「働・学・研」協同の思想と実践

人はそれぞれ、「生活という、自分たちの労働着」を持っている。橋本義夫［1968］は、「自分の生活、体験、思考などを、自分の言葉で書き、自分の文章をつくる時代に入った」として、「ふだん記」運動を提唱した。庶民に

自分の生活史を書かせよう、その主体的な意欲を引き出そうというものである[24]。

それを「自分史」として捉え直したのが、色川大吉［1992］『自分史―その理念と試み』[25]である。橋本義夫を、「自分史のパイオニアであり、日本の庶民に自己表現の道を切り拓いた先覚者」、と評した。自分史の核心は、歴史を切り結ぶその主体性にあり、自分と歴史の接点を書くことにある。人生の方向を決定づけた原体験に注目し、それを記述することによって、その時代の生きた情況を描き出す。

臥薪嘗胆の第1期（1958～67）を経て、橋本が本格的にこの運動を始めたのは、1968年からである。「ふだん記」創刊号を出し、第2期目の「ふだん記」運動がスタートした年である。反公害や近代化への懐疑など「内省への転換期」[26]にさしかかっていた。

1973年には石油危機が勃発し、経済成長最優先・資源エネルギー多消費志向の価値観がひっくり返される。「ふだん記」運動を、ようやく軌道に乗せ、その体制づくりが終わって、これから普及拡大期に入ろうとした矢先のことであった。まさに、好機到来である。

その後の数年間に、ふだん記運動は一気に十数倍の発展を見る。1975年には、活版220ページ、執筆者160人を擁する第40号を刊行する。それを基に、各人が個人文集としてまとめた「ふだん記」の本や新書も、90冊に達していた。この文章運動は、「市民権を獲得した」[27]のである。

橋本［1968］によると、庶民の「記録は、一時の出来事を永遠なものに…世の片隅の出来事を全体のものにすることができる。…記録でもっとも値打ちがある時は、激しい変化の時である」。

記録として価値のある「激しい変化の時」とは、社会経済環境の変化の時だけでない。自らの人生における激しい変化の時（あるいは大きな転換期）も、質的には匹敵するほど大きな意味をもつとみられる。「働・学・研」協同論は、自らの人生、とくに仕事と研究における大きな転換期に光をあて、その意味を捉え直そうとするものである。

色川［1992］によると、転換期において民衆文化は、新しいものに対する学習として始まり、やがて自己表現の段階に到達していく。それも、個人的なレベルからグループへと表現が深まり、広がっていく。

「新しいものに対する学習」から「自己表現の段階」への発展は、「働きつつ学ぶ」から「働きつつ学び研究する」への展開と軌を一にするものがある

とみられる。筆者が、「働きつつ学び研究する」活動（「働・学・研」協同）を働く者の視点から提示したのは、折しも1973年秋である。まさに石油危機が勃発した歴史的な転換期ともぴったり重なる。

4.6　基礎研運動と企業社会変革運動にみる「働・学・研」協同の理論と実践

　「ふだん記」創刊号が出版された1968年は、経済学基礎理論研究所[28]（基礎経済科学研究所の前身、略称「基礎研」）が設立された年でもある。「いきいきとした現実感覚と基礎理論」のスローガンを掲げ、労働者学習の普及と発展、民主的研究者の集団的養成、経済学の創造的発展の3点を基本目的にしている。

　1975年に、名称が基礎経済科学研究所（現行）に変更され、夜間通信研究科（基礎研大学院）も開設されて労働者研究者の育成に乗り出す。その後、人間発達の経済学を提唱・発展させ、労働者研究者を育ててきた。機関誌・学術誌としての『経済科学通信』も、149号を数えるに至っている。それらは、基礎研の独自性として注目される。

　そうした基礎研運動をリードしてきた森岡孝二氏は、2018年8月に74歳で帰らぬ人となる。基礎研の理念や目的を自ら実践し、研究と社会活動のいずれにおいても大輪の花を咲かせた。企業社会研究の第1人者にして第1級の精力的な社会活動家であり、両面を兼ね備えた類まれな研究教育者であった。両者のダイナミックな融合を図ってきた人であり、「働・学・研」の体現者に他ならない。社会活動での信頼とネットワークが調査・研究にプラスされ、また研究の成果や洞察力が社会活動にもフィードバックされ、社会活動をリードし押し上げていく。まさに、社会活動と研究の比類なき好循環を創り出した。

　森岡氏の社会的な活動は、株主オンブズマンに始まり、ブラック企業の告発、その後とくに過労死問題の取り組みにおいて、過労死防止法の制定や過労死防止学会の立ち上げなどで大きな力を発揮する。自らNPO法人（働き方ASU～NET）を組織して理事長となるなど、社会問題と深く関わり、関係者（被害者や家族・遺族、弁護士など）とともに運動の渦中に飛び込み、問題解決に尽力してきた。「心臓に障害を抱えつつの獅子奮迅の人生」（中谷武雄）であった。

　研究と社会活動の両面において、多くの関係者を惹きつけ結びつけて、大きな力に変えていったのは、彼の類まれなる人間力、すなわち「視野の広い

寛容で謙虚な人柄」であり「崇高な人格」であったといえる。

5 「働・学・研」協同スタイルの創造──3次元体験をふまえて

・・・・・・・・・・・・・・・・・・・・・・・・・・・・・・・・・・・・

5.1 「働・学・研」協同の試みと原型づくり

製鉄所 21 年、大学 27 年、合せて 48 年の勤務を終え、2019 年 3 月に定年
退職を迎えた。この間、いろいろと局面は変わるも、「働きつつ学び研究する」
(すなわち「働・学・研」協同の) 生き方を心がけ、自分なりのスタイルをつく
り出してきた。

この間における「働・学・研」協同の試みは、次の 3 つの次元にみられる。

第 1 は、製鉄所で働きつつ基礎経済科学研究所 (略称、基礎研) の研究活動
に参画した 20 ～ 30 代のチャレンジである。第 2 は、そうした人生スタイ
ルを続けつつ、さらに社会人大学院 (京都大学経済学研究科) に学び研究を磨
いた 40 歳前後の頃の試みである。第 3 は、名古屋学院大学に転じそれまで
の研究蓄積を 3 冊の本にまとめて出版した数年間を経て、大学院博士課程で
社会人博士育成に力を注いだ 20 年間の試みである。

半世紀近くにわたる「働・学・研」協同の挑戦を通して、3 つの原型 (い
わゆる「型」) もつくり出してきた。1 つは、基礎研をベースとする労働者研
究者モデル、2 つは社会人大学院で博士論文をめざす社会人研究者モデル、
3 つは名古屋学院大学での博士論文指導を軸にした社会人研究者育成モデル、
である。そこから、多様な社会人研究者モデルが輩出する。

浅学非才にもかかわらず、こうした原型づくりに関わることができたのは、
なぜか。まさに、それぞれの課題が社会的に浮上した時期に、遭遇できたこ
とである。そして、(正面から課題に向き合うなか) 多くの優れた先達や仲間に
出会い、そうしたコミュニティで学ぶことが出来たことが大きい。その多く
は、「時の利」「人の利」「地の利」に恵まれたことに与っている。そうした
中で可能となった挑戦であったといえよう。

5.2 製鉄所時代 (1971 ～ 91 年) における「働・学・研」協同の試み

▶ 製鉄所での現場実習と古典との出会い

大学を出て鉄鋼メーカーに入社したのは、1971 年のことである。入社直

後の半年余は、高炉や転炉、圧延などの各現場を実習して回った。その時の迫力ある現場の映像が、今も脳裏によみがえる。独身寮（相部屋）で 6 年間過ごしたが、文献の保管や時間など研究するには何かと不便を極め、細心の注意を要した。

　比較的自由のあった現場実習時代には、『資本論』を読破した。文庫版にブックカバーをかけ寮管理者の目に直接触れないように気を配りつつの独学であったが、古典の迫力に深い感銘を受ける。製鉄所現場での実習体験が、大工業論や労働論などへの理解と共感を促してくれたのである。

　製鉄所では、原料管理・生産管理の仕事にたずさわる。以来、退職にいたる 21 年間、この仕事に就いてきた。事務系の大卒が、技術系の部門で 10 – 20 年と同じ仕事をすることは、皆無のこととみられ、筋を貫く研究活動による会社人生の厳しさを反映したものであった。独自な人生＆仕事スタイルを創造してゆくしか道はなかったといえる。

▶ 製鉄所と基礎経済科学研究所を舞台にした「働・学・研」協同の試み

　製鉄所で 3 年目を迎えた 1973 年春より、経済学基礎理論研究所（基礎経済科学研究所野前身）支部の大阪 2 部基礎研（故・森岡孝二主宰）に参加する。そこでの活発な議論に触発され、一気呵成に論文化する。同年秋に最初の論文（「大工業理論への一考察」）を『経済科学通信』に発表し、労働者研究者として産声をあげた。在野とくに民間大企業の労働者による研究論文は、基礎研でも初めてということもあり、内外から身に余る高い関心・評価をいただいた。その手応えと熱い期待が、働きつつ学ぶ現場研究に賭ける決意を促したのである。

　20 代の半ばから後半は、旺盛な研究活動ができ、資源論、技術論、鉄鋼産業論、理論経済など各分野の第 1 人者の門をたたき師事を受けるなど交流を進めた。

　しかし、30 代に入ると生活環境などの変化に伴い、仕事と研究の好循環を維持することが難しくなる。会社の業務、研究（夜・休日）、家庭（共稼ぎ・3 児育て）がうまく回るようにすべく、試行錯誤を繰り返した。会社と研究の両面で、壁にぶち当たる。

　企業内にあっては、研究活動や論文発表などを契機に会社のマークが強まる。キャリア形成の機会を奪われるなど、困難な立場に追い込まれる。「日本の鉄鋼原料分野のトップに」の夢も、頓挫を余儀なくされていく。研究面

でも、産業・労働の理論と実証分析の両面で、独自性が見出しがたくなるなど、高い壁にぶつかる。会社と研究の両面での悩みは、心身の不調をもたらす。そうした負のスパイラルから脱出すべく、試行錯誤を繰り返した。今も続けているテーマ日誌は、そうした中で始めた手法である。

▶ 「働・学・研」協同の新たな展開──京大院・経済学研究科（1987〜91年）に学ぶ

　製鉄所で働きながら、京大院・経済学研究科に新設（1987年）の社会人コースへ進学したのは、30歳代も終盤のことである。

　恩師（池上惇）から、入学の誘いをいただいた。在野精神との葛藤もあったが、人生の転機を図るべく進学を決意する。専門・外国語試験を突破して社会人入学を果たす。社内の上司や人事部に根回しし、なんとか了承にこぎ着ける。「休日などにやる分には構わない」とのお墨付きを得、「頑張れよ」との激励を受けるに至る。険しい空気のなか、まさに「背水の陣」で臨んだ賜物といえるかもしれない。

　遠隔地通学ゆえ、平日の通学は難しく、恩師には土曜・隔週に大学院ゼミ（産業論研究会）を開いていただいた。そこでの活発な議論は、基礎研に参加した20代半ばの頃を彷彿させるものがあり、わが研究に大いなる刺激とヒントをもたらす。

　それだけでなく、後進の社会人研究者の孵化器にもなっていくのである。産業論研究会では、当初、共通の文献を取り上げていたが、社会人の場合、それだけでは限界があることに気づく。彼らは、職場や地域など多様な体験と問題意識を有していて、それを引き出し、深めていく仕掛けが求められる。そこで、問題意識やアプローチなど自家製の作品（メモ、レジメ、論文）などを持ち寄ることを提案し、出席者のノルマとしたのである。これが、フィットする。研究会では、数本の研究報告をめぐって議論が白熱する。数年間、司会進行役を務めたが、数時間が瞬く間に過ぎるなど、制御するのも至難の業となる盛況をもたらした。

　恩師の類稀なる指導、そこにわが創意工夫を融合させての独自のスタイルを編み出し、後進の方々も競うようにそれを実践されたのである。1993年の単著書出版で経済学博士（社会人第1号）を授与されたが、その後、この研究会から10本ほどの博論が輩出し、社会人博士への評価が定着していくのである。

5.3 大学と社会人研究者をつなぐ「働・学・研」協同の試み

▶ 現場研究の掘り起こしと体系化の試み

1992年、名古屋学院大学経済学部に工業経済論と技術論担当の助教授として赴任した。最初の数年間は、学部教育に携わりながら、それまで溜めていたものを一気に吐き出し論文化していく。研究と教育の好循環をめざして模索しつつ、現場研究の掘り起こしと体系化にまい進する。その甲斐あって、1993〜96年の間に3冊の単著書（鉄鋼3部作）を出版することができた。

その直後の1997年、名古屋学院大学大学院経済経営研究科（経済学および経営政策専攻の2修士課程）が発足し、1999年には経営政策後期博士課程がスタートする。

▶ 社会人大学院での博論指導（1999年〜）

経営政策後期博士課程の発足（1999年）に伴い、産業組織研究のちに産業システム研究担当として博士論文指導を行うようになる。本学博士課程では、この20年間に30名の博士が誕生する。

博士課程十名ゼミは1999年に、現役ゼミ生1人から出発する。ゼミは、産業システム研究会として、他ゼミや他大学院OB、他大学教員など博論をめざす人たちにも、広く門戸を開く。ゼミの博士OBも参加し、単著書の出版や研究の深化・発展を図るだけでなく、現役へのアドバイスや支援などにもご尽力いただいている。

産業システム研究会（十名ゼミ）では、それぞれの報告（メモ、レジメ、論文など）をたたき台にして議論する。さらに、博士論文の構想や全体像などについても、折に触れて報告を促しアドバイスする。電子メールなどでも、研究のやり方などをアドバイスし、論文（ファイル）を交流し、赤字で校正して返信するなど、きめ細かなフォローを心がけている。

これらのフォローは、京大方式（産業論研究会）ではあまりしなかったやり方である。1980年代後半は、パソコンやインターネットが未だでワープロが主流であった。そうした歴史的な違いもさることながら、博士課程進学者の質の違いによるところも少なくない。

京大の産業論研究会には、意欲的な社会人研究者が集まり、梁山泊の様相を呈しつつあった。彼らは、基礎研などで研究論文を何本か発表し、2カ国の外国語による専門試験も合格している。それゆえ、問題意識や課題を持ち

寄り議論するだけで、大いなる効果がみられたのである。

　一方、名学大の場合、博士課程進学者の学力や研究水準は多様で、とくに留学生のバラつきが大きい。そのため、きめ細かな指導とフォローが求められる。彼らが、産業システム研究会にて研鑽を積み社会人研究者へと変身を遂げつつ、博士論文を仕上げていくプロセスは、ドラマに満ち、実に感動的である。

　産業システム研究会（十名ゼミ）では、この20年間に14名（社会人研究者10名、中国人留学生4名）の博士（経営学）を送り出している。博士論文の多くは高い評価を受け、近年は単著書としての出版が相次いでいる。集団指導のシステムも、博士論文の水準を高める上で大きな力になっているとみられる。

　名学大における博士論文の審査は、予備審査と本審査の2段階方式になっている。いずれも、審査委員会（4名）での指導・承認を経て、教授会での審査（無記名投票）を受ける。重要な役割を担うのが、予備審査の段階である。厳しくも的確かつ詳細にわたる注文が付けられる。それをクリアするプロセスで、博士論文はより洗練化され、本審査にかけられるのである。

　産業システム研究会（博士課程十名ゼミ）では、製鉄所現場、基礎経済科学研究所、京大・社会人大学院で編み出し磨いたノウハウを、博士論文指導に活かしており、さらに独自な工夫を凝らした指導方法へと発展させている。そして集団指導のシステム、とくに博士論文の予備審査における的確かつ詳細な集団指導（審査員4名）が、さらなる洗練化を引き出している。わが門をたたく者は僅かだが、ゼミに入ってきたチャレンジャーには石にかじりついても博論を仕上げるよう激励・支援してきた。

5.4　近年の博士課程離れとその背景

　日本人のノーベル賞受賞が続いているが、博士人材は諸外国に比べて少なく、博士人材の層の薄さに先行きへの懸念が強まっている。日本企業におけるブレークスルーの少なさの一因ともみられる。

　博士号取得者の比率は、ドイツ・英国の1/3、米国・韓国の半分以下である。欧米諸国や韓国では、増加する傾向もみられる。日本は逆に低下する傾向にあり、10年間で2割のダウンがみられる（図表5　人口100万人当たりの博士号取得者）。近年の博士過程離れは深刻で、優秀な人材が研究職をめざさなくなっている。

図表5　博士号取得者の推移（人口100万人当たり人）

年度	日本	米国	ドイツ	フランス	英国	中国	韓国
2006	140	183	299	164	288	25	184
2008	131	205	312	169	286	32	191
2010	131	219	319	174	320	35	213
2012	125	236	333	179	348	37	244
2014	118	253	348	177	353	38	255
2018	118	—	356	170	360	39	271

注　文部科学省　科学技術・学術研究所「科学技術指標」を基に作成
（有川節夫「博士進学増やす制度提案」、日本経済新聞、2019.11.4）

　そうした理由は何か。1つは、日本企業における博士人材の評価と活用の低さにあるとみられる。博士課程修了者にみる年齢の高さや専門分野へのこだわり、柔軟性の欠如などが問題とされた。博士の採用が常態化していないため、評価や処遇法が定まらず、ネガティブな面が過度に強調されてきたきらいがある。[29]

　日本企業が採用時に重視するのは、「専門性」ではなく、「コミュニケーション能力」など人柄に関する項目である。入社後も「専門性」は評価されにくい。30歳前後の平均年収を比べると学部卒に対し修士・博士の大学院卒は、日本の場合1.25倍である。米国の修士は1.4倍、博士では1.65倍に開く。欧米では、博士課程の学費を免除したり、学生に給与を支給したりすることが珍しくない。高学歴者に高収入で報いるのは世界の常識で、「グローバルの人材評価基準から日本市場は隔絶されている」という。倍以上の年収で外資に転じる博士が後を絶たないのも、国内企業における待遇の低さの裏返しとみられる。[30]

　2つは、大学など安定した研究職への道が狭まってきたことにある。政府の「ポスドク（ポストドクター）1万人計画」（1996年）以来、ポスドクは増えるも任期に限りがあるため、40歳を過ぎても安定した研究職に就けないポスドクが増えている。

　企業に入っても稼げないため、日本では博士号をもつ研究者の75％が大学などに所属する。企業に採用される人材を、大学側が育ててこなかった面もあるという。米国では、博士の4割が企業で働き、イノベーションの原動力になっている。[31]

　3つは、大学の研究職そのものへの魅力が減ってきていることにある。競

争的研究費等の申請、研究・教育業績評価等に係る業務などに忙殺され、じっくり研究できなくなっている。そうした大学教員の実態を間近に見て、魅力も失せるのであろう。[32]

4つは、大学教員の研究力量や指導力がじっくりと培われず、社会の多様かつ深い課題とのギャップを広げていることにあるとみられる。社会人の研究指導にあたっては、とくに問われる点である。この点については、次章で考えてみたい。

打開策の1つとして、「卓越社会人博士プログラム」制度が提案されている。個々の大学と企業が合意・連携して卓越した学生を、企業が社員として採用し、博士過程に進学させ学位取得後、企業に復帰し職務に専念するというものである。[33]

卓越人材には専門力と創造力を、企業にはイノベーションへの布石を、大学教員へは知的刺激をもたらすというものである。研究・教育・イノベーションの好循環システム創造として注目される。

筆者は、「働・学・研」協同の理念とその実践を通して、社会科学分野（経済学・経営学）における博士人材の育成を図り、そのノウハウや理論を深め体系化してきた。とくに、社会人研究者の多様な仕事体験を重視し、論文博士として育てていくことにも力を入れてきた。社会科学分野では、論文博士の育成を軽視する傾向もみられ、質的に博士人材の減少の重大な要因になっているとみられる。

本書は、そうした傾向に対して警鐘を鳴らし、あるべき処方箋も提示している。

5.5　博士論文が切り拓く社会人の仕事・研究・人生の新地平

▶ 退職記念号「特集」（「働・学・研」協同の仕事・研究・人生」）の歴史的意義

『名古屋学院大学論集（社会科学篇）』第56巻第3号は、「十名直喜教授退職記念号」として発刊される。そこに組んだのが、「特集 「働・学・研」協同の仕事・研究・人生」である。「特集」は、17人の社会人研究者が、仕事・研究・人生について「働・学・研」協同の視点から深く考察したものである。

「特集」は、「働・学・研」協同の理論と思想を検証しているが、日本社会における近年の博士課程離れに対する処方箋とそのヒントも多面的に示すものとなっている。

193

名古屋学院大学での 27 年間は、わが人生の壮年期 (43 ～ 70 歳) にあたる。それに先立つ製鉄所での 21 年、計 48 年を通して貫いたのは、「働きつつ学び研究する」という活動、人生スタイル (生き方、働き方) であった。それを「働・学・研」融合と命名したのは、約 10 年前 (2009 年) のことである。本書では、「融合」を見直して「協同」に改め、「働・学・研」協同として捉え直している。

　その趣旨やスタンスを、本学での研究・教育活動において最も集約的に体現したのが、社会人・留学生への博士論文指導であった。

　1999 年に名古屋学院大学大学院経済経営研究科後期博士課程が開設され、20 年になる。その間、30 人の社会人博士を輩出してきた。私自身も産業システム研究指導にあたり、博士課程十名ゼミを開いてきた。十名ゼミから、14 人の博士 (課程博士 11 人・内留学生 4 人、論文博士 3 人) を送り出している。

　博士課程十名ゼミは、産業システム研究会としてゼミ OB や他ゼミ、社会人研究者などにも門戸を開いてきた。ゼミには、現役院生を中心に博士 OB，社会人研究者、大学教員などが集い、毎回数本 (多い時は 10 本前後) の報告があり、活発な議論が展開された。この 20 年間で、十名ゼミ生は現役院生を含め約 20 人 (故人含む) になる。研究会への総参加者数は 30 人を超え、2009 年シンポジウムを含めると 100 人近くになる。

　博士論文に一から挑戦し、働きながら様々な苦難を乗り越え博士論文を仕上げていく道のりは、人によって異なるも、それぞれが壮大なドラマである。道半ばの方、もう少しの方などのドラマも、手に汗握るものがある。それらに寄り添い、共に悩み喜びを分かち合いながら伴走してきた。その中心に位置したのが、現役院生たちである。そうした研究交流を 20 年間にわたり続けてこられたことは、今にして思えば珠玉の体験であり、奇跡の時空間であったと感じている。

　中堅私学においては、学部教育や大学運営、学会活動などで精一杯である。そうした中にあって、多くの社会人研究者や博士を生み出す壮大な交響楽を奏でることができたことは、奇跡といえるかもしれない。

　わが「働・学・研」協同の半世紀において、この 20 年間にわたる博士課程ゼミはどのような意味をもつのか。そうした交流と研鑽を可能にしたものは何か。それは、筆者だけの思いであったのか。

　産業システム研究会に参加した方々は、そうした体験をどのように受けとめてきたのか。彼らにとって、博士論文への挑戦や共有の体験はどのような意味をもち、彼らの仕事と人生にどのようなインパクトなり彩を与えてきた

のか。

そのような視点から、産業システム研究会（博士課程十名ゼミ）に参加した方々に、各位の仕事や研究、交流体験、思いについて綴ってもらったのが、本特集（第1・2・3部）である。寄稿者は、17人に上る。「「働・学・研」協同の仕事・研究・人生」という共通テーマを軸に、各人各様の歩みや思いを自由自在に語っていただいた。

17本には、各位の多様な歩みや思いが込められており、3部構成として編集した。

▶ 第1部　社会人の博士論文が切り拓く仕事・研究・人生の新地平

博士（経営学）を取得された10人に、学位取得に至る道や仕事・人生にもたらしたインパクト、社会人研究者論などについて語っていただいた。最終稿として届いた順に配している。

・白　明：「働・学・研」協同でつかんだ夢の人生—自己実現から他者実現に向けて
・杉山友城：出逢いは宝——この瞬間が「働・学・研」の場
・井手芳美：人生と仕事を切り拓く源泉——働きつつ学び研究する意義と未来への展望
・太田信義：シニア時間を知的に楽しむ——「働・学・研」で得た生き方
・古橋敬一：人と社会を見つめ、自らの人生を歩む——まちづくりで学び、働き、研究する
・櫻井善行：社会人研究者としての歩みとこれからの課題——博士論文完成までの経緯
・冨澤公子：私の研究人生——塞翁が馬
・藤田泰正："学び"と"実務"の相互啓発関係——ある産業用機械メーカーの再生事例をふまえて
・程　永元：「働・学・研」協同論における博士づくり——点・線・面の視点をふまえて
・納富義宝：「働・学・研」協同こそわが人生——走り学んだ半世紀

▶ 第2部　仕事と博士論文への創意的挑戦

仕事をしながら博士論文に挑戦するなど研究にも精力的・創意的に取り組まれている6人（現役留学生2人を含む）に、仕事と研究人生の多彩な歩みや

第2部

195

思いについて語っていただいた。

・片山勝己：自動車メーカーのエンジニアが考える「働・学・研」協同──定年退職を目前に控えての感慨
・熊坂敏彦：「循環型地場産業」研究への道のり──「働・学・研」協同の半生を振り返る
・渡部いづみ：学ぶということ、人を育てるということ──浜松地域の産業研究と教育への想い
・三輪昭子：上善は水の如し─個人史の中で「働・学・研」を決めるとき
・程　遠紅：中日の懸け橋をめざす「働・学・研」協同の生き方と挑戦
・包　薩出栄貴：日本留学が切り拓いた研究人生への第一歩

▶ 第3部　「働・学・研」協同の理念と試み

　半世紀にわたる自らの仕事・研究・教育の歩みを、「働・学・研」協同の理念に立ち返りつつ考察したのが、第3部である。

・十名直喜：「働・学・研」協同の理念と半世紀の挑戦──仕事・研究・人生への創造的アプローチ

　第1・2部の多彩なドラマは、ここを起点にして生み出されたと感じている。奇跡的ともいえる数々のドラマが、どのように生み出されたのか。その源は何か。本特集は、17人の仕事・研究人生論を手がかりに、その秘訣を浮かび上がらせようとしたものである。

　上記の小論は、「特集」の第3部として編集されたものであるが、本書では第2部のベースになっている。

⑥　「働・学・研」協同の秘訣と展望──社会人と大学人への示唆

6.1　「働・学・研」協同の極意と社会人研究者への道
──社会人へのメッセージ

▶ 「働きつつ学び研究する」ハンディキャップと強み

　働くこと、「働きつつ…」は、人生の基本であるはずなのに、近年それもままならない状況がみられる。社内外の諸変動、構造変化、厳しい競争、仕事不安、リストラ等にさらされ、心身の消耗も激しさを増している。

　働くこと自体が懸念される昨今、「働きつつ学び研究する」ことなどとても、

と感じる方も少なくなかろう。しかし、働くことは学ぶことであり、学ぶことは研究することと深くつながっている。こうした時代であるからこそ、本道を歩む気概と努力が大事になり種蒔きが欠かせないといえよう。

　定型的な仕事がAIなどの機械へシフトしていくなか、新たな発想や創意工夫など創造的な働き方が求められ、そうした仕事の比重が高まっている。創造的な働き方を支えるのが、「学び」であり「研究する」という姿勢と努力である。あらゆる産業や地域で、社会人研究者が求められているのである。

　しかし、社会人研究者の道を歩もうとしても、一見ないないづくしのオンパレードである。学ぶ時間は少ない、仲間も場も見当たらない、文献・資料をどう探すか見当がつかない、金や精神的ゆとりもない。しかし、社会人研究者は自らの内に、それらのハンディキャップを克服するものを有している。それに、ほとんど気づいていないだけといえるかもしれない。

　働くゆえの狭隘さというか限界も、少なくなかろう。しかし、このテーマでしか勝負できない、自らの労働体験へのこだわりといった限定性は、そこに特化せざるをえないという集中力（＝強み）に転化しうる。人間的な発達・向上欲求、自己実現欲求などは、制限され抑圧されるなかで、かえって刺激され潜在的に強まる、という面もみられる。

　何よりも、働く現場は情報と経験知の宝庫といえる。生きた現場情報の膨大な渦の中にあって、五感を通して体験・入手できるという、何物にも替え難い強みがある。こうした強みを自覚し、明瞭な問題意識や視点と結びつけると、限られた時間・文献などのハンディキャップを乗り越え、ユニークで奥深い研究が可能になる。

　長年の仕事体験を通して、膨大な暗黙知（個々の体験・思い・情報・知識・ノウハウなど）の塊が体内に頭脳の内に蓄積される。まさに、暗黙知の地下鉱脈という無形資産を内に秘めているのである。労働の中、仕事の現場（職場、企業、産業）の中にこそ汲みつくせぬ研究の源泉があるといえよう。

▶ 社会人大学院にチャレンジする意義

　社会人大学院にチャレンジする意義は、何であろうか。ここでは、次の3点をあげたい。

　1つは、社会人研究者へと変身を遂げる機会となる。指導教員や仲間とのフェース・ツー・フェースの議論が、潜在的な問題意識を掘り起こし、火をつける。文献資料については、口コミやインターネットで検索し活用するな

かで、感覚やノウハウが磨かれる。学会や研究会への出席や研究発表などを通して、知的な交流や人脈を得るなど、企業、業界の枠を超えた知的ネットワークづくりが可能となる。

2つは、人生と仕事の質・創造性を高める契機になる。研究論文として、自らの仕事や企業、産業を捉え直すことにより、より広く深い視点や発想が育まれる。思いを込めた修士論文は、人生と仕事の質・創造性を高め、イノベーションの孵化器にもなりうる。また、質の高い修士論文は、博士論文の土台となり跳躍台にもなる。

3つは、博士論文への挑戦への道を切り拓くことができる。博士論文は、高度な創造性・専門性・体系性を磨き、創造的な人生と仕事を切り拓く。

修士論文と博士論文の違いは何であろうか。修士論文は、研究入門あるいはローカル版といった側面がみられる。それが博士論文になると、質的にも数段アップし、体系的かつ独創的な研究が求められる。全国版さらにはグローバル版といった色彩が濃くなる。

博士論文という高い山への挑戦と達成は、創造的な人生と仕事の画期を呼び込むことになるであろう。そうした事例を、幾つも見てきた。「そんな高い山登りなどとても…」としり込みする方も少なくなかろう。しかし、強い思いと粘りさえあれば誰でも挑戦でき、しかも適切な指導があれば、かなりの確率で完成可能といえる。3次元の体験と原型づくりを通して得た、わが確信である。

6.2　社会人研究者育成の心得と醍醐味——大学人へのメッセージ

▶　社会人研究者育成の心得

社会人研究者のテーマは、多様かつ奥行きが深い。彼らの置かれた状況や背景を配慮しての、柔軟かつきめ細かな粘り強い指導が必要である。また、原石に潜む宝石を見出す目利きの如きハイレベルの研究指導能力が求められる。

筆者の博士課程ゼミでは、次のようなやり方をとるなど工夫を凝らしている。博士論文については、テーマは何か、構成はどうあるべきか、各章のポイントはどうか、何を軸にしてどのように展開すべきか、が決め手となる。そこで、そうした点について、毎回のように報告してもらい、議論を重ねる。3年以内で首尾よく書き上げるのは、簡単ではないが、クリアする人も少な

くない。書き上げた後も、さらに洗練化を図る必要がある。この過程が重要で、執筆者の構成力や表現力が磨かれる絶好の場となる。（数ヶ月〜1年近くに及ぶ）洗練化を終えて、ようやく申請する。

　それによって、厳しく真摯な審査にも揺るがない骨組みが固まり、結果として高水準の取得率につながるのである。しかし、万全を期しても、予備審査では厳しい指摘や注文が他の審査員から出される。それらの課題をクリアすることを通して、博士論文はさらに深化し洗練化されるのである。

　こうした一連のやり方は、ゼミ発足以来、変えていない。なぜ、このようなやり方をとるのか。それは、次のような配慮によるものである。

　1つは、きめ細かくフォローしないと、忙しさにふりまわされ何年経っても完成には至らないからである。また、せっかく書き上げても、構成がしっかりしていないと、異なる視点からの批判をうけると腰砕けになりかねない。

　2つは、難しい入学試験で選抜されていないゆえの玉石混交といった入学時の質の問題も考えられる。

　むしろ昨今では、職場環境などの厳しさが一段と増し、博論に向けて「働きつつ学び研究する」ことのハードルが高くなっている点への対応という側面が強くなっている。

　かつて象牙の塔、研究のメッカといわれた日本の大学も、様変わりしつつある。大学間競争の激化に伴って、学部教育や管理運営などの負荷が増大しており、社会人大学院が広がるなか夜間や休日の授業も増えている。大学教員の多くは、じっくりと研究に向き合う時間がとれず、充電（研究）なき放出（教育）を余儀なくされる傾向もみられる。研究のゆとりを失い、確信を持った研究や、現場研究と理論化の深い結合なども困難度を増している。研究業績主義（点数、形式）が強まるなか、テーマの個別化・狭小化など研究の保守化・保身化もみられる。

▶ 社会人研究者を育成することの難しさと醍醐味

　一方、社会人研究者の博論指導に大学教員が本気で取り組もうとすると、自らの研究とも正面から向き合わざるを得ない。いずれも時間と根気を要するゆえ、避けるが無難とみえるかもしれない。また、本気で取り組むということは、自らの長所と社会人研究者の強みのハイブリッド化につながるなど、自らを超える研究を受け入れる度量も求められる。

　上記のような困難な環境を、教員の立場からどう打開していくかが問われ

よう。学び合うという発想の転換がポイントになるとみられる。

　現場情報と専門知識に富む社会人に対しては、「指導」という上からの目線ではなく、一緒に考え学ぶという同じ目線、いわばスタンスの転換が求められるように思われる。これまで「博論指導」あるいは「研究指導」という表現で通してきたが、「指導」というより「助言」の方がマッチしている。研究アドバイザー、研究ガイド・伴走者といえるかもしれない。

　社会人研究者の多彩な現場経験と目を通して、多様な現場を追体験し、一緒に学び研究する。そのような得難い機会を得ることができるのである。大学という教育現場、そして机上の研究を越えて、現場の最前線の息吹に触れつつ共に学び研究することができる。まさに、宝石の如き時空といえるかもしれない。博論指導の醍醐味も、そうした中に潜んでいるといえよう。

　博士論文指導、博士号の授与が、大学にとって持つ意義もそこにある。現場と大学のつながりを深め、相互の活性化を通して、現場のイノベーションを促し、大学の品格を高める。「働・学・研」協同は、そのような好循環をうみだす力になるであろう。

6.3　「働・学・研」協同の魅力と21世紀モデル

▶ 「働・学・研」協同の思想と実践の伝統

　日本には「働・学・研」協同の思想と実践の伝統が脈打っているが、その元祖とみられるのが二宮尊徳である。

　江戸後期の篤農家で報徳思想を提唱した二宮尊徳は、土から萌え出た（土着かつ）独立の思想家であった。職業としての学者の道に程遠い生活にあって、その鋭い自然観察と実務家が持つ徹底的な合理主義によって、新しい道を切り開いてきた。立派な農民として成長することが、思想家・尊徳の誕生を可能にしたのである。彼の自然や歴史を見る目は、弁証法的かつ発展的であった。彼の仕法は、自らの経験に基づくものであるが、単なる現場の経験主義にとどまらず、それを裏づける独自の哲学があり、歴史的科学的な調査があった。その実行にあたっての計画は精密に組み立てられていたのである[34]。

　生きる哲学、平凡な道徳の提唱・実践とその伝播力、人倫に適う経営革新によって、605村の復興、数千・数万町歩の開墾を行うなど、尊徳はスケールの大きな実業家であり、静かなる革命家でもあった。

　そうした思想と実践を生み出した根底には、古典（『大学』など）を肌身離

さず野良仕事に明け暮れる青年期の金次郎像、さらに生涯を通しての「働き⁽³⁵⁾つつ学び研究する」スタイルの徹底した実践と積み重ねがある。

この 19 世紀日本の卓越したモデルは、まさに「働・学・研」協同の 21 世紀モデルでもある。人生の質的変革を担う社会人研究者像の先駆け、とみなすことができるのではなかろうか。

▶ 「働・学」協同から「働・学・研」協同への歴史的流れ

「働きつつ学ぶ」から「働きつつ学ぶ研究する」へ、すなわち「働・学」協同から「働・学・研」協同へのシフトは、歴史的・文化的な流れとみることができる。

明治（前期）の自由民権時代には、学習結社や民権結社など千を越える学習グループが生まれた。それから 40 年後の大正デモクラシーの時代（1910 〜 20 年代）には自由大学、市民大学のようなものが生まれた。庶民の学習運動が高まるのは、時代の転換期においてである。新しいものに対する学習から始まり、やがて自己表現の段階へと進んでいく。それも、個人的なレベルからグループへと広がり深まっていくのである。⁽³⁶⁾

1950 〜 70 年代に高揚した品質管理運動も、経営者をはじめ管理者、技術者、現場作業員まで含む幅広い労働者層を巻き込む学習運動としての側面を有していたとみられる。経営主導ではあるが、アメリカ発の品質管理手法、デミングの組織論などに学び、職場の小集団活動と結びつけ改善活動として展開される。品質管理運動は、1960 年代にものづくり大企業を中心に広がり、70 年代には石油危機後に経営の危機バネが働いて熱を帯びるとともに、他産業や中小企業などにも広がっていった。

一方、藤本義夫を中心に始まった庶民主導の「ふだん記」運動も、よく似た経緯が見られる。臥薪嘗胆の第 1 期（1958 〜 67）を経て 1968 年、本格的に再スタートする、内省への転換期にさしかかり活動の体制整備も進むなか、石油危機が勃発する。それに伴う価値転換を機に、「ふだん記」運動は一気に広がっていくのである。

▶ 基礎経済科学研究所にみる「働・学・研」協同の試みとその先駆

これら両運動と似た経緯が見られるのが、基礎経済科学研究所の「働きつつ学ぶ」運動である。1968 年に、「労働者とともに労働者のための経済学を創造しよう」というスローガンを掲げて設立される。1970 年代には「働き

つつ学ぶ権利」の拡大を掲げ、労働者の参画する研究活動が広がっていく。

　1973 年秋、石油危機が勃発するなか、わが最初の論文と随筆が『経済科学通信』に掲載された。論文「大工業理論への一考察（上）」は、「働・学・研」協同のわがライフスタイルの起点となり、基礎経済科学研究所にとっても労働者の研究論文の第 1 号となる。随筆「働きつつ学び研究することの意義と展望」は、「働きつつ学ぶ」という基礎研の理念へと昇華される。石油危機に連動した「原料炭危機」は、日本鉄鋼業を震撼させ「炭上の楼閣」と揶揄される。その本質を分析し政策を提示したのが、十名［1974 ～ 5］「日本鉄鋼業における原料炭危機と今後の動向（上・中・下）」である。わが鉄鋼産業研究の嚆矢となった。石油危機は、筆者にとっても画期をなす出来事であった。

　「働・学・研」協同のわが半世紀は、その理念を支えにして自らのモデルを創り出し、学生さらには社会人研究者の育成を通して、その理論と産業・企業研究を深め広げていくプロセスでもあった。

▶ 「働・学・研」協同のダイナミズムと社会人研究者像

　働き方、働きがい、そして仕事の創造性が、かつてなく問われている。「働・学・研」協同は、そうした課題と向き合い質的に応えようとするものである。そうした課題を担うのが社会人研究者に他ならない。

　働きながら苦しみや歓びを直視し、その原因を科学的に解明して、自分の独自な生き方につなげる。現場に根ざした社会人研究者としてのそうした生き方が、自らの潜在能力を引き出し続ける。少ない時間を活かして研究する職人技も身につけていく。

　社会人研究者の「経験知」は、創造性の土壌である。すなわち、職場や生活の場における固有の文化に根ざしたその人なりの「人生の創り方」、つまり生活文化が自覚されてくるからである。彼らの多くは、職業上の経験知を基礎にして、専門領域の研究を行う。

　それらの経験知は、当人にとって「かけがえのない」知であるが、そのままでは「本人にしか分からない」知でもある。その知には、企業や地域に独自な仕事の仕方や生活慣習なども反映されている。社会人大学院や基礎経済科学研究所での研究交流が、こうした自らの経験知に分け入り客観化することを促し、「かけがえのなさ」の自覚をもたらす。それを研究対象として深めていくと、従来とは異なる新たな視点からの研究が可能となる。

　各自の人生履歴の独自性から出てくる「構想力」を駆使し、地域や企業の

文化を「内部化」するのである。自らの人生設計における構想に基づき、自らの仕事や生活をどのように評価し再構成すべきかを考える。構想力は、個人レベルのみならず、組織や地域レベルのものもあり、それらが個人の構想力をベースにして融合するなかで活かされ発展する。

　産業で働く人々は、例外なく企業文化の影響を受けており、それを暗黙知として先人から継承しつつ、現場で新たな知識や技術と照合して新たな習慣や伝統を創り出す。それは、「人に体化された文化資本」に他ならない。その存在に気づくことができれば、産業研究や地域における生活研究は、習慣や伝統をふまえた独自な視野からアプローチできるようになる。自らの暗黙知を自覚し、産業や地域の文化的価値や伝統をふまえた独自な構想も生まれてくる。

　1990年代以降にみる社会人大学院の広がりは、多くの社会人研究者を生み出してきた。とりわけ多彩な社会人博士の輩出が産業や地域さらには大学にもたらすインパクトは、質的に極めて大きなものがある。「働・学・研」協同の多様なモデルが、全国各地に生み出されているとみられる。

　しかしながら、近年は「6.4　近年の博士課程離れとその背景」に示すように、博士号取得者の減少など逆行する傾向もみられる。工学系などの自然科学分野にとどまらず、人文・社会科学分野でも出てきている。

　「働・学・研」協同の理念と実践は、活路を切り拓き難局を乗り越えていく知恵と力を与えてくれるに違いない。本節も、その1つとして提示するものである。

７　おわりに

・・

7.1　「働学研（博論・本つくり）研究会」の立ち上げ
──定年退職後の新たな挑戦

　名古屋学院大学の博士課程十名ゼミは、隔週のペースで開催してきたが、2019年度をもって幕を閉じる。産業システム研究会として、ゼミOBや博士論文をめざす学外関係者（大学教員、社会人研究者）にも門戸を開いてきた。会員は20名を超える。

　定年退職後こそ、時間もできるし、より自由に博論・本つくりの研究交流もできる。しかし、自宅が遠方ゆえ、これまでのように名古屋で開催するこ

とは難しい。そこで、着目したのが、京都である。京都は、名古屋と明石(自宅)の中間に位置し、市民大学院や基礎経済科学研究所があるなど地の利、人の利がある。市民大学院（代表・池上惇）が、快く手をさしのべてくれたのである。

そこで「働学研（博論・本つくり）研究会」（略称、働学研）を、2019年7月に立ち上げた。社会人博士育成のノウハウと思いを、京都の地で、市民大学院（文化政策・まちづくり大学校）を足場にして、基礎経済科学研究所などにも広げ、より実りあるものにできればと思っている。

近年、在野の社会人研究者の受け皿、すなわち彼らの研究成果を受けとめ洗練化の指導を行ったうえで学位（博士）を出す大学は、むしろ減ってきている。指導教員には、広く深い学識や柔軟性・応用力が求められるが、専門分化と忙しさが進行するなかで、難しくなっている面もみられる。

働学研は、近隣大学院とも連携してそうした時代状況を切り拓き、博士論文つくり、博士号の取得、単著書出版などを、社会人研究者が実現できるように支援する研究会である。京都の成徳学舎2階（旧・成徳中学校）を会場にし、月1回のペースで開いている。

研究会の進め方としては、下記の3点を基本にしている。名学大の博士課程ゼミで行ってきたやり方である。

(1)　毎回、各位が作品（構想メモ、随筆、論文など）を持ち寄る。

(2)　報告と議論を通して、論点と課題の発見を促し、助言する。

(3)　論文や随筆は、電子メール（添付ファイル）を通してアドバイスや校正を行う。

研究会への参加者は、初心者から熟練者まで5つのタイプにまたがる。楽しく真摯に議論できる研究交流の場にしたいと思っている。

A：これまでの仕事や社会活動を論文や随筆にまとめて、学術誌などで発表したい。

B：これまでまとめてきた論文や随筆を体系的に編集し、足りない部分を加えて、1冊の本にしたい。

C：上記Bを博士論文に仕上げて、申請・審査を経て学位（博士号）を取得したい。

D：博士論文を洗練化して学術書として出版したい。

E：いずれも成就しているが、さらなる高みをめざしたい。

これまでの研究や仕事、生き方をまとめたい。さらなる高みを極めたい。そのような思いを抱かれている方に、広く呼びかけている。2019年度は試

運転のつもりであったが、すでに 10 人を超える社会人研究者が登録し、多彩な報告や深い議論が自由闊達に交わされるなど熱気溢れる場になっている。

7.2　定年退職が促す半世紀の総括と検証

　第 2 部は、半世紀に及ぶわが仕事・研究人生を総括し、「働・学・研」協同の理論と政策を問い直し検証したものである。退職記念号という節目が、それを促した。これまで公刊してきた幾つかの論稿も、現在地点から見直して一部織り込んでいる。

　なお、退職記念号の柱として企画したのが、「特集：「働・学・研」協同の仕事・研究・人生」である。このテーマに基づく作品 17 本が寄稿されている。興味深い力作ばかりで、それを 3 部構成で編集した。小論も、第 3 部に（総括編として）位置する。

　名古屋学院大学大学院の博士課程十名ゼミ（1999 〜 2019 年）という小舞台を通して、「働・学・研」協同の理論と実践、その多様な実像が浮かび上がる。そこには、「働・学・研」協同の 21 世紀モデルが垣間見られる。

　製鉄所時代（1971 〜 92 年）の「働・学・研」協同から、社会人博士育成（1999 〜）の「働・学・研」協同へシフトする。両者はどうつながり、何が異なるのか。それへの洞察が、小論を通してより明確にできたのではと感じている。

　製鉄所時代は、会社の仕事とアフターファイブの鉄鋼産業研究、両者の両立、いわば自らの「自己実現」を懸命にめざした。大学に転じ、社会人博士の育成を通して「他者実現」を後押しする大学教員時代へと、舞台は大きく転回する。しかし、ベースとなり羅針盤となったのは、前者（すなわち製鉄所時代の仕事・研究を通じた交流体験）である。

　この 2 つの舞台をつないだのが、1990 年代半ばの数年間であった。3 冊の単著書に仕上げて出版することにより、製鉄所時代における「自己実現」の試みを有形化する時空間に転化できたからである。それによって、社会人博士の育成による「他者実現」の取り組みも可能になったといえよう。

7.3　時・人・地の利が紡ぎ出す「働・学・研」協同の奇跡と軌跡

　「働・学・研」協同の理念を提示した随筆と 1 本目の論文が公刊されたのは、1973 年のことである。入社 3 年目、革新運動が高揚し石油危機が勃発する

など社会経済と人生の転換期であり、その息吹（時の利）に後押しされたものといえる。

　大阪２部基礎研（大阪）を起点に、基礎研（京都）、産業学会、日本鉄鋼協会、社会人大学院（京大）などへと活動を広げていく。製鉄所に勤務しながら参加できる距離内にあったこと（地の利）も幸いした。基礎研運動を通じて恩師や多くの大学人と交流でき、また産業・企業・技術など各分野の第一人者の知遇を得るなど、人の利に恵まれた。

　名古屋学院大学に赴任して数年の内に、鉄鋼３部作を出版する。その直後に、社会人大学院が都心に開設され、博論指導がスタートした。まさに時の利（そして地の利）といえよう。

　この20年間、博士課程の十名ゼミには挑戦者（現役院生など）が絶えなかった。熱心な指導教員仲間に恵まれるなど、人の利も有り難かった。

　「働・学・研」協同を掲げ、半世紀にわたり試みてこられたのは、時の利・人の利・地の利のおかげであり感謝に堪えない。

　「働・学・研」協同の半世紀をふり返ると、自らの３次元体験のみならず、それを活かす舞台にも恵まれたことが大きい。学部でも、大学院においても。

　博論指導を通して学んだことは、格別に深いものがある。社会人研究者の多様な思いや実践モデルにも触れ共有することができた。珠玉の如き時空間であったといえる。学部生との交流も、それに劣らぬ得難いものであった。

　図表４（「働・学・研」協同の仕事・研究・教育ダイナミズム）にみるように、現場体験（製鉄所21年）をベースに、研究、学部教育、博論指導の４分野が相互に交差しフィードバックし合いながら循環するという関係を何とか創り出すことができた。「生き方には、奇跡はどこにもないという生き方と、すべてが奇跡だという生き方がある」（アインシュタイン）[37]。凡庸なるも全力傾注のわが半世紀（軌跡）においても、様々な体験・出会い・挑戦があり、それらを通して、小さな奇跡を生み出すことができたと感じている。

　退職記念号「特集」および第２部は、社会人研究者17人の奏でる多様な音色（いわば数々の軌跡と奇跡）、その交響楽を通して、社会人に対する博論指導の意義、社会人研究者の魅力と可能性、課題を、「働・学・研」協同の視点から問い直し深めようとしたものである。

＜付記＞

第２部は、50代以降に焦点をあて、半世紀をふり返ったものである。「49歳の自分」が「働き学ぶロマン」をまとめたことで、20〜40代に区切りをつけることができ、背中を押してくれた。

しかし、50代以降の「働・学・研」協同の歩みは、いくつかの限られた局面（点）の叙述にとどまっている。例えば、51〜2歳の英国留学（1999.8〜2000.8）、名古屋学院大学の産業共同研究会（1998〜2017年）など、第２部の研究・教育に深い影響をもたらした活動も少なくないが、その多くは取り上げられていない。

英国留学は、その一端をまとめた留学記が地方紙にも連載され、鉄鋼産業⁽³⁸⁾から地場産業研究へ、資源・技術アプローチから技術・文化プローチへのシフトを加速させる転機となった。産業共同研究会の調査活動は、全国各地の企業・地域調査を通して視野と見聞を広げ、60代以降の研究を支える基盤となる。

なぜ、限られた点にとどまり、線から面へと展開できていないのか。第１部のように物語としてまとめるとなると、時間もかかるし、2〜3倍に膨れてしまう。まだホットな点も少なくなく、現役世代への影響などへの配慮も求められる。

何よりも、筆者自身の視点やスタンスが定まっておらず、まだ十分に煮詰まっていないからであろう。本書の出版が、その熟成を促してくれることを期待したい。

注　記

(1) 2019年度は、ワンポイント・リリーフ（特任教授）として、十名ゼミに所属の留学生2人（博士課程3年次）への博士論文指導にたずさわっている。
(2) 十名直喜［1973］「働きつつ学び研究することの意義と展望」『経済科学通信』第7号。大手高炉メーカーの厳しい労務管理を鑑み、無署名で掲載された。
(3) 十名直喜［1997］『働き学ぶロマン』（「自分史文学賞」応募）
(4) 1984年（36歳）：基礎経済科学研究所15周年懸賞論文に佳作（入賞なし）
　　1988年（40歳）：NEC創立90周年記念論文に入賞
　　1990年（42歳）：第4回ジェック「ま・な・び・す・と大賞」に入賞
(5) 「自己実現」とは、自己に内在する可能性を最大限に開発し実現して生きることである。アブラハム・マズローは、欲求5段階説において自己実現欲求を最上位に位置づけた。

自己実現欲求は、成長、自己表現、能力発揮、可能性の実現、使命達成といった欲求である。自己実現欲求が成長動機に基づくのに対し、下位 4 つの欲求（生理，安定、連帯、自尊）は欠乏動機に発するとみている（宮田矢八郎［2004］『理念が独自性を生む』ダイヤモンド社―卓越企業をつくる 7 つの原則）。

(6) 大学院で学位論文の指導が担当できる教員は、マル合（○の中に合）教員と呼ばれる。「D マル合教授」とは、博士論文の指導ができる教授のことである。D マル合教員の資格基準は、「論文著書 40 件程度」とされるが、基準は大学によって異なり、新設時の認定基準は、より厳しくなる傾向がみられる。

(7) 河合隼雄・中沢新一［1998］『現代日本文化論 1 私とは何か』岩波書店。ユングの視点は、古橋敬一・博士からいただいた貴重な示唆をふまえたものである。

(8) 杉村芳美［1997］『「良い仕事」の思想―新しい仕事倫理のために』中公新書。

(9) 十名直喜［2012］『ひと・まち・ものづくりの経済学―現代産業論への視座』法律文化社。第 10 章 "働きつつ学ぶ" 現場研究のダイナミズムと秘訣―「働・学・研」融合の 3 次元体験と原型づくりを通して、第 11 章「働・学・研」融合の経験知と新地平―"働きつつ学ぶ現場研究" シンポジウムの総括と課題。

(10) 十名直喜［2017］『現代産業論―ものづくりを活かす企業・社会・地域』水曜社。

(11) 十名直喜［2019］『企業不祥事と日本的経営―品質と働き方のダイナミズム』晃洋書房。

(12) 十名直喜編［2010］『"働きつつ学ぶ" 現場研究のダイナミズムと秘訣（上）（下）』『経済科学通信』122、123 号。

(13) 十名直喜［2016］「「働きつつ学ぶ」理念と活動の 21 世紀的視座」、同「持続可能な循環型産業・地域システムづくりへの歴史的視座」『経済科学通信』141 号。

(14) 「鉄鋼 3 部作」とは、鉄鋼メーカーから大学に転じて数年のうちにまとめて出版した、下記の 3 冊の単著書を指す。
十名直喜［1993］「日本型フレキシビリティの構造―企業社会と高密度労働システム」法律文化社。
十名直喜［1996.4］『日本型鉄鋼システム―危機のメカニズムと変革への視座』同文舘。
十名直喜［1996.9］『鉄鋼生産システム―資源、技術、技能の日本型諸相』同文舘。

(15) 「無念」という表現は、41 歳の「自己申告書」（会社の上司＆人事部に提出）にもみられる。「無念さをバネにして、将来は必ず日本の第 1 人者になり、こうした社内評価が必ずしも妥当でないことを証明する」と大見えを切っている。抑制の効いた深い思いと将来への抱負が、「無念」に込められている。

(16) 石川英輔［2008［『江戸時代はエコ時代』講談社。

(17) 市川寛明・石山秀和［2006］『図説　江戸の学び』河出書房新社。

(18) 市川寛明・石山秀和［2006］、前掲書。

(19) 小島寅雄［1997］『教えることは教わること』求龍堂。

(20) 杉村芳美［1997］『「良い仕事」の思想』中央公論社。

(21) 斎藤孝［2007］『なぜ日本人は学ばなくなったのか』講談社。

(22) スティグリッツ .J.E/ グリーンウォルド ,B.C［2015］『スティグリッツのラーニング・ソサイエティ―生産性を上昇させる社会』藪下史朗監訳・岩本千晴訳、東洋経済新報社、2017 年（Creating A Learning Society, Reader's Edition by Joseph.E.Stiglitz and Bruce C.Greenwald）。

(23) 武田修三郎［2002］『デミングの組織論―「関係知」時代の幕開け』東洋経済新報社。

(24) 橋本義夫［1968］『だれもが書ける文章―「自分史」のすすめ』講談社新書。

(25) 色川大吉［1992］『自分史　―その理念と試み』講談社現代新書。

(26) 「ふだん記前期」にあたるのが、「ふだん記の会」趣意書が書かれた 1958 年から 68

年までである。この第1次ふだん記運動は失敗に終わる。高度経済成長の真っただ中にあって、見向きもされなかったのである。「多摩川婦人文集─10周年記念」（1967年11月）をまとめたのを機に、やめようとした。そこに、新人の四宮さつきから「やらせて下さい」と名乗り出たのである（色川大吉［1992］）。

(27) 色川大吉［1992］、前掲書。

(28) 経済学基礎理論研究所の母体となった基礎理論研究会は1965年、労働者の学習組織である京都労働者学習協議会の京大支部として発足し、労働者と知識人の共同学習会を組織するところから出発した（森岡孝二［1973.1］「今日の経済学教育の課題」『経済科学通信』No.4）。

(29) 有川節夫「博士進学増やす制度提案」日本経済新聞、2019.11.4。

(30) 「「博士」生かせぬ日本企業」日本経済新聞、2019.12.8。

(31) 同上。

(32) 有川節夫「博士進学増やす制度提案」、前掲。

(33) 有川節夫、同上。

(34) 奈良本辰也［1973］「二宮尊徳の人と思想」奈良本辰也・中井信彦校註『日本思想体系52 二宮尊徳・大原幽学』岩波書店。

(35) 前田英樹［2009］『独学の精神』筑摩書房。

(36) 色川大吉［1992］『自分史─その理念と試み』講談社。

(37) アインシュタイン（弓場隆訳）［2015］『アインシュタインの言葉─エッセンシャル版』藤田浩芳・大山聡子編集、㈱ディスカヴァー・トゥエンティワン。

(38) 十名直喜［2001〜2］「英国の産業遺産と地域開発─英国留学の小窓を通して(1)〜(9)」日刊とうめい、2001.12.26、02.1.22、23、29、30、2002.2.1、4、5、6。

終　章

青・壮・老を生き抜く
「働・学・研」協同

生きがい創造と
熟年への視座

1 　はじめに

・・・

　これまでみてきた第1部、第2部は、いずれも「働・学・研」協同の歩み
を軸にして、「過去の自分」との対話を通して紡ぎ出してきたものである。
　「働きつつ学び研究する」という「働・学・研」協同のライフスタイルは、
人生にどのような意味や色を付与するのであろうか。まず、青・壮年期の働
き方・生き方により高い質をもたらし、青・壮年期の仕事を面白くし意義あ
るものにしてくれる。
　現役で働く者にとって、組織のしがらみは複雑で逃れ難いものがある。自
らのアイデンティティも見失いがちになる。しかし、仕事を研究対象にして
学び研究するなかで、組織へのこだわりやしがらみが相対化され、自らの人
生の質を大切にする基軸ができる。仕事の質を高め喜びを見出すことができ
るようになる。
　現役時代にそのような働き方・学び方を体得し磨いていくと、定年後の
人生を創造的に楽しく生きていく道も切り拓いていくことにつながる。まず
は、「過去の自分」との対話のなかに、そのヒントを見つけ出すことにしよう。
とくに、逆境にどう立ち向かい乗り越えてきたのか。その中に、老化に伴う
肉体的・精神的な諸機能の低下という新たな逆境にどう立ち向かい、熟成と
いう創造的な道を切り拓いていくかの知恵やノウハウ、勇気を見出すことが
できるであろう。
　定年後において新たな自分を発見するためには、「未来の自分」に手助け
を求めることも必要となる。(1) それでは、「未来の自分」たとえば「80歳の自分」
「90歳の自分」をどう想定し対話すればいいのか。
　まずは、老年期あるいは熟年期の捉え方やあり方などを、文献や自らの歩
みの中から学び読み解いてみたい。

2 　青・壮・老の「自分」との対話が紡ぎ出す 「働・学・研」協同の大地

・・・

2.1　製鉄所を舞台に激動の第1部――「20〜40代の自分」との対話

　鉄鋼マンとして製鉄所21年、大学教員として大学27年、計48年になる。
定年退職後の1年（特任・非常勤）を含めると49年、まさに半世紀になる。

この間、「働く」ことの内容やスタイルはいろいろと変化するも、「働きつつ学び研究する」という「働・学・研」協同の生き方・働き方を貫いてきた。それをまとめたのが、第1部と第2部である。

第1部（働き学ぶロマン）は、就職してからの21年間と大学に転じての5年余、計26年余（わが20～40歳代）を49歳のときにまとめたもので、壮年編といえる。「働きつつ学び研究する」思想と活動が、製鉄所や大学・研究所などを舞台にどのように生まれ発展していくかが、リアルに描かれている。20～40歳代の日誌や手紙、公表作品（論文・随筆）などを手がかりに、49歳の自分が、20歳代や30歳代など「過去の自分」と対話しながら「自分史」としてまとめたものである。

なお、1997年（49歳）執筆時の臨場感を大切にすべく、できるだけそのままにしている。ただし、71歳の目線でのコメント（下線部）も付している。そこに、「49歳の自分」と「71歳の自分」との対話がなされている。

2.2　大学を舞台に総合化と「他者実現」の第2部
――「50～60歳代の自分」との対話

第2部（「働・学・研」融合の理念と半世紀の挑戦）は、20～60歳代のわが半世紀を定年退職直後（71歳）に、「働・学・研」協同の視点からまとめたものである。第1部の20～40歳代に、新たに50～60歳代を書き加えている。大学や地域などを舞台に、「働・学・研」協同が新たな方向に展開していく。みずからの研究の体系化に加えて学生や社会人研究者（とくに博士人材）の育成に傾注するなど、自己実現から他者実現へと展開する道筋が描かれている。20～60歳代にまたがる半世紀を、第1部とも対話しながら、71歳の熟年（准老年）視点から編集したもので、熟年編といえる。

50～60歳代に踏み込んでいる点では、D.J.レビンソン［1978］が調査した対象範囲を大きく踏み越えている。それゆえ、考察には独自の視点が求められる。

青年期（20歳代）の自分、30歳代の自分、長い中年期においては40歳代、50歳代、60歳代の自分など、過去の自分と対話を進めていく。49歳の自分と71歳の自分が司会役となる。両者の視点と感性は、共有する部分が思いのほか広く深いものがある。「働・学・研」協同の視点が貫かれているからであろう。ただ時代の風と世代の違いは、それなりに大きなものを感じざる

をえない。視野や目線の違いも少なくなく、両者の対話は実に得難いものがある。

　第2部は、平成の終わりとともに幕を下ろすゆえ、「平成の味がする」と言われるかもしれない。

2.3　熟年期の「働・学・研」協同──「未来の自分」との対話が促す創造性

　これまでみてきた第1部、第2部は、いずれも「過去の自分」との対話であった。定年後の自分（71歳）は、これからどう生きてゆけばいいのか。「過去の自分」との対話のなかに、そのヒントをみてきた。これからの自分、新しい自分は、これまでの人生のなかに、とくに悩みや病気、挫折、不遇に向き合い、そこから立ち上がるなかに存在している。

　しかし、「過去の自分」と向き合うだけでは、これからの人生という複雑な連立方程式を解きほぐすのは簡単ではなかろう。定年後において新たな自分を発見するためには、「未来の自分」に手助けを求めることも必要となる。それでは、「未来の自分」たとえば「80歳の自分」「90歳の自分」をどう想定し対話すればいいのか。

　そうした問いにアプローチしたのが、終章である。老年期の捉え方やあり方などを文献から学び読み解いてみたい。老年期の創造的な生き方とは何かが問われよう。手探りではあるが、「過去の自分」から学びつつ、先行文献を手がかりに「未来の自分」との対話を進め、老年期の「ロマンと挑戦」を浮かび上がらせてみたい。

　「未来の自分」との対話は、「過去の自分」との交流を促す。その共鳴効果は、世代を超え年輪を重ねるなかで、深まる可能性を秘めている。

❸　ライフサイクルと創造的な生き方への視座

・・・

3.1　成人前期と「30歳の過渡期」─「30歳代の危機」とわが実像

▶ 「若さ」と「老い」の共存と相克
　元型的な「若さと老い」は、ライフサイクルを通して共存している。「若さ」は「誕生、成長、可能性、創造、精力、潜在力など」を、「老い」は「終了、結実、安定、構造、完成、死など」を表す象徴である。

どの発達期にも、その時期特有の「若さと老い」のバランスがある。過渡期には、「年とった」考えや感情が生まれる一方で、新しい発達段階の始まりが刺激となって、「生まれ変わる…自己に新しい可能性を発見」するといった「若い」考えや感情も生まれる（下、41 - 47 ページ）。

▶ 青年期（20 歳代）と成人前期（20 ～ 30 歳代）

レビンソンは、20 ～ 30 歳代を「成人前期」とし、「成人への過渡期」（17 ～ 22 歳）、「おとなの世界に入る時期」（22 ～ 28 歳）、「30 歳の過渡期」（28 ～ 33 歳）、「一家を構える時期」（33 ～ 40 歳）の 4 つの発達段階に区分している（上、110 ページ）。

青年期については、レビンソンは 22 歳までとし、ガセットは 15 ～ 30 歳とみる。わが人生においても、20 歳代は青年期の真只中にあった。長寿化時代を迎えるなか、青年期が延びるのも自然な成り行きとみられる。20 歳代を青年期とみる見方は、今や一般的とみられる。本書でも、20 歳代を青年期とみる。

成人前期は、職業を確立し、結婚して子供をもち、成人としての生活を完全なものとしようとする。しかし、仕事の状態は発達を抑制し、阻み、害するものが大多数で、さまざまの大きな悩みに直面する。「30 歳の過渡期」はしばしば危機のときとなる。「20 歳代と 30 歳代はライフサイクルの中でおそらくもっとも豊かで、もっともストレスに満ちた 20 年」（下、263 - 4 ページ）である。

20 歳代を青年期とすれば、30 歳代とは何か。これは、かなりの難問とみられる。30 歳代は、人生の最重要な時期といっても過言ではないが、それを表す適切な表現が見当たらないのである。青年期に含めるという見方もある。レビンソンは、「成人前期」（17 ～ 45 歳）に位置づけている。20 ～ 30 歳代が「もっとも豊かで、もっともストレスに満ちた 20 年」というのであれば、まさに人生の成長期にあたり、それを人生の青年期といっても不自然ではなかろう。

▶ 「30 歳の過渡期」と 30 歳代の危機

「30 歳の過渡期」とくに「30 歳代の危機」という視点は、D.J. レビンソン［1978］から得た貴重な知見である。「ほとんどの者にとってこの過渡期はもっともストレスに満ちた形、すなわち 30 歳代の危機という形をとって訪れる」

（上、114 ページ）。28 歳から 33 歳にかけての、成人期に入ったばかりの時期である。「その時期の発達課題の実行に非常に困難をおぼえるようになったとき、発達上の危機が訪れ…生活そのものへの脅威、大混乱と崩壊の危機、将来への希望の喪失を感じる」（上、114 - 5 ページ）という。

「30 歳の過渡期」の数年間に、「人は過去を見直し、将来を考える。これまでの人生で自分は何をしてきたのか、その人生から何を生み出したいのか、新たにどの方向に進んだらよいのか、と問う」（上、155 ページ）。ほとんどの人にとって、厳しくストレスに満ちた形をとる。調査した 6 割以上が、ちょっとした危機あるいは重大な危機を経験している（上、159 ページ）。

4 つの職業グループのうち、「30 歳の過渡期」にもっとも苦難のときを経験し、それを最も積極的に活用して人生を好転させたのは、小説家である。10 人のうち 9 人が 30 歳代の危機を経験しており、そのうち 5 人はそのとき精神療法や精神分析を受けている。彼らのほとんどが、30 歳代には他の仕事で生計を立てており、会社員、教師などとの「二足のわらじ」をはいていた。先行きの生活が見通せず、創作上の行き詰まりも抱えていた。

▶ わが「30 歳代の危機」――人生最大の危機

30 歳代の前半に訪れたわが「30 歳代の危機」も、研究面と会社キャリアの 2 つの壁が絡み合うなか、生じたものである。「創作の悩」みが深くかかわっている点で、「小説家」の危機と共通する面も少なくない。

会社では現場に閉じ込められ管理職への道も閉ざされるなど「会社キャリアの壁」に直面する。研究上では、単著書の出版や大学教員への話が頓挫し、研究がマンネリ化するなど「創作の壁」にぶちあたる。人生の見通しが切り拓けず、吃音などもひどくなるなか、行き詰まり感が増し、もがき悩む。まさに、わが人生においても最大の危機であった。その時期の発達課題は、その後もずっと向き合うことになるのである。

3.2 「人生半ばの過渡期」と中年期

▶ 中年期の光と影

中年期への見方が変容を迫られ、中年とは何かが問われている。中年への見方は、世代によっても異なる。青年は、中年と聞くと衰えと死に対する強い不安に掻き立てられる。30 歳を過ぎるというのは「峠を越す」というこ

とではないか、40歳は人生の終わりではないかといった不安を感じる。

　原始の狩猟採集社会では、人口の半分しか20歳まで生きず、40歳過ぎまで生きられるのは1割であった。成人前期の高い死亡率は、病気、事故、戦争、食糧不足などの猛威にさらされていたからである。人類史において、40歳以降の人生はごく短い期間の共同体験にとどまる。40歳を過ぎることへの強い不安は、人類の原始体験の現れとみられる（下、247 - 250ページ）。

　原始人は子を産み、育て、仕事をするという点での人類への貢献を、40歳にはやり終えてしまっていた。社会の役に立たなくなり、適応能力も衰えるので、40歳を過ぎての生存の可能性はまずなかった。言語が現れ、社会形態がもっと複雑になってはじめて、人類は40歳以降の生命維持を重視するようになる（下、247ページ）。

　中年は文明社会において、境界のあいまいな中間期、停滞と希望のなさとみられる傾向がある。ユングによれば、人類は「中年としてのヒーロー像」をつくり上げる英知をほとんど持たない（下、51ページ）。

　停滞は、中年期において発達上必要な役割も果たす。自分の弱さを認識することが、他者への分別、共感を生む源となり、他者の苦しみを深く理解できるようになる（上、66ページ）。中年期は、「若さと老い」のバランスがもっともよく取れている時期のはずである。その場合、中年期は名実ともにライフサイクルの中心となる。

　中年は「叡智、分別、寛容…の資質が円熟する季節」（上、58ページ）であり、「言葉と精神は全盛期」にあるとされる。壮年は彼らの考え方や目標が社会をけん引する世代とされる。ユングは、「人生の正午」を「壮年期」とみなした。ガセットは45〜60歳を壮年期としているが、レビンソンの中年期（40〜65歳）においても壮年はコアに位置するとみられる。

▶ 「夢」（ロマン）のもつ意味と現実とのすり合わせ

　人は、人生に「夢」を抱く。夢は、「ロマン」と言い換えることもできよう。夢は、人生に興奮と活力を与えてくれる。その夢に適所を与える限りは人生を豊かにできる。夢をもたなければ、夢を活かし続ける道が見つからなければ、人生は真の目的あるいは意味を欠いたものになる。「人生半ばの過渡期」において、人はこれまでの夢を理解し評価しようとする（下、103 - 4ページ）。

　夢には、さまざまな目標・野心・価値観、そしてそれらを追う空想上の自己が含まれる。夢は、その人の神話である。夢は、成人前期の正常な全能感

から生まれる側面もある（下、105ページ）。

　夢と現実とのギャップに向き合うことが、「人生半ばの過渡期」の重要な課題となる。そのギャップを認めることが、「創造への最後の機会」となる。それらを認めてうまく折り合っていければ、中年期を創造性に富んだ発達期にすることができる（下、113ページ）。成功や失敗をもっと複合的に評価し、その体験の内容、仕事や成果のもつ本質的な価値、それらが自分や他人に対して持つ意味などをもっと重視するようになる（下、109ページ）。

▶ 「人生半ばの過渡期」とわが人生の転換期

　「人生半ばの過渡期」という考え方を概念として明示したのは、C.G. ユングである。人生を前半と後半に分け、40歳前後をその分かれ目の時期とした（上、71ページ）。

　鎌田慧［1991］『「東大経済卒」の18年』は、40歳の企業エリートの「内なる声」を拾い上げている。第1次石油危機（1973年）前後に東大経済学部を卒業して社会に出て18年の36人に取材したものである。何人かは、「人間、40すぎると、いろいろと考えるもんですよ」とつぶやく。40歳まで夢中で働いてきた。いま自分はどこにいて、何をしているのか、という漠然とした疑問は深まってくる。「ちがう自分が、ちがう人生がどこかにあるはずだ」という内部の声も聞こえてくる。[2]

　人生の構造は、中年期に入る40歳前後を境として変化する。「人生半ばの過渡期」に入ると、人は自らの人生の意味と価値について自問する。夢の実現を果たせたような恵まれたケースでさえ、人生の転換期に直面する（上、66 - 7ページ）。

　人は40歳にして人生の最盛期、人生の転換期を迎える。わが「働・学・研」協同の人生も、まさにその通りである。「人生半ばの過渡期」（40〜45歳）に、わが人生は大きく動き出す。鉄鋼メーカーに勤めながら博士課程に進んだのが40歳、退職して大学教員に転じたのが43歳、翌95年（44歳）に最初の単著書を出版する。その本で1年後（46歳）に博士（経済学）を授与される。2年後の1996年（47 - 8歳）、鉄鋼産業論の2冊の単著書を出版する。青年期・成人前期の20年近い間にためていた思い、そのロマンや鬱憤、研究蓄積などを一気に吐き出し、論文や本にしたのが、この時期である。

　独自の満足感や達成感をもって中年期をスタートさせた者にとって、中年期はしばしばライフスタイルでもっとも充実したもっとも創造的な季節とな

る（上、120ページ）。

終
章

3.3 「人生半ばの危機」と創造性

▶ 人生半ばの「過渡期」と「危機」

　ジェイキーズによると、「人生半ばの危機」は、発達学的にみて当然訪れる正常なもので、30歳代後半に始まり数年間は続く。「限りある命」だと知ることが、人生半ばの危機の核心をなしているという。

　レビンソンは、この時期を「人生半ばの過渡期」と「人生半ばの危機」に分けて捉え直している。「人生半ばの過渡期」はどちらかと言うと穏やかな時期で、大きな混乱と崩壊を伴う場合を、「人生半ばの危機」とみる。無意識の幻想と不安が詰まっているパンドラの箱を開けることを意味し、ある程度の危機や絶望を体験するという（上、59ページ）。

　大多数の者（調査した40人の8割）にとっては、自己の内部での激しい葛藤および外界との激しい葛藤を引き起こす（下、22ページ）。

　限りある命だという認識が高まり、残る時間をもっと賢明に使いたいという気持ちは、過去を見直したいという欲求を生み出す（下、11ページ）。

▶ 創造性をめぐる危機と変化

　なぜ人生半ばに危機が訪れるのか。いかなる生活も自己の持つあらゆる面を生かすことはできないからである。生活をつくり上げるには、選択をし、優先順位を決めなければならない。これらの無視してきた面、不本意ながら断念した大切なものの声が聞こえる。これらの声に耳を傾け、捉え直すことを迫られるのである（上、24 - 5ページ）。

　大学教員（生物学者）の場合も、然りである。10人のうち順調な5人全員が、成功に伴う達成感だけでなく激しい失望やときには絶望に見舞われている。「今度は真の創造性を示し、その分野の第一人者で意義ある展開をしなければならない。…そのときはじめて、これまでの仕事の限界がこれまでになくはっきりと見えてくるし、創造力の源泉が枯れつつあるのではないかとこれまでになく恐れる」（下、30 - 1ページ）。

　ジェイキーズによれば、「芸術家はすべて人生半ばの危機を経験する」。さまざまな国・時代を生きた数百人の芸術家の生涯を調べての結論である。人生半ばに彼らは、限りある命であることをもっと自覚し、自分の破壊性ともっ

と直接立ち向かわなければならない。この時期に、芸術の道に別れを告げる者もいる。中年期に入っても芸術の道を歩み続ける者は、おそらく数年間は何もしない時期を経たのちに、「性急な創造性」から「磨きのかかった創造性」へ、もっと深く普遍的なものへと変化を遂げる（下、74 - 5）。

▶ 「働・学・研」人生の夢と「無念」「怨念」

会社に毎年提出する自己申告書で、「無念さをバネにして、将来は必ず日本の第1人者になり、こうした社内評価が必ずしも妥当でないことを証明する」と記したのは、41歳のことである。「人生半ばの過渡期」に、わが41歳の思いを会社の上司や人事部に公言したものである。

それから30年経つが、その公言は果たせているとはいえない。今なお、その途上にあるといえよう。

会社のなかにあって抑制の効いた深い思いが、「無念」という言葉に込められている。それが、大学教員に転じて2〜3年経つと、「怨念」という言葉が浮上する。自由な表現が可能となり、単著書も出版するなか、「無念」は社会的「怨念」へと転化する。さらに四半世紀を経た今、40歳過ぎの夢は思うほどに実現できず半ばにとどまっている。わが努力と能力の至らなさを痛感するなか、「無念」という言葉がよりフィットするように感じている。

４　中年期から老年期へつなぐ創造性のバトン

・・

4.1　人生の個性化と創造的活動

中年期に求められるのは、「個性化」である。ユングは、「個性化」の努力は人生半ばに新たに始まり、残る半生その努力が続くことを示した（下、18ページ）。

人生半ばの個性化によって、人は自己と満足感の内面的な源にもっと注意を向け始めることができるようになる。「自己の内部にある種子の宝庫」は、成人前期にほとんど発育を休止している。中年期の個性化過程で、栄養を与えて育て、自分の生活のなかでもっと価値ある場を与えるにつれて、若い頃には夢にも思わなかったやり方で、自分の生活を発展させ豊かにしてくれるようになる。個性化は、挫折と辛い過渡期を経て自己を回復させ、自分自身の、そして他人自身の生活へ創造的に関わっていく可能性を切り拓く（上、72ページ）。

4.2　現職時代の生きがい・働きがい

製鉄所時代は、会社での仕事が、生業あるいは投入時間などからみても、メインであった。アフターファイブの鉄鋼産業研究、大学院や学会参加は、投入時間に限りがありお金もかかるなど、サブ的な位置にあった。しかし、生きがい、働きがいの視点からみると、構図が逆転する。後者の研究がメインで、会社の仕事は研究ロマンを追求するための手段、いわばサブに位置する。そこに示された研究ロマンや活動ノウハウは、社会人研究者としての体験と思索から得たものである。大学に転じてからの博論指導を通してまとめたノウハウとは一味違うが、共通する面も少なくない。その土台に位置するとみられる。

大学教員に転じてからは、教育と研究がメインとなる。（生計の源でもある）教育、（社会的使命・生きがいとしての）研究。この両者の好循環をどのようにつくり出すかという課題と向き合うことになる。「ロマン」も本職となると、やるべき範囲と課題が広がり責任感が増すなど、プレッシャーが強まる。そうしたなか、研究ロマンをどう育んでいったのか。大学定年退職を機にまとめた第2部は、その課題に取り組んだ研究・教育物語でもある。

4.3　定年退職と仕事の棚卸し

20年以上過ごしての退職を、2回経験した。1回目は43歳での会社退職、2回目は70歳での大学定年退職である。退職した事情、時代、年齢に大きな違いがある。転職と定年、1992年と2019年、43歳と70歳など。

共通する点も少なくないようである。いずれも、組織からの離脱はかなりの緊張とストレスを伴う。退職前の1年間は何かと大変である。直前の数か月間は、それがピークに達する。会社退職は、「自己都合退職」とはいえ、上司への申し出、退職願の提出、海外出張、送別会などが続き、想定以上に大変だった。大学定年退職は、最終講義、研究室退去、マンション引っ越し、送別会、さらに退職直前の単著書出版が重なり、心身の限界を超えるほどハードであった。定年退職のインパクトは、まだ途中で測りがたいものがある。

いずれにおいても、それまでの仕事や人生の総括いわば棚卸しを行う。それぞれ、実に意義深い儀式となりプロセスとなった。

4.4 現職時代と定年退職後にみる「ロマン」

「定年退職」は、人生にどのような意味がありインパクトを及ぼすか。退職後の生き方として心すべきことは何か。これまでの組織から離れ「個」として生きる、他人本位から「自己本位」へ生き方を転換することが求められる[3]。

西洋社会では長らく、定年はストレスを伴い個人のアイデンティティの危機となるだろうとみなされていた。しかし、1970年代の実証的研究の結果、定年前後に顕著な差はなく想定されていたようなネガティブな影響はみられなかったという[4]。

日本社会では、会社組織などへの囚われが深く、そこからの脱出はかなりの苦労や挑戦を伴う。会社の仕事に強くコミットしすぎると、自分の生活や家族をないがしろにしがちとなり、定年後の対応に困難を伴うことが少なくない。

3000人以上の定年退職者への25年余に及ぶ綿密な取材によると、定年退職者からは「ロマン」という言葉をしばしば耳にするという。サラリーマン時代の仕事は会社の看板と組織に支えられていたが、定年後はすべてを自分で仕切る。そのかわりに責任を負う。だからこそ力が発揮できるし、サラリーマン時代に味わえなかった「ロマン」と快感もあるという[5]。

「第1部 働き学ぶロマン」は、企業組織の縛りのなかにあって「働きつつ学ぶ」研究を貫く「ロマン」と苦闘を描いたものである。作品のタイトルに「ロマン」を織り込んだ思いは、定年退職者が組織から離れて創造的に生きようとする思いと共通する面も少なくないとみられる。

組織であろうと個人であろうと、社会とつながるためには、自らの得意技をもって、社会の要請や他人のニーズに結びつけることが求められる。次のような方程式になる。

社会とつながる力 = X（自分の得意技）× Y（社会の要請や他人のニーズ）[6]

在職中から、「得意なことに徐々に軸足を移しておくことが大切」である。時間をかけて、じわりじわり好きなことに近づいていくことは、組織のなかにいても可能であるし、有力な武器になる。「本物の仕事」に出会うチャンスも広がる[7]。

5　定年退職が促す「老化」と「熟成」

・・・

5.1　定年直後の立ち位置──老年期の時代的変容

　定年退職を経て、これまでの仕事と研究を総括するなか、71歳の今をどう定義するかに呻吟する。そして、たどり着いたのが「准老年」さらに「熟年」という位置づけである。

　老年（期）について、レビンソンは60歳以降、ガセットは65歳以降、ＷＨＯ（世界保健機構）も65歳以降、としている。近年では長寿命化、中高年者の若返りなどが進むなか、「老年期」の時期区分やイメージも大きく変わりつつある。

　日本老年医学会・日本老年医学会［2017.1］は、高齢者の定義を見直し、65〜74歳を准高齢者、75〜89歳を高齢者、90歳以降を超高齢者としている。そこに示されている「高齢者」は、これまでの「老年」にほぼ相当する[8]とみられる。

　中年期についても、老年期が（5歳ほど）後ろにずれ込むなか、延びる方向にあるとみられる。筆者の場合、60歳代は全力疾走するなど壮年期の真只中にあり、「老年」という感じではなかった。60歳代後半から71歳の今は、中年期から老年期への移行期すなわち向老期にあり、中年であり老年ともいえる「准老年」とみれば、よりしっくり感じられる。

　レビンソンは、老年期をひとくくりにするのではなく、その後半を「晩年期」として区分し、晩年期は80歳頃から始まるとしている。その後の長寿命化、若返りの進行をふまえると、晩年期は、今日では85歳以降（高齢者の終盤）あるいは90歳以降（超高齢者）に相当するとみられる。

5.2　「老化」と「熟成」

　「中年」という言葉は、あいまいで気に入らない人も少なくないが、中年以降を指す言葉として対置される「老年」には、「老化」に抱く不安を表す否定的な意味合いも言外に含まれている。

　「老化」とは何か、が問われねばなるまい。「老化」とは一般的には、「成熟期以降に起こる生理機能の衰退を意味し、遺伝的な要因や外界からのストレスに対し、適応力が低下することで起こる変化」とされている[9]。中年以降

を「成熟期」とし、「衰退」「低下」のみクローズアップされている。しかし、それだけで十分か。何かが欠落していないか。「成熟期」の「成熟」とは何かが問われよう。

　そこで、「熟成」という視点から捉え直してみたい。「成熟」プロセスでは、「衰退」「低下」すなわち「劣化」とともに「熟成」も並行して進む。「熟成」と「劣化」は、表裏の関係にあるといえよう。「熟柿」という言葉にみられるように、果物は「熟成」が進むなか、美味しくなり栄養価も高まる。「熟成」は、原材料を取り扱うものづくりにおける産業用語の１つでもある。適当な条件の下で置いておく（すなわち「材料を寝かす」）と、原材料は化学変化により品質の安定・向上が進む。

　熟成の視点は、人間の「老化」においてこそあてはまるはずである。老化のプロセスは、機能的にみると「衰退」「低下」など「劣化」が進むが、文化的にみると様ざまな体験を経て深まる「熟成」の側面がみられ、人間らしさの核をなすとみられる。機能的側面と文化的側面の両側面を統合して捉えることは、現代産業論においても重要な課題となっている。[(10)]

6　老年期の役割と創造性——熟年への視座

・・

6.1　老年期にみる「老い」と「若さ」の新たな統合

　「老い」と「加齢」は、けっして同義ではない。[(11)]「老い」にはこれまでの価値観がつきまとうが、「加齢」すなわちエイジング（aging）は「老い」の両面をより客観的に捉えることができよう。

　「老年」とは何か、その機能的および文化的な両側面をいかに統合して捉えるかが、あらためて問われている。ユングの理論では、子ども（Puer）と老人（Sennex）が対置して捉えられている。子どもは、「若い」こと、「子ども、青年、年齢に関係なくある発達過程の出発点にある人」の元型である。一方、老人は、「年とっている」こと、「年長者、老人、年齢に関係なくある発達過程の終点の人」の元型とみなされている（下、44ページ）。

　ライフサイクルを通して、どの過渡期にも、「若さ」と「老い」の内なる像が修正される。過渡期の発達課題は、人生のその時期にふさわしい新たな「若さと老い」の統合をつくるということである。成熟性、判断力、自覚、寛容さ、統合された構造、ものの見方といった「老い」の資質が増すのが普

通である。しかし、こうした資質が価値をもつのは、「若さ」のエネルギー、創造力、好奇心、愚かさや幻想を受け入れる能力によって、それらの資質に絶えず生気が与えられる場合に限る（下、45ページ）。

「老年への過渡期」の課題は、老年期にふさわしい「新しい形の若さをもち続ける」ことである。老年期には、年齢相応の変化はみられるものの、その人が「若い活力、自己および外界での成長力とのつながり」を失わない限り、さまざまな形で「創造的で賢明な年長者」になれるという（上、75 - 7ページ）。

6.2　老人への敬意と「老人の知」

老人とどう接するか、老人の立ち位置をどこに見出すかは、大昔からの課題とみられる。その解決策のヒントが、「翁」という言葉に潜んでいる。翁という言葉には、一般に老人への敬意が込められているという。より若年の中高年よりも、清らかな存在とみなされている。こころがからだから半ば遊離しているからだという。両者の遊離が進むにつれて、老人のこころは純化の程度を増していくと考えられていた節がある(12)。

老人と子どもの関係について、民俗学史では興味深い考察がみられる。中世的な現象として、神が翁（男性の老人）の姿をとり童子を伴って示現し、老婆は宗教者としての霊性を有しながら幼女などを伴い存在する。男女とも老人が有する霊性が、子どもを媒介にすることによって発揮される(13)。

老人の知は、村共同体の中で共生の可能性を求めてきた。「老人の知」が持つ有効性は、長年にわたる経験による蓄積もさることながら、世俗の秩序に左右されない自由さをもっていたからだという。衰退した老いの姿ではなく、村の歴史を見通し共生への志をもった老いの姿が、そこに見出される(14)。

日本のみならずアジアの文化では、人生経験豊かな長老の判断を、多数決原理以上に尊重するところもみられる。そうした慣習の根底にある老人の知恵とは何か。長い年月のなかで集積された人生の問題解決能力とともに、老人が現実的な利害関係に縛られることが少ないことに拠るとみられる。老人の「知恵」というものが、老人の頭の中にあるというよりは、老人が置かれている状況から派生するものという(15)。

6.3　内なる創造エネルギーと熟年

　レビンソンによれば、老年期は「衰えの時であると同時に、さらに成長する好機」でもある。「自己の内なる声がもっとよく聞こえ…新しい形の自己と外界と関係をつくり上げる」季節である（上、78 - 9ページ）。

　中年期にはじまる個性化は、限りある人生を意識することで、すなわち無限観から有限観へと変化する中で、深まっていく。外面的、物理的な成長が止まって、内面的な熟成へと転じる。

　「病気とか引退とかいったさまざまな重要な出来事が中年期の終わりをつげ、過渡期に入る」（上、73ページ）。レビンソンは「老年への過渡期」を60 - 65歳としている。70歳定年を経た筆者にとっては、70歳代前半を「老年への過渡期」とみなすことができよう。高齢者の定義も見直され、70歳代前半は「准高齢者」（すなわち「准老年」）となっている。

　限りある命を認識しようとする努力は「人生半ばの過渡期」にはじまるが、限りある命であることをもっと奥深いところで受けとめられるのは、老年期に入ってからである（下、57ページ）。

　「引退」後は、「心の奥底から直接湧き上がってくる興味を大事にして真剣にしかも楽しんでそれに専心でき…創造的可能性に楽しく挑戦できる」。「今度は外部からの圧力とか金銭的必要からではなく、むしろ自分自身の創造的エネルギーが引き金になる」（上、77 - 79ページ）。そのような老年期のあり様は、「熟年期」とみることができよう。

7　おわりに

・・・

7.1　定年と再出発の儀式——最終講義と退職記念号

　限りある命を意識することは、人生の締め切りを勘案することにつながる。締め切りの設定は、何かを創り出すときに重要なものである。逆算型の生き方として、「生前葬をやってみるがいいかもしれない[16]」との指摘もみられる。

　筆者は、定年退職前の最終講義（2019.1.11）を「生前葬」と見立てて行った。最終講義では、「司会・お祈り、あいさつ、人・業績紹介・最終講義・花束贈呈・記念写真」が一連の儀式として用意されている。「生前葬」として見ても、立派なものである。1時間半にわたる儀式は撮影され、そのＤＶＤま

でプレゼントされる。儀式の後に用意されている「会食」は。学部・大学院ゼミ卒業生による企画である。まさに至れり尽くせりである。

せっかくの機会であり、これを活かさないのはもったいない。そのような思いから、家族（妻・次男）を呼びよせる。半世紀にわたる仕事・研究・教育を総括する最終講義（70分）は、リハーサルを行い、万全を期す。学部受講生（1・2限）250人、ＯＢ・教員50人、計300人に静聴してもらい、彼らをバックに（オーケストラの指揮者の如く）撮る記念写真は圧巻である。せっかくの機会なので、最終講義のＤＶＤはユーチューブに流してもらう。わが「生前葬」としては、もったいないほどの豪華版となる。

最終講義は、仕事・研究・教育人生を締めくくる象徴的なセレモニーとなり、定年退職後の生き方をも提示する決意表明の場ともなる。人生の区切りをつけようと決意し、毅然と実行することの大切さを身にしみて感じた次第である。

『名古屋学院大学論集（社会科学篇）』Vol.56 No.3 は、「十名直喜教授　退職記念号」として 2020 年 1 月末に刊行される。「「働・学・研」協同の仕事・研究・人生」をテーマに、産業システム研究会（博士課程十名ゼミ）メンバー 17 人が寄稿している。退職者の略歴・研究業績の紹介も含めて約 190 ページの「特集」となる。名古屋学院大学の定年退職は、形式的には 2019 年 3 月であるが、実質的には本「特集」の刊行をもって仕上がりになる。

「特集」に寄稿した拙稿「「働・学・研」協同の理念と半世紀の挑戦—仕事・研究・人生への創造的アプローチ」（6万字）は、本書の踏み台となる。全力を傾注しての総括とケジメは、新たな旅の出発点となるのである。

最終講義と退職記念号は、大学教員として最後の花道を飾るものであり、研究・教育者としての矜持を示す貴重な場である。それを最大限生かすことは、大学教員としての社会的務めではないかと感じている。実施するかどうかは、いずれも本人の判断にゆだねられている。近年、辞退される定年退職者が増えているようであるが、残念かつ惜しいことと思われる。

7.2　仕事と人生に引く補助線の妙

▶　本書にみる 7 つの補助線

本書の原点となり出発点となったのは、第 1 部である。定年退職に向けて大掃除していた時に、研究室と自宅の書庫から出てきた幻の作品が、第 1 部

227

のベースになっている。昨春、この作品をどうしようかと思案していていた
とき、キャリア心理学の専門家（安藤りか・名古屋学院大学准教授）から、次の
ようなアドバイスをいただいた。

　「この作品「単体」を洗練させるというよりは、補助線となる軸をもって
きて、そことの対比で、作品をより際立たせる手法を探った方がいいのでは
ないか」（2019.3.4）。

　実に含蓄に富む助言であるが、その後はこの助言もどこかに紛れ込んでし
まっていた。2019年末に、1年間の日誌をひも解いていて再発見する。そ
して本書が、いくつかの補助線を軸にして紡ぎ出され、また構成されている
ことに、あらためて気づく。結果としては、助言をフルに生かす形になって
おり、その慧眼に感服した次第である。

　本書には、次の7つの補助線が引かれているとみることができる、

　まず構成面からみると、その1本目の補助線は、（「49歳の自分」がまとめた）
第1部の随所に織り込んだ、「71歳の自分」のコメントである。2本目から
の補助線は、第1部の外に引かれていく。第1部をふまえつつ「71歳の自分」
がまとめた第2部が、2本目の補助線となる。そして、第1部と第2部を
つなぎ足らざるを補う序章と終章が、3本目の補助線である。4本目の補助線は、
序章・第1部・2部・終章をつなぎ俯瞰する、プロローグとエピローグである。

　さらに理論的にみると、本書の全体を貫く「働・学・研」協同論は、5本
目の補助線とみなすことができる。そして、青・壮・老、熟年論などのライ
フサイクル論が、6本目の補助線となる。5本目と6本目の補助線が交差して、
本書にメリハリを与えている。7本目は、本書の全体を包括する人生論とい
う補助線である。

　幻の作品を起点に引かれた7つの補助線が、本書を形あるものにし、香り
と彩を与えている。23年ぶりの再挑戦が、これらの補助線を軸にして陽の
目を見たといえよう。補助線をどう引くかは、本つくりだけでなく、仕事・
研究・人生のいずれにも問われる課題とみられる。

▶ 補助線の効用──学び・仕事・人生の難題を解く手がかり

　中学や高校の算数・数学の図形問題では、補助線の引き方がとても大切で
ある。図形問題が難しいのは、補助線を引かなければならないことが多いか
らである。この補助線の引き方がわからなくて、図形問題にフリーズする生
徒も少なくない。

　算数・数学の図形問題では、正解がある。しかし、仕事や人生の問題においては、正解は１つとは限らない。何が正解であるかは、かなり後になってみないとわからないことも少なくない。

　「なぜ補助線を引くのか」、「どこに補助線を引くのか」が問われよう。なぜ補助線を引くのか。まずは、「自分が何をしたいか」を明確にするためである。その目的にそって、「必要な情報を求めるため」であり、「与えられた情報を利用するため」でもある。

　それは、学校の勉強だけでなく、仕事や生き方などの問題においても日々問われていることである。「どこに補助線を引くのか」が、問題解決のポイントとなり手がかりとなる。補助線を引くことによって、これまで見えなかったものが見えるようになる、気づかなかったことに気づくようになる。ものごとに対する認識を変える契機となり、時にはパラダイムの転換を促す手がかりともなる。

　本書にあっても、半世紀にまたがる仕事・研究・人生をどう総括しまとめるかという難題を、解きほぐし再構成してくれたのが、７つの補助線であった。それでは、老年期を生き抜き、熟年期へと変えていく補助線とは何か、どこにどう引くのか。五里霧中のなかではあるが、本書を手がかりに考えていきたい。

7.3　生涯楽しく働く知恵──少・壮・老にして学ぶ意味と楽しみ

　江戸後期の儒学者・佐藤一斉の『言志晩録』に、次のような１節がある。
「少にして学べば　則ち壮にして為すあり
　壮にして学べば　則ち老いて衰えず
　老いて学べば　則ち死して朽ちず[17]」

　「壮にして学べば　則ち老いて衰えず」は、壮年時の心得、学びの大切さを説いたものである。現役で忙しい時こそ、通常の仕事だけでなく興味や関心のある分野を学び研究することが大事で、老年になってからの道を切り拓くというのである。老年になっても続けうる分野の学びは壮年のうちにできるし、すべきだという。

　「老いて学べば　則ち死して朽ちず」は、何を意味するのか。年をとっても学び続けていれば、死後もその評価が遺るというものである。定年退職後の大学教員にとって、何よりも銘記し実行すべき至言であろう。現役時代の

仕事と「内発的興味」とは、つながっていることも少なくない。そこに鍬を入れておくと、退職後にも知的な沃野が広がる可能性がある。

　孔子の『論語』にも、次の1節がある。

　「これを知るものはこれを好むものにしかず、これを好むものはこれを楽しむものに如かず」。

　これは、仕事、研究、芸術、趣味など、いずれの分野にも通ずるとみられる。楽しむ境地に至らないと、学問や芸術は本物にならないし、人の魂を揺り動かすこともできない。「楽しむ」境地にまで至ったかどうかは、定年後にわかる。楽しむ境地の人は、定年退職しようが転職しようが、ずっと楽しみ続けていける。学問は、好きでやっているだけでは、定年になるとやる気が起きなくなってしまいやすいという[18]。

　25歳のときの自分が、今の自分をみたらどう思うか。80歳、100歳になった自分が、今の自分をみたらどう思うか。今の自分は、過去の自分、未来の自分の視線と評価に耐えられるのか。この問いこそ、長寿化時代の核心を突くものとなっている[19]。過去の自分、未来の自分は、今の自分への補助線にもなりうるのである。

　人生が長くなり、多くの移行を経験する時代には、人生全体を貫く要素が何かを意識的に問うことが求められている。「働く」という意味や性格は、今や大きく変化しつつあり、「社会の役に立つ」活動という意味合いを強めつつある。有償労働だけでなく無償労働の比重も高まっている。さらに、楽しく働くことが求められている。

　「働く」ことはまさに、生涯にわたる活動となり、社会人として生きる証となりつつある。「働く」活動には、「学ぶ」、「研究する」活動も欠かせない。本書が提唱する「働・学・研」協同のライフスタイルは、その問いに応えようとするものである。

注　記

(1)　楠木新［2017］『定年後』中公新書、208 - 9ページ。

(2)　鎌田慧［1991］『「東大経済卒」の18年』講談社文庫、219ページ。

(3)　加藤仁［2007］『定年後—豊かに生きるための知恵』岩波新書。

(4)　L. トーンスタム［2005］『老年的超越—歳を重ねる幸福感の世界』冨澤公子・タカハシマサミ訳、晃洋書房、2017年（Lars Torenstam : Gerotranscendence［2005］A developmental theory of positive aging, Soringer, New York）、16 - 20ページ。

⑸ 加藤仁［2007］、前掲書。

⑹ 楠木新［2017］、前掲書、131 ページ。

⑺ 楠木新［2017］、前掲書、148 - 9 ページ。

⑻ 日本老年学会・日本老年医学会「高齢者の定義と区分に関する提案」［2017.1.5］（https://
   www.jpn - geriat - soc.or.jp/proposal/pdf/definition_01.pdf　2019.11.4 閲覧）

⑼ 公益財団法人長寿科学振興財団「老化とは何か」https://www.tyojyu.or.jp/net/
   kenkou - tyoju/rouka/rouka.html（2019.11.4　閲覧）。

⑽ 十名直喜［2012］『ひと・まち・ものづくりの経済学―現代産業論への視座』法律文
   化社、同［2017］『現代産業論―ものづくりを活かす企業・社会・地域』水曜社。

⑾ 正高信男［2000］『老いはこうしてつくられる―こころとからだの加齢変化』中公新書、
   5 ページ。

⑿ 正高信男［2000］、前掲書、98 - 99 ページ。

⒀ 関沢まゆみ［2003］『隠居と定年―老いの民俗学的考察』臨川書店、103 ページ。

⒁ 天野正子［2006］『老いへのまなざし―日本近代は何を見失ったか』平凡社、20 - 21 ペー
   ジ。

⒂ 高橋恵子・波多野誼世夫［1990］『生涯発達の心理学』岩波新書、63 - 4 ページ。

⒃ 加藤仁［2007］、前掲書、201 ページ。

⒄ 渡部昇一［2010］『知的余生の方法』新潮新書、29 ページ。

⒅ 渡部昇一［2010］、前掲書、40 - 4 ページ。

⒆ L. グラットン /A. スコット［2016］『Life Shift』池村千秋訳、東洋経済新報社、37
   ページ（Lynda Gratton and Andrew Scott e/o Peters［2016］The 100 - Year Life,
   Fraser & Dunlop Ltd. In association with Pollinger Limited, London）。

エピローグ
「自己」の探求と邂逅

生涯続く「自己」の探求──青春のロマンと決意

　ゲーテとトーマス・マンの類似点は、1つの作品がその着想から完成まで、長い年月をかけて静かに忍耐強くその成長を見守るという創作態度である。ゲーテの『ファウスト』は完成までに56年、『ヴィルヘルム・マイスター』も52年を要している。トーマス・マンにおいても、『ファウスト博士』の46年、『詐欺師フェーリクス・クルルの告白』の44年とひけをとらない。2人とも長命であった（ゲーテ82歳、トーマス・マン80歳）とはいえ、その半生を超える年月、多くの仕事を抱えながら、1つの種子が大樹にまで育ってくるのを、静かに粘り強く待っているのである。[1]

　凡庸きわまりない筆者ではあるが、長い道のりを粘り強く歩むという点では、彼らと共鳴するところもみられる。「働・学・研」協同の理念を提示したのは1973年、25歳のときである。まさに青春のロマンそして決意を、表明したものである。それから実践・検証を経て本書に至るまでに、47年近くの歳月を経ている。本書にしても、その旅の途上にあり最終章ではない。

　半世紀近くにわたり、青春の理念とロマンを育んでこられたのは、多くの方々の熱意と度量に支えられたところが大きい。「働きつつ学ぶ」理念が1977年に、基礎経済科学研究所の理念として掲げられた。それが座標軸となって、筆者をはじめ多くの社会人研究者を支えていくのである。

　各分野の一流の研究者の門をたたいたのも20代、まさに青春の頃である。30歳代には会社キャリアと研究の大きな壁にぶちあたるも、その知的人脈と社会的ネットワークが、人生最大の危機と向き合い、乗り越える知恵と勇気を授けてくれた。そして、生涯にわたりご指導いただく絆となるのである。本書の第1部に、その一端を紹介している。池上惇、森岡孝二、中村静治、置塩信雄、黒岩俊郎、館充、大橋周治、市川広勝、沢崎俊郎（敬称略）等々、すでに故人になられた方も少なくないが、各分野の恩師に心よりお礼申し上げたい。

　アメリカ修道尼の脳と生涯との関係について調査した興味深い研究は、青

春の決意やロマン、自伝の重要性を浮かび上がらせている(2)。

　アメリカ修道女会では自伝を書く伝統があり、誓願を立てる前に自伝をまとめている。自伝といっても、生い立ちを中心とする1ページ程度の短いもので、平均22歳のときに書いている。それが、60年後の知的能力や健康に深く関わっていることが判明したのである。

　自伝の文章にみられる意味密度と認知機能の関係にはっきりした相関関係(3)が見られ、60年後の知的能力を8割以上の精度で予測している(4)。さらに前向きな感情表現が、60年後の長寿を高い確率で予測している(5)ことが浮かび上がってきたのである。修道尼たちは、学歴・仕事・環境などほぼ同じという歩みのなかで見出された傾向である。仕事や家族、友人など多種多様な環境下で人生を歩む一般社会の人たちには、直接あてはまるとはいえないが、意味密度や感情表現の大切さを示したものとして注目される。

　青年期の前向きな人生観は、長寿ともつながることを示している。青年期と老年期の深い絆を読み取ることができよう。

　「自分」がどう生きたいか、どう暮らしたいかを主張できる人の方が長生きする傾向があり、生活満足感の程度も高いという調査結果もみられる(6)。

　年齢を重ねるほど、「自分」というものが、すなわち「自己」が、有用な働きをするようになる。「これこそ自分のものだ」として取り組んでいる仕事や趣味の分野では、有能さが衰えないばかりか、すばらしい成果を上げ続けることができる。「自己」とは、これが「自分」だと意識し、これが「自分」の特徴だ、理想だとみなすもののことである(7)。

　生涯続く「自分」探しとは、「自己」探しのことで、「自己」の探求といえるかもしれない。それは、「働・学・研」協同の生き方とも深く共鳴するものである。

ノウハウや思いの交流——本来の自分を開示する大切さ

・・

　最近さるシンポジウム後の懇親会で、シニアの大学教員から興味深い話を伺った。大学教員の大半は、自らの研究の手の内、台所事情は明かさない。それと対照的なのが筆者で、「研究の思いやノウハウなどを惜しげもなく開示されるのは、大変面白く印象的」とのことである。

　なぜ研究者個人のバックグラウンドや手の内を明かさないのか。その理由の1つは、研究のバックグラウンドやノウハウなどを開示するのは、超一流

の研究者がやるべきことで、そうでない者がやるのはおこがましい、恥ずかしいことだ、という見方が少なくないことである。それに対する次のような反論は、実に興味深く正鵠を得ているとみられる。

　自分の本音は隠しておこう、今はそれを出す時ではない。今自分に求められているのは１つの役割を演じることだ。自分の本当に考えること、本来の自分は成功した時に出すべきだ。しかし、そんなふうに考えている人は、いつまでたっても果たせない。「おそらく生涯にわたって部品の如き役割しか果たせない人で終わるだろう」というのである。心すべき警句といえよう。

　それは、大学教員だけでなく企業や自治体などで働く社会人にもあてはまるとみられる。

　『徒然草』にも、よく似た警句がみられる。「もし人来りて、わが命、明日は必ず失わるべしと告げ知らせたらんに、今日の暮る々間、何事を頼み、何事をか営まん。我らが生ける今日の日、なんぞその時節に異ならん」『徒然草』（第108段より）

　自己の実現と開示を先延ばしにする人は、明日を知らぬ人というしかない。「いまここに」をおいて他のどこに私たちの生きる時と場があろう。だからこそ、今このときにその人のすべてが発動していなければならない、というのである。それは、大学人・社会人に共通して求められているものといえる。

　もう１つの理由として、科学への見方の偏りがあるとみられる。経済学や経営学の目的は、社会科学として法則の発見・解明にある。自然科学も然りで、科学は客観的なもので個人的な事情（主観的なもの）によって左右されるべきではないという。しかし、経済学も経営学も科学である前に、人間学であり、人間とは何かなど価値観いわば哲学が重要な位置を占める。むしろ、人間の不在、哲学の不在がいま深刻に問われているのである。

　筆者の場合、研究の仕方やアプローチだけでなく、そこから紡ぎ出した産業論そのものにも、人間や文化の視点を入れている。すなわち、機能と文化の両側面から産業を捉え、働き様や生き方そのものを産業の文化的な側面とみなし、不可欠な要素として織り込んでいる。

　大学人・企業人を問わず研究者は、国や企業、大学などの研究費を使って研究・教育活動をしている。研究成果という機能的な側面だけでなく、研究の思いやノウハウなどの文化的側面についても、積極的に開示し交流していくことが求められている。それは、研究のイノベーションなどにもつながるであろう。

本書は、そうした課題やニーズに応えようとするものである。

本書に至る奇跡的な邂逅

・・・

退職とともに定年狂騒曲が鳴りやみ、静寂に浸る。それも束の間、やがて本つくり協奏曲が流れだす。退職して半年後の 2019 年秋は、本書の執筆・編集にひたすら傾注した。本つくり協奏曲は、狂騒曲に転じる。それが鳴り響くなか、熱に浮かされた如く、約 20 万字の原稿を一気に仕上げる。

半世紀の仕事・研究・人生を体系的・理論的に総括し展望も提示する。その手応えは、かつてなく確かなものがあった。「働き学ぶロマン」(『49 歳の自分』)との 22 年ぶりの邂逅が、勇気と示唆を与えてくれたのである。他方では、「名もない研究者の自分史なぞ出版に値しない」と門前払いされるのではという心配も、これまでになく強いものがあった。「この機を逸して明日の機ありや」という『徒然草』の警句が胸に響く。その声に後押しされて、出版へと駒を進める。

近年、出版環境が厳しさを増すなか、筆者にとっては本の原稿をまとめるよりも、出版社を探す方がよりプレシャーになっている。6 冊目、7 冊目も、そうした苦心の産物である。定年退職となり、出版のハードルはさらにアップする。そのうえ今回は、人間的かつ自分史的な要素も多分に含んだ本である。出版社を決めるのはかなり大変で、越年闘争も必至と覚悟して臨む。

ところが、それも杞憂と化す奇跡が起こるのである。救いの手が、社会評論社から伸びてくる。同社に企画書を提示したのは、2019 年 11 月下旬のことである。早速、「原稿を見たい」との声がかかり、原稿の一部をお送りしたのは 12 月初旬のことである。その間も、本の洗練化を進める。12 月中旬に出版契約にこぎつけ最終原稿をお送りするや、年末に初校紙が届く。そして、3 回の著者校正を経て 2020 年 2 月に出版の運びとなる。

これまでの 7 冊(単著書)の出版にはなかったハイスピードぶりで、筆者の熱い思いと社会評論社のニーズがうまくはまり、劇的な出会い・展開となったのである。師走に頂いた思わぬビッグプレゼントのように感じている。

本書の産婆役をしていただいたのが、社会評論社社長の松田健二氏である。「完璧な原稿」と評価していただき、本書のタイトルや構成についても貴重な示唆をいただくなど感謝に堪えない。奇跡は、松田氏の慧眼によるところが大きい。編集部の板垣誠一郎氏にも、お礼を申し上げたい。本書の企画書

をしっかりと受けとめ編集の労を執っていただいた。板垣氏の高精度な早業に感嘆しつつ、一緒に走らせていただいた。

本書の全体が形を成した 2019 年 11 月中旬に、筆者が代表を務める産業システム研究会（名学大博士課程十名ゼミ）および働学研（博論・本つくり）研究会（京都）で、出版企画書を配布し揉んでもらった。出版企画書を開示し意見を求めるのは、これまでになかったことである、出版がどうなるか分からない段階で、わが思いやノウハウの凝縮したものを開示するだけの余裕や度量もなかったといえる。

定年退職が、そのタガを緩めてくれたのであろう。また、2019 年 7 月からスタートした働学研（博論・本つくり）研究会（京都）の新しい息吹が、背中を押してくれたのであろう。議論を通して得た視点や示唆は、本書の洗練化にも大いに役立った。

年末年始は、本書の校正にひたすら傾注する。校正三昧の境地を味わうことができたのも、妻の温かい配慮、子どもや孫たちの支援のおかげである。大晦日に、7 番目の孫・伸樹（長男の 2 番目の子）が米国で誕生した。本書の思いと期待を、彼の歩みに託したい。

SBI グループ代表からの本書推薦文と SBI 大学院大学との出会い

昨年末の仕事納めの日に、すごいビッグプレゼントが舞い込む。SBI ホールディングス㈱代表取締役社長・SBI 大学院大学学長の北尾吉孝氏からの本書推薦文（下記）である。本書のブックカバーを飾っている。

著書は、鉄鋼マンとして製鉄所 21 年、大学教員として大学 28 年にわたり、「働きつつ学び研究する」という「働・学・研」協同の生き方を貫いてきた。本書には、その歩みと理論・思想・ノウハウが示されている。

本書は、仕事や生き方を研究対象として青・壮・老を生き抜くロマンと挑戦とは何かを明らかにする。多忙なビジネスパーソンにこそ、ぜひ一読を薦めたい本である。

筆者は、2019 年 10 月より SBI 大学院大学の客員教授を拝命し、来春より講義（「経営哲学」）を担当する。ほぼゼロからの出発であり挑戦となる。推薦文は、その縁がもたらした奇跡といえよう。哲学は、人間の生きる意味を探

求し、それを示すことにある。それは、仕事・研究・人生の意味とあり方を探求してきた本書とも密接につながるとみられる。

「物事の本質を見抜く力、時代を予見する先見性、大局的な思考、ぶれない判断軸をかたちづくる人間力」の大切さとその涵養を掲げる SBI 大学院大学および北尾学長の理念は、本書のメッセージとも深く共鳴するものといえよう。

SBI 大学院大学に導いていただいた同学教授川西重忠氏（桜美林大学名誉教授、アジア・ユーラシア総合研究所代表理事）が急逝されたのは、昨年 12 月初めのことである。彼が担当されていた「近代日本の代表的経営者論」を急きょ引き継ぐ。その味わい深い講義録に接しながら、彼を偲び学ぶ日々を送っている。本書を、故・川西重忠氏の墓前に捧げたい。

本書が、青・壮・老を問わず社会人・大学人に挑戦する勇気と知恵を与えることを、その仕事・研究・人生に「賢く、明るく、楽しい」春風と潤いをもたらすことを願ってやまない。

注　記

（1）山崎章甫 [1993 [「解説」（トーマス・マン [1938]『ゲーテを語る』山崎章甫訳、岩波書店、1993 年、275 〜 7 ページ）。。
（2）D. スノウドン ［2001］『100 歳の美しい脳—アルツハイマー病解明に手をさしのべた修道尼たち』藤井留美訳、DHC2004（David Snowdon ［2001］ Aging With Grace）。
（3）文章の「意味密度」とは、ここでは「単語 10 個あたりに表現される命題の数」のことである。意味密度は、言語処理能力を反映しており、ひいてはその人の教育程度、全般的な知識、語彙、読解力と結びついている（D. スノウドン [2001]、前掲書、142 ページ）。
（4）D. スノウドン ［2001］、前掲書、147 ページ。
（5）D. スノウドン ［2001］、前掲書、248 ページ。
（6）高橋恵子・波多野誼余夫 ［1990］『生涯発達の心理学』岩波新書、43 ページ。
（7）高橋恵子・波多野誼余夫 ［1990］、前掲書、89 ページ。
（8）中野孝次 ［1988］『人生を励ます言葉』講談社現代新書、94 ページ。
（9）中野孝次 ［1988］、同上、94 〜 5 ページ。

参考文献一覧

アインシュタイン（弓場隆訳）［2015］『アインシュタインの言葉―エッセンシャ
　　　ル版』藤田浩芳・大山聡子編集、㈱ディスカヴァー・トゥエンティワン。
天野正子［2006］『老いへのまなざし―日本近代は何を見失ったか』平凡社。
新井郁男［1982］『学習社会論』第一法規出版。
有川節夫「博士進学増やす制度提案」日本経済新聞、2019.11.4。
池上惇［2003］『文化と固有価値の経済学』岩波書店。
石川英輔［2008］『江戸時代はエコ時代』講談社。
市川寛明・石山秀和［2006］『図説　江戸の学び』河出書房新社。
今井むつみ［2016］『学びとは何か―＜探求人＞となるために』岩波新書。
色川大吉［1992］『自分史―その理念と試み』講談社現代新書。
植草益［2000］『産業融合―産業組織の新たな方向』岩波書店。
梅原猛［2002］『学問のすすめ（改定）』竣成出版会。
F.エンゲルス［1845］『イギリスにおける労働者階級の状態』武田隆夫訳、新潮社、
　　　1960年。
大橋周治［1971］『鉄鋼業（改訂版）』東洋経済新報社。
岡本浩一［2002］『上達の法則―効率のよい努力を科学する』PHP研究所。
置塩信雄・石田和夫編［1981］『日本の鉄鋼業』有斐閣（「9　日本の鉄鋼業と資源」
　　　執筆）。
加藤仁［2007］『定年後―豊かに生きるための知恵』岩波新書。
鎌田慧［1991］『「東大経済卒」の18年』講談社文庫。
神谷美恵子［1966］『生きがいについて』みすず書房。
河合隼雄・中沢新一［1998］『現代日本文化論1　私とは何か』岩波書店。
楠木新［2017］『定年後』中公新書。
L.グラットン/A.スコット［2016］『Life Shift』池村千秋訳、東洋経済新報社（Lynda
　　　Gratton and Andrew Scott e/o Peters［2016］The 100-Year Life,
　　　Fraser & Dunlop Ltd. In association with Pollinger Limited, London）。
黒岩俊郎［1964］『資源論』勁草書房。
高良武久［1959］『人間の性格』、高良武久［1978］『どう生きるか』白揚社。
小島寅雄［1997］『教えることは教わること』求龍堂。
「座右の銘」研究会編［2009］『座右の銘―意義ある人生のために』里分出版。
斎藤孝［2007］『なぜ日本人は学ばなくなったのか』講談社。
坂口正義・森重忠［1979］『溶鉱炉と共に半世紀』六甲出版。
雀部高雄［1968］『鉄鋼技術論』ダイヤモンド社。
敷島妙子［1983］『おじいちゃんが笑った』現代出版。
芝田進午［1966］『現代の精神的労働（増補版）』三一書房。

芝田進午［1971］『科学＝技術革命の理論』青木書店。

島恭彦監修［1981］『講座　現代経済学　第 5 巻』青木書店（「第 5 章　技術論論争」執筆）。

杉村芳美［1997］『「良い仕事」の思想』中公新書。

鈴木知準［1960］『一つの生き方』白揚社。

鈴木知準［1974］『ノイローゼの治し方』白揚社。

鈴木知準［1977］『森田療法を語る』誠信書房。

鈴木知準［1984］『ノイローゼ全治の道を語る』誠信書房。

J.E. スティグリッツ /B.C. グリーンウォルド［2015］『スティグリッツのラーニング・ソサイエティ―生産性を上昇させる社会』藪下史朗監訳・岩本千晴訳、東洋経済新報社、2017 年（Creating A Learning Society, Reader's Edition by Joseph.E.Stiglitz and Bruce C.Greenwald）。

D. スノウドン［2001］『100 歳の美しい脳―アルツハイマー病解明に手をさしのべた修道尼たち』藤井留美訳、DHC2004（David Snowdon［2001］Aging With Grace）。

関沢まゆみ［2003］『隠居と定年―老いの民俗学的考察』臨川書店。

高橋恵子・波多野誼余夫［1990］『生涯発達の心理学』岩波新書。

M.L. ダートウゾス他［1989］『Made in America ― アメリカ再生のための日米欧産業比較』依田直也訳、草思社、1990 年（Michael L.Dertouzos et al［1989］Made in America, Massachusetts Institute of Technology）

詫摩武俊［1991］『これからの老い―老化の心理学』講談社新書。

武田修三郎［2002］『デミングの組織論―「関係知」時代の幕開け』東洋経済新報社。

武田晴人［2008］『仕事と日本人』ちくま新書。

田部三郎［1963］『鉄鋼原料論』ダイヤモンド社。

田部三郎［1969］『鉄鋼原料論 II』ダイヤモンド社。

L. トーンスタム［2005］『老年的超越―歳を重ねる幸福感の世界』冨澤公子・タカハシマサミ訳、晃洋書房、2017 年（Lars Torenstam : Gerotranscendence［2005］A developmental theory of positive aging, Soringer, New York）。

十名直喜［1973］「働きつつ学び研究することの意義と展望」『経済科学通信』第 7 号。

十名直喜［1973, 74］「大工業理論への一考察―芝田進午氏の所説に触れつつ（上）（下）」『経済科学通信』第 7, 8 号。

十名直喜［1975, 6］「資源危機における日本鉄鋼業の原料炭問題と今後の動向（上）（中）（下）」『経済科学通信』第 11, 12, 14 号。

十名直喜［1976］『現代資源論』構想レジメ（A4、160 枚強）。

十名直喜「原燃料事情の変遷と政策の歴史―戦後編」（日本鉄鋼協会　鉄鋼科学技術史委員会製銑ワーキング・グループ編［1984］『原燃料からみた我

が国製銑技術の歴史』日本鉄鋼協会）。

十名直喜［1984］「戦後日本の鉄鋼労働者像」（基礎経済科学研究所 15 周年記念
　　　懸賞論文　佳作）『経済科学通信』第 44 号。

十名直喜［1989］「戦後日本鉄鋼業の技術開発体制」（修士論文、6 万字強）。

十名直喜［1990］「「働きつつ学ぶ」経済学研究に魅せられて―わが 20 年の軌跡
　　　と展望」が、第 4 回ジェック「ま・な・び・す・と大賞」入賞。

十名直喜［1993］『日本型フレキシビリティの構造―企業社会と高密度労働シス
　　　テム』法律文化社。

十名直喜［1996.4］『日本型鉄鋼システム―危機のメカニズムと変革への視座』同
　　　文舘。

十名直喜［1996.9］『鉄鋼生産システム―資源、技術、技能の日本型諸相』同文舘。

十名直喜［1997］「働き学ぶロマン」『第 8 回　北九州市自分史文学賞』投稿作品
　　　（84 千字）。

十名直喜 [2001 〜 2]「英国の産業遺産と地域開発―英国留学の小窓を通して (1)
　　　〜 (9)」日刊とうめい、2001.12.26、02.1.22、23、29、30、2002.2.1、4、5、6。

十名直喜編［2010］「"働きつつ学ぶ" 現場研究のダイナミズムと秘訣（上）（下）」
　　　『経済科学通信』122、123 号。

十名直喜［2012］『ひと・まち・ものづくりの経済学―現代産業論への視座』法
　　　律文化社。

十名直喜［2016］「「 働きつつ学ぶ」理念と活動の 21 世紀的視座」、同「持続可
　　　能な循環型産業・地域システムづくりへの歴史的視座」『経済科学通信』
　　　141 号。

十名直喜［2017］『 現代産業論―ものづくりを活かす企業・社会・地域』水曜社。

十名直喜［2019］『企業不祥事と日本的経営―品質と働き方のダイナミズム』晃
　　　洋書房。

十名直喜［2020］「「働・学・研」協同の理念と半世紀の挑戦―仕事・研究・人
　　　生への創造的アプローチ」『名古屋学院大学論集（社会科学篇）』Vol.56
　　　No.3。

外山滋比古［1986］『思考の整理学』ちくま新書。

中野孝次［1988］『人生を励ます言葉』講談社現代新書。

長山靖生［2009］『『論語』でまともな親になる―世渡りよりも人の道』光文社新書。

中村静治［1975］『技術論論争史（上）（下）』青木書店。

奈良本辰也［1973］「二宮尊徳の人と思想」奈良本辰也・中井信彦校註『日本思
　　　想体系 52　二宮尊徳・大原幽学』岩波書店。

広中平祐［2002］『学問の発見（改定版）』竣成出版会。

T.T パールズ /M.H. シルバー［1999］『100 万人 100 歳の長生き上手』日野原重
　　　明監訳・大地舜訳、講談社、2002 年（Thomas T. Pers and Mergery
　　　Hutter Silver［1999］Living To 100 , Basic Books, A Subsidiary of

　　　Perseus Books L.L.C.）。

橋本義夫［1968］『だれもが書ける文章―「自分史」のすすめ』講談社新書。

長谷川洋三編［1981］『実践　森田式精神健康法』ビジネス社。

福田定良［1978］『仕事の哲学』平凡社。

前田英樹［2009］『独学の精神』筑摩書房。

正高信男［2000］『老いはこうしてつくられる―こころとからだの加齢変化』中
　　　公新書。

松下幸之助［1966］『若さに送る』講談社現代新書。

K.マルクス［1867］『資本論』第1巻、大内兵衛・細川嘉六監訳、大月書店、1968年。

K.マルクス［1857 - 8］『経済学批判要綱』第3分冊、高木幸二郎監訳、大月書店、
　　　1961年。

トーマス・マン（Thomas Mann）［1938］「ゲーテの『ファウスト』について」『ゲー
　　　テを語る』山崎章甫訳、岩波書店、1993年。

トーマス・マン［1933］「作家としてのゲーテの生涯」『ゲーテを語る』山崎章甫
　　　訳、岩波書店、1993年。

水谷啓二編［1970］『森田療法入門（下）』白揚社。

宮田矢八郎［2004］『理念が独自性を生む―卓越企業をつくる7つの原則』ダイ
　　　ヤモンド社。

森岡孝二［1973.1］「今日の経済学教育の課題」『経済科学通信』No.4。

W.モリス［1877］"The Decorative Arts"（「装飾芸術」内藤史郎訳『民衆のた
　　　めの芸術教育』明治図書出版、1971年）。

森田生馬（水谷啓二編）［1959］『自覚と悟りへの道』白揚社。

森田生馬（水谷啓二編）［1960］『神経質問答』白揚社。

山崎章甫［1993］「解説」『ゲーテを語る』、前掲書。

山崎章甫［1997］「解説」ゲーテ［1811］『詩と真実　第一部』山崎章甫訳、岩波
　　　書店、1997年。

D.レビンソン［1978］『ライフサイクルの心理学（上）（下）』南博訳、講談社、
　　　1992年（Daniel J. Levinson [1978] The Seasons of a Man's Life, The
　　　Sterling Lord Agency, Inc., New York）。

鷲田清一［1996］『だれのための仕事』岩波書店。

渡部昇一［2010］『知的余生の方法』新潮新書。

索　引

著者紹介

十名 直喜（とな　なおき）

1948 年 5 月　兵庫県加西市生まれ
1971 年 3 月　京都大学経済学部　卒業
1971 年 4 月　神戸製鋼所入社（〜 1992 年 1 月）
1992 年 3 月　京都大学大学院経済学研究科博士後期課程修了
1992 年 4 月　名古屋学院大学経済学部　助教授
1994 年 5 月　京都大学博士（経済学）
1997 年 4 月　名古屋学院大学経済学部および大学院経済経営研究科　教授
1999 年 9 月　英国シェフィールド大学客員研究員（〜 2000 年 8 月末）
2016 年 4 月　名古屋学院大学現代社会学部および大学院経済経営研究科 教授
2019 年 3 月　名古屋学院大学　定年退職
2019 年 4 月　名古屋学院大学　名誉教授・特任教授
2019 年 10 月　SBI 大学院大学経営管理研究科　客員教授

著書
『日本型フレキシビリティの構造』法律文化社、1993 年 4 月
『日本型鉄鋼システム』同文舘、1996 年 4 月
『鉄鋼生産システム』同文舘、1996 年 9 月
『現代産業に生きる技』勁草書房、2008 年 4 月
『ひと・まち・ものづくりの経済学』法律文化社、2012 年 7 月
『現代産業論』水曜社、2017 年 11 月
（中国語版）『現代産業論』程永帥訳、中国経済出版社、2018 年 3 月
『企業不祥事と日本的経営』晃洋書房、2019 年 2 月
『地域創生の産業システム』（編著）水曜社、2015 年 3 月

人生のロマンと挑戦
——「働・学・研」協同の理念と生き方

2020 年 2 月 10 日初版第 1 刷発行
著／十名直喜
発行者／松田健二
発行所／株式会社　社会評論社
〒 113-0033　東京都文京区本郷 2-3-10　お茶の水ビル
電話　03（3814）3861　FAX　03（3818）2808

印刷製本／倉敷印刷株式会社
カバーデザイン／右澤康之
ご意見・ご感想お寄せ下さい　book@shahyo.com